GÊNESE DOS DIREITOS HUMANOS

JOÃO BAPTISTA HERKENHOFF

GÊNESE DOS DIREITOS HUMANOS

2ª edição revista

EDITORA SANTUÁRIO
Aparecida-SP

DIREÇÃO EDITORIAL: Pe. Flávio Cavalca de Castro, C.Ss.R.
Pe. Carlos Eduardo Catalfo, C.Ss.R.
COORDENAÇÃO EDITORIAL: Elizabeth dos Santos Reis
REVISÃO: Ana Lúcia de Castro Leite
CAPA: Márcio A. Mathídios

Dados Internacionais de Catalogação na Publicação (CIP)
(Câmara Brasileira do Livro, SP, Brasil)

Herkenhoff, João Baptista
 Gênese dos Direitos Humanos / João Baptista Herkenhoff. —
2ª ed. rev. — Aparecida, SP: Editora Santuário, 2002.

Bibliografia
ISBN 85-7200-819-5

1. Cidadania 2. Declaração Universal dos Direitos dos Homens
3. Direitos Humanos 4. História social I. Título.

02-4655 CDU-347.121.1

Índices para catálogo sistemático:

1. Direitos Humanos: Direito civil 347.121.1

Todos os direitos reservados à **EDITORA SANTUÁRIO** – 1994

Composição, impressão e acabamento:
EDITORA SANTUÁRIO - Rua Padre Claro Monteiro, 342
Fone: (0xx12) 565-2140 — 12.570-000 — Aparecida-SP

Ano: 2006 05 04 03 02
Edição: 8   7   6   5   4   3   2

Este livro está endereçado aos seguintes fins, dentre outros:

- adoção como livro-texto na disciplina "Direitos Humanos", presente no currículo de vários cursos;
- utilização em treinamentos de Cidadania e Direitos Humanos;
- pesquisas na área dos Direitos Humanos;
- encontros intereclesiais, para a busca de convergências no diálogo entre Igrejas;
- formação para a Cidadania e os Direitos Humanos, quer através do estudo individual, quer através do estudo em grupo;
- leitura por quem quer que deseje informação, formação e crescimento intelectual.

A trilogia de Direitos Humanos, escrita pelo autor e publicada pela Editora Santuário, é formada pelos seguintes livros:

- Gênese dos Direitos Humanos.
- Direitos Humanos – a Construção Universal de uma Utopia.
- Direitos Humanos – uma idéia, muitas vozes.

APRESENTAÇÃO DA SEGUNDA EDIÇÃO

A publicação da segunda edição deste livro, com o selo da Editora Santuário, tem um significado especial. Isto porque, a partir de agora, toda a trilogia de Direitos Humanos de nossa autoria passa a ser publicada sob os auspícios dessa Editora.

A primeira edição da obra saiu pela Editora Acadêmica, de São Paulo. Com o precoce falecimento do Professor Sílvio Chagas, proprietário da Editora Acadêmica, não foi possível continuar o projeto editorial naquela casa. O segundo e terceiro volumes da trilogia passaram a ter então a chancela da Editora Santuário, escolhida pelo autor como uma Editora altamente credenciada para publicar livros de Direitos Humanos. Afinal, essa Editora, que tradicionalmente publica livros religiosos, está dentro de sua vocação quando promove os Direitos Humanos, pois os Direitos Humanos têm fundamentação evangélica.

Esgotada a primeira edição do primeiro volume da trilogia dos Direitos Humanos, vejo auspiciosamente a Editora Santuário com o encargo de publicar e divulgar toda a nossa obra nesta seara.

Este livro foi, originariamente, parte do relato de uma pesquisa acadêmica.

Uma vez concluída a primeira versão da pesquisa, pareceu-me que seria útil adaptar o texto para que o mesmo pudesse ser lido, com proveito, por estudantes e outras pessoas eventualmente interessadas.

Tomei a decisão de tornar a pesquisa acessível ao público comum, e não apenas aos especialistas, em decorrência de um fato muito importante. Esse fato importante e digno de celebração é o grande interesse que está havendo, no Brasil, pelo estudo dos "Direitos Humanos".

Diversas escolas e faculdades têm introduzido os "Direitos Humanos" no currículo. Cursos e treinamentos de "Direitos Humanos" têm sido promovidos por Igrejas, associações, governos.

Na nova versão dada ao trabalho, ele pode ir ao encontro das necessidades de escolas, universidades, cursos e treinamentos.

Pude produzir a primeira versão da pesquisa, em razão de uma bolsa de estudos na França, conforme referido nos "agradecimentos".

Refleti que eu estaria dando maior rendimento social à bolsa que me foi concedida, se fizesse de minha pesquisa um instrumento útil à Educação para os Direitos Humanos.

O presente livro cuida de uma das hipóteses de minha investigação. Trata da história dos Direitos Humanos, da genealogia dessa idéia, de sua radicação na cultura universal. Mostra como essa história começou em tempos antigos até chegar à Declaração Universal dos Direitos Humanos, adotada em 1948.

Dois outros livros seguiram-se a este, tratando das outras hipóteses de minha investigação. Os três juntos formam uma trilogia dos Direitos Humanos ("Gênese dos Direitos Humanos"; "Direitos Humanos – a Construção Universal de uma Utopia"; "Direitos Humanos – uma idéia, muitas vozes").

O segundo livro (Direitos Humanos – a Construção Universal de uma Utopia) cuida da dinâmica dos Direitos Humanos. Mostra que os Direitos Humanos não ficaram estabilizados na Declaração Universal, proclamada em 1948. Os Direitos Humanos continuaram e continuam sendo construídos, na dialética da história.

O terceiro livro (Direitos Humanos – uma idéia, muitas vozes) tenta particularizar a idéia universal de Direitos Humanos, nas diversas culturas que se espalham pelo mundo. Procura mostrar que a enunciação geral e universal sofre o impacto das culturas específicas.

Cada livro pode ser lido independentemente dos outros, sem qualquer ordem de precedência, se o leitor tiver interesse em conhecer o conjunto de nossas reflexões sobre o tema.

Parece-me que a história dos Direitos Humanos, o nascimento e o desenvolvimento dessa idéia (tema deste livro) é essencial em qualquer curso ou treinamento relacionado com a matéria.

Primeira Parte

INTRODUÇÃO

Capítulo 1

OBJETIVOS E IMPORTÂNCIA DO TRABALHO. PLANO DA OBRA

1. Objetivos da pesquisa da qual resultou este livro

Este livro é parte de uma pesquisa acadêmica que realizei. Foram objetivos fundamentais dessa pesquisa:
a) investigar a participação universal na criação da idéia de Direitos Humanos;
b) examinar o caráter dialético e progressivo desses Direitos.

Relativamente ao objetivo da letra "a", uma hipótese estava na minha cabeça: os Direitos Humanos seriam produto histórico da Civilização, globalmente considerada. Isto importa em rejeitar a tese de sua pertença a um grupo reduzido de países e culturas.

Com relação ao objetivo da letra "b", minha hipótese era esta: os Direitos Humanos não se estabilizam, mas evoluem, e assim não se estabilizaram na Declaração Universal dos Direitos Humanos, formulada em 1948.

Estes eram os objetivos básicos. Havia outros também, como vou explicar no devido tempo.

Todo o trabalho da pesquisa consistiu em verificar a procedência ou improcedência das "hipóteses". Dizendo de outra maneira. Cabia averiguar, através de rigorosa metodologia, se as idéias que eu tinha na cabeça, como sendo verdadeiras, eram realmente verdadeiras.

2. Importância do trabalho

Acho que três razões justificam a importância deste nosso trabalho:
a) a relevância máxima que a luta pelo respeito aos Direitos Humanos atingiu, no mundo contemporâneo;
b) a contribuição que o presente texto pode dar, por mínima que seja, à valorização da idéia de Direitos Humanos;
c) a utilização deste livro e dos outros dois, escritos em seguimento (formando uma trilogia), na Educação para os Direitos Humanos.

3. Relevância da luta pelos Direitos Humanos, no mundo contemporâneo

A importância deste trabalho, segundo percebo, decorre, em primeiro lugar, da proeminência que o respeito aos Direitos Humanos assume no mundo contemporâneo.

De longa data, os Direitos Humanos têm destaque nos desdobramentos da História. Mas eles alcançaram um papel de grandeza ainda maior, nos dias de hoje. Um dos fatores da primazia dos Direitos Humanos resultou da apropriação dessa bandeira por todos os oprimidos da Terra. Basta ler os jornais ou acompanhar as lutas populares para constatar isto. Pessoas, grupos, classes, nações, minorias de toda ordem, espalhados pelos mais diversos rincões da Terra, invocam os "Direitos Humanos" na sua luta cotidiana.

4. Valorização da idéia de Direitos Humanos que não são nem capricho de militantes, nem imposição de nações dominantes

Acho que, em segundo lugar, a importância deste livro advém da contribuição teórica que pode proporcionar à valorização da idéia de Direitos Humanos. Mesmo que, neste sentido, a contribuição deste livro seja modesta.

Os Direitos Humanos tornam-se mais respeitáveis na medida em que se verifica que não resultam do capricho ou diletantismo de alguns militantes.

Com freqüência ouvimos esta frase: "isto é coisa desse pessoal de Direitos Humanos". A frase é dita quando grupos de Direitos Humanos assumem posições que incomodam, em face da ocorrência de injustiças e violências, seja num bairro, numa cidade, num Estado, no país ou mesmo fora do país.

Para derrubar esse preconceito nada melhor do que compreender a bela e longa história dos Direitos Humanos. A idéia de Direitos Humanos também ganha maior força quando concluímos que eles não resultam de uma imposição imperialista. Muito pelo contrário, os Direitos Humanos constituem traço cultural amplo dentro da Civilização Universal. Esta constatação impõe a necessidade de seu império dentro das relações sociais.

Sem dúvida observamos que Estados poderosos — que não praticam os Direitos Humanos nem internamente, nem externamente — levantam, às vezes, a bandeira dos Direitos Humanos, com finalidade colonialista ou de mero jogo político. Esses Estados não são proprietários dos Direitos Humanos. Contraditoriamente, podemos invocar os Direitos Humanos contra as violências que esses Estados praticam contra nações ou Estados pobres e fracos.

5. Utilização deste livro na educação para os Direitos Humanos

Finalmente, suponho que este livro possa ser útil na estratégia da educação para os Direitos Humanos. Dentre outras razões, porque proporciona material que pode ser adequadamente usado num tal projeto. Para atender a esta última finalidade, procurei elaborar um texto de compreensão fácil.

Desloquei todas as citações de textos e fontes, em português ou em línguas estrangeiras, para as notas de rodapé. No texto corrido, faço referência à idéia fundamental e ao autor citado. No rodapé, registro o texto original e/ou a fonte bibliográfica, para consulta e conferência pelos especialistas ou pessoas muito interessadas.

6. A educação para os Direitos Humanos no Brasil

Com relação especificamente ao Brasil, a educação para os Direitos Humanos é de modo particular importante nesta fase de nossa História.

Uma Assembléia Nacional Constituinte reuniu-se em 1985/86. Discutiu e votou, com significativa participação popular, uma nova

Constituição. Esta acolheu amplamente a filosofia dos Direitos Humanos, não obstante tenha ficado, em alguns pontos, aquém dos reclamados populares.

Mas mesmo essa Constituição, cujo texto não ouviu suficientemente as reivindicações dos setores populares da sociedade civil, está longe de ser cumprida.

Não obstante constitucionalmente proclamados, muitos dos Direitos Humanos têm um longo caminho a percorrer para tornar-se realidade concreta no dia-a-dia da população.

Esta constatação reforça a importância de se desenvolver no país um grande esforço de Educação para os Direitos Humanos.

Neste sentido, apresento, como apêndice deste livro, um projeto de educação popular para os Direitos Humanos, pelo rádio e/ou televisão.

Apresentei esse projeto a minha própria Universidade. Coloco-o à disposição de outras Universidades ou instituições que desejem aproveitá-lo.

Creio que a Universidade tem o dever de jogar um importante papel na educação popular para os Direitos Humanos.

Quer como professor, quer como pesquisador, quer como militante da sociedade civil, vimos, de longos anos, atuando no campo dos Direitos Humanos. Nessa área publicamos livros e também artigos, estampados em jornais e revistas jurídicas e gerais, no Brasil e no Exterior.

O Direito, na concepção a que nos filiamos, não é estático, mas dinâmico. Está num constante vir-a-ser, em permanente construção.

Na área dos Direitos Humanos, há marginalizações a serem superadas, na dialética do processo histórico. Mas há também, sobretudo no caso brasileiro, direitos existentes que simplesmente precisam ser cumpridos.

A participação popular no processo constituinte, alcançada pela sociedade civil organizada, assinalou uma nova fase na vida brasileira. Representou a consciência, assumida pelo povo, de seu direito de ser agente da história. Esse avanço teve e continua tendo desdobramentos significativos. Destacamos como fatos relevantes: as lutas que têm sido travadas em favor da ética na atividade política; as campanhas pelo exercício e fruição plena da cidadania; a denúncia da fome como resultante das injustiças sociais; a resistência do povo à tutela de sua vontade, em repetidos episódios em que se buscou subtrair do povo (às vezes, infelizmente, ainda com êxito) o seu direito de participação política e conseqüente gerência dos destinos do país; a exigência de que a Justiça Criminal deixe de ser uma justiça que só pune os fracos e os pobres.

7. Plano da obra

Dividi o presente livro em quatro partes:
• a *primeira*, que é a presente introdução. Nesta parte, composta de 2 capítulos, procuro situar o leitor em face das questões que serão enfrentadas;
• a *segunda*, onde conceituo os Direitos Humanos, refiro-me a sua gênese universal, traço uma tábua dos valores ético-jurídicos que os inspiram. Em seguida examino a visão de Direitos Humanos, a partir das grandes Religiões e Sistemas Filosóficos da Humanidade. Finalmente, faço um estudo histórico dos Direitos Humanos, primeiro no mundo, depois no Brasil. Esta parte é formada por 4 capítulos;
• a *terceira parte*, na qual estudo a história dos grandes valores ético-jurídicos presentes na Declaração Universal dos Direitos Humanos. Nesta parte, procuro examinar a contribuição das diferentes culturas na formulação dos valores acolhidos pela Declaração Universal. Esta parte é formada de 9 capítulos: um capítulo introdutório e os subseqüentes que procuram demonstrar que os valores inspiradores da Declaração Universal têm sua radicação na longa caminhada da Humanidade. São estudados, em capítulos distintos, os 8 (oito) valores que a nosso ver dão a seiva à Declaração dos Direitos Humanos: a) o valor "paz e solidariedade universal"; b) o valor "igualdade e fraternidade", c) o valor "liberdade"; d) o valor "dignidade da pessoa humana"; e) o valor "proteção legal dos direitos"; f) o valor "Justiça" ; g) o valor "democracia", h) o valor "dignificação do trabalho".
• a *quarta parte,* que é a conclusão, na qual recapitulo sinteticamente o caminho percorrido pela obra, retomo a visão teórica aberta pela parte introdutória e tento verificar o impacto da pesquisa sob essa perspectiva.

Em apêndice, aparece o projeto de educação popular para os Direitos Humanos, já referido neste capítulo. Esse apêndice, a meu ver, tem coerência com o texto e comunga com alguns de seus objetivos.

13

Capítulo 2

LOCALIZAÇÃO CIENTÍFICA DA PESQUISA. HIPÓTESES DE TRABALHO. A REALIZAÇÃO DA PESQUISA NA FRANÇA

1. Localização científica da pesquisa

A pesquisa que serviu de base a este livro está situada na área da Ciência do Direito. Situa-se dentro da disciplina jurídica denominada "Direitos Humanos".

A autonomia científica e didática dos "Direitos Humanos", como disciplina jurídica, é, a meu ver, uma imposição do progresso deste saber e da sua crescente importância na época contemporânea.

A ótica metodológica adotada faz com que diversas disciplinas contribuam para o raciocínio científico requerido pelo trabalho:

• ora é a História do Direito e a própria História das Idéias Políticas que entram com o seu concurso, quando busco examinar a História dos Direitos Humanos;

• ora é a Antropologia do Direito, no conjunto das reflexões que tentam identificar um componente universal, tipicamente humano, na construção ideológica dos Direitos Humanos;

• ora é a Filosofia do Direito, sempre que se discutem os valores jurídicos inspiradores dos Direitos Humanos;

• ora é a Sociologia do Direito, quando me situo na concepção dinâmica dos Direitos Humanos, entendendo que são construídos dialeticamente, dentro do processo histórico, fruto da sociedade e fato social.

Essa visão multidisciplinar do Direito é da essência da concepção crítica, a que me filio.

Essa concepção crítica opõe-se à concepção conservadora justamente porque esta, como observa José Eduardo Faria, vê o Direito como simples tecnologia de controle, organização e direção da vida social.[1]

A visão dogmática e conservadora tentaria expulsar esta pesquisa da seara da Ciência do Direito. Não se compadece com a visão dogmática e conservadora ver o Direito aberto à multiplicidade de saberes e ainda mais a serviço de opções políticas de transformação social.

2. Hipóteses de Trabalho

No projeto de pesquisa apresentado á Universidade Federal do Espírito Santo e à Universidade de Rouen, expus o que pretendia investigar.

As linhas básicas fundamentais do itinerário que me propus seguir podem ser resumidas através de 5 (cinco) hipóteses de trabalho. Essas hipóteses foram construídas a partir de:
a) leituras feitas;
b) percepções pessoais;
c) experiência na luta pelos Direitos Humanos, partilhada com muitos companheiros;
d) pesquisas anteriores que realizei.

Todo o esforço desenvolvido na França consistiu em verificar o erro ou o acerto das hipóteses formuladas.

Eis, pois, as hipóteses da pesquisa:

1ª) o que hoje se entende por Direitos Humanos não foi obra exclusiva de um grupo restrito de povos e culturas, especialmente, como se propala com vigor, fruto do pensamento norte-americano e europeu. A maioria dos artigos da Declaração Universal dos Direitos Humanos foi verdadeira construção da humanidade, de

---

[1] Cf. José Eduardo Faria. *Justiça e Conflito: Os Juízes diante dos Novos Movimentos Sociais*. São Paulo, Editora Revista dos Tribunais, 1991, pp. 44 e 116. Cf. também, do mesmo autor: *A Reforma do Ensino Jurídico*. Porto Alegre, Sérgio Antônio Fabris, 1977, pp. 27 e 56.

uma imensa multiplicidade de culturas, inclusive aquelas que não integram o bloco hegemônico do mundo;[2]

2ª) os Direitos Humanos não são estáticos, não ficaram estabilizados na Declaração Universal proclamada em 1948. Continuaram e continuam sendo elaborados e construídos no processo dialético da História. O entendimento dos Direitos Humanos suplanta hoje o texto de 1948;

3ª) nessa construção contínua dos Direitos Humanos foi e continua sendo relevante a contribuição dos povos e culturas considerados periféricos sob a ótica das nações poderosas;

4ª) não obstante haja um núcleo comum dos Direitos Humanos, estes são percebidos, de forma diferente, no discurso dos dominantes e no discurso dos dominados; há outrossim uma percepção diferenciada das enunciações, segundo a posição de classe, cultura, nacionalidade ou lugar social, em sentido amplo, do destinatário, decodificador ou receptor da mensagem;

5ª) a ampliação da idéia de Direitos Humanos, que se operou, quer no campo da teoria, quer no campo da prática desses Direitos, aconselha a incorporação das conquistas ao texto da Declaração Universal.

O presente livro trata apenas da 1ª hipótese acima enunciada.

3. A realização da pesquisa na França

A pesquisa foi realizada na França, dentro de um programa de bolsas, patrocinado pelo CNPq, em convênio com instituições internacionais. Todos os professores universitários podem candidatar-se a essas bolsas.[3]

---

[2] A preocupação de assinalar a multíplice universalidade, no tempo e no espaço, da afirmação e da reivindicação do direito de ser homem, foi sentida pela Unesco. Com este propósito, a Unesco patrocinou o recolhimento de textos das mais diversas tradições e épocas e que, na sua diversidade, marcassem a singularidade dessa busca de ser homem. Uma equipe coordenada por Jeanne Hersh desincumbiu-se da tarefa. Do esforço nasceu o livro *Le droit d'être un homme*. A obra foi traduzida em português por Homero de Castro Jobim. Tanto o original francês, quanto a tradução em português, são diversas vezes citados na presente obra.

[3] Na mesma linha de busca de traços de universalismo nos ideais de Direitos Humanos, referida na nota de rodapé anterior, deve ser consultado o livro de Sean Macbride: *Voix multiples, un seul monde*. (Paris, Unesco, 1986). Deste livro há tradução em português, como de alguns outros que serão referidos no correr desta obra. Embora tenhamos concluído o presente livro no Brasil, mantivemos as indicações bibliográficas que colhemos na França. Adotamos este procedimento porque as indicações colhidas durante a elaboração do texto parecem-me retratar com maior fidelidade o caminho intelectual que percorremos.

17

Uma vez concluída a investigação, um texto, em francês, foi submetido à Universidade de Rouen (*Centre de Recherches et d' Études sur les Droits de l' Homme et le Droit Humannitaire*).

Cabe, sem dúvida, uma pergunta prévia: Tem sentido pesquisar Direitos Humanos na Europa, quando a Europa acumulou, no curso da História, tantos crimes contra esses Direitos através do colonialismo, da exploração internacional, do racismo? Tem sentindo ir às fontes européias quando a Europa, alinhada ao bloco de países do Primeiro Mundo (ou mundo dos ricos), insiste, ainda hoje, em manter mecanismos de comércio internacional que perpetuam a pobreza do Terceiro Mundo (ou mundo dos pobres)?

Creio que sim porque pesquisar na Europa não significa obscurecer ou desconhecer fatos pretéritos e atuais evidentes.

Certamente nada teria que fazer na Europa um professor e pesquisador brasileiro, que se sente comprometido com as lutas do povo, se fosse àquele Continente para freqüentar os círculos de poder do Primeiro Mundo. Mas não foi no círculo dos poderosos que vivi, pensei, discuti e trabalhei. Comunguei com aqueles que, na Europa, opõem-se ao estabelecido e lutam para mudar a situação.

Segundo minha percepção, nenhum país do Primeiro Mundo tem, como a França, tantos e tão expressivos intelectuais e militantes sensíveis à voz do Terceiro Mundo e ao grito de Justiça dos deserdados da Terra. E nenhum tem, como a França, através desses mesmos pensadores e militantes divergentes, a vocação da universalidade humanista.

Por fim, a Universidade de Rouen, através de seu Centro de Pesquisas e Estudos sobre Direitos do Homem e Direito Humanitário, me acolheu com simpatia, abertura e cordialidade.

Segunda Parte

CONCEITO DE DIREITOS HUMANOS. ESTUDO HISTÓRICO DOS DIREITOS HUMANOS NUMA PERSPECTIVA GLOBAL

Capítulo 3

CONCEITO DE DIREITOS HUMANOS. GENEALOGIA DA IDÉIA. TÁBUA DOS GRANDES VALORES ÉTICO-JURÍDICOS QUE INSPIRAM A DECLARAÇÃO

1. Objetivos desta Segunda Parte da obra

A Segunda Parte deste livro conceituará os Direitos Humanos, referirá sua gênese universal e traçará uma tábua dos grandes ético-jurídicos que inspiram a Declaração Universal (Capítulo 3). Examinará a posição de algumas das grandes religiões e sistemas filosóficos em face dos Direitos Humanos (Capítulo 4). Fará um estudo histórico dos Direitos Humanos no mundo (Capítulo 5) e no Brasil (Capítulo 6).

Os propósitos mais gerais desta Segunda Parte já haviam sido anunciados na Primeira Parte, Capítulo I, item 7.

No estudo histórico adotamos uma postura generalizadora e abrangente.

2. O que são Direitos Humanos

Por *direitos humanos* ou *direitos do homem* são, modernamente, entendidos aqueles direitos fundamentais que o homem possui pelo fato de ser homem, por sua própria natureza humana, pela dignidade que a ela é inerente. São direitos que não resultam de uma concessão da sociedade política. Pelo contrário, são direitos que a sociedade política tem o dever de consagrar e garantir. Prefiro a designação "direitos humanos". É, a meu ver, mais própria que "direitos do homem". "Direitos Humanos" deixa claro que os destinatários dos direitos são os seres humanos em geral. Já "direitos do homem" estabelece, na denominação, a preferência pelo gênero masculino. É certo que quando se fala "direitos do homem" está implícito que se trata de "direitos do homem e da mulher". Mas, de qualquer forma, por que "direitos do homem" para abranger os dois gêneros?

O conceito de *direitos humanos* não é absolutamente unânime nas diversas culturas. Contudo, no seu núcleo central, a idéia alcança uma real universalidade no mundo contemporâneo, como teremos ocasião de demonstrar.

3. Genealogia da idéia de Direitos Humanos

O conceito de "Direitos Humanos" resultou de uma evolução do pensamento filosófico, jurídico e político da Humanidade. O retrospecto dessa evolução permite-nos visualizar a posição que a pessoa humana desfrutou, aqui e ali, dentro da sociedade, através dos tempos.

4. Direitos Humanos como utopia

Na perspectiva do presente livro, os Direitos Humanos são apresentados como projeto histórico a ser realizado. Reconhece-se que os Direitos Humanos não sedimentam a organização do Mundo, como está posto presentemente. Nesta perspectiva, os Direitos Humanos constituem uma utopia.

Na acepção que conferimos ao vocábulo, "utopia" é força que alimenta a luta, é idéia, é História. Constrói-se através de muitas vozes, pelo esforço de milhares ou milhões de mulheres e homens de boa vontade.

Esta concepção de "utopia como motor propulsor do Direito" tem aguçado nossa reflexão nos últimos tempos. Dei mesmo a um livro que publiquei, anterior a este, o título de "Direito e Utopia".[4]

---

[4] João Baptista Herkenhoff. *Direito e Utopia*. Porto Alegre, Livraria do Advogado Editora, 2001 (4ª edição). A 1ª edição deste livro saiu em 1990, pela Editora Acadêmica.

5. Tábua dos grandes valores ético-jurídicos que inspiram a Declaração Universal dos Direitos Humanos

A leitura atenta da Declaração Universal dos Direitos Humanos permite-nos verificar que um conjunto de valores ético-jurídicos perpassa o documento.

Poderemos retirar da Declaração a substância que ela contém identificando os valores subjacentes ao texto.

Nem sempre os valores expressos, quer nos considerandos, quer no corpo da Declaração, encontram, nos enunciados, as condições de uma realização plena.

Isto acontece porque a Declaração Universal dos Direitos Humanos, como qualquer norma, encerra contradições. Assim, a Declaração propõe a Justiça, a Paz e a Igualdade, como ideais da Civilização, mas não fornece instrumentos para a plena eficácia desses princípios gerais.

O texto da Declaração comporta também escolhas valorativas dos intérpretes e aplicadores. Quando um estudioso declina essa realidade, própria do labor do jurista, está sendo, a meu ver, apenas mais honesto do que aqueles que pretendem ver na atividade do jurisprudente uma neutralidade enganosa.

Atrás da enunciação técnico-jurídica moderna, há no conjunto do texto valores milenares que dão alma à Declaração.

Veremos que justamente esses valores têm sua gestação na longa travessia da História. Profetas, sábios, espíritos luminosos, gente anônima do povo, culturas esplendorosas e culturas esquecidas, civilizações menosprezadas e oprimidas contribuíram para a construção universal dessa utopia.

A meu ver, são valores ético-jurídicos fundamentais da Declaração Universal dos Direitos Humanos os seguintes:
— o valor "paz e solidariedade universal";
— o valor "igualdade e fraternidade";
— o valor "liberdade";
— o valor "dignidade da pessoa humana";
— o valor "proteção legal dos direitos";
— o valor "Justiça";
— o valor "democracia";
— o valor "dignificação do trabalho".

Capítulo 4

RELIGIÕES E SISTEMAS FILOSÓFICOS EM FACE DOS DIREITOS HUMANOS. NÃO SE CONFUNDEM COM ESTADOS OU LÍDERES QUE PRETENDEM ENCARNAR HERANÇAS DE PENSAMENTO

1. **As maiores religiões e sistemas filosóficos da Humanidade harmonizam-se com as idéias deste conjunto de princípios que denominamos Direitos Humanos**

As maiores religiões e sistemas filosóficos da Humanidade afinam, nos seus grandes postulados, com as idéias centrais que caracterizam este conjunto de princípios que denominamos "Direitos Humanos". Assim acontece com o Cristianismo, o Judaísmo, o Islamismo, o Budismo, o Taoísmo, o Confucionismo, o Marxismo, as tradições religiosas e filosóficas dos povos indígenas da América Latina e a religião e tradições afro-brasileiras. Religiões e tradições indígenas latino-americanos e afro-brasileiras interessam particularmente a um pesquisador brasileiro e, conseqüentemente, latino-americano.

Fernand Comte, numa pesquisa cuidadosamente realizada, debruça-se sobre os livros sagrados de algumas das religiões que maior influência tiveram na História. É assim que estuda os livros sagrados budistas, confucionistas, hinduístas, muçulmanos, judaicos e cristãos.

Uma linha ética, conforme demonstra Fernand Comte, aproxima essas fontes do sagrado, muito além do que idéias preconcebidas poderiam supor.[5]

---

[5] Fernand Comte, *Les livres sacrés*. Bordas, coll. Compacts. 1990, passim.

23

René Grousset incursiona pelas religiões e pelas filosofias da Índia, da China e do Japão, num livro que será por diversas vezes citado na presente obra. [6]

Numa atitude de devotado respeito às fontes da sabedoria oriental, Grousset também revela a riqueza de conteúdo dessa árvore filosófica.

E. F. Gautier, Gaudefroy-Demombynes, L. Gardet, Henri Massé e D. Sourdel, dentre outros, ajudam-nos a compreender o Islamismo, com toda sua pujança de tradições e seu elevado cabedal ético.[7]

2. A tolerância como elo indispensável de comunicação

Cornelius Castoriadis observa que as religiões em geral têm uma pretensão universalista, no sentido de que sua mensagem endereça-se à Humanidade inteira. Fundam-se no pressuposto de que todas as pessoas têm o direito e o dever de converter-se à respectiva pregação.[8]

Não obstante esse caráter "universalista da religião", a que se refere Castoriadis, e que marca também certos sistemas filosóficos, acreditamos que um elo de compreensão pode estabelecer-se através da tolerância.

A primeira coisa a ser feita é que haja comunicação entre as diferentes crenças e sistemas filosóficos, entre as pessoas que aderem a essas crenças e filosofias.

Não se trata da falsa comunicação, totalitária e impositiva. Trata-se da verdadeira comunicação, baseada no respeito e na abertura para o ouvir.

É a esta comunicação que se refere François Marty. É a comunicação bipolar, que supõe um liame entre as pessoas que se falam.[9]

---

[6] René Grousset. *Histoire de la Philosophie Orientale*. Paris. Nouvelle Librairie Nationale. 1923, passim.

[7] Cf. E. F Gautier. *Moeurs et coutumes des Musulmans*. Payot, 1931, passim. Mahomet Gaudefroy-Demombynes. *Les institutions musulmanes*. Flammarion,1946, passim. L. Gardet. *La cité musulmane*. Vrin, 1954, passim. Henri Massé. *L'Islam*. Colin, 1948, passim. D. Sourdel. *L'Islam*. Paris, Presses Universitaires de France, coll. "Que sais-je", 1956, passim.

[8] Cornelius Castoriadis. *Le délabrement de l'Occident*. Entretien avec Cornelius Castoriadis. Propos recueillis par Olivier Mongin, Joël Roman et Ramin Jahanbegloo. In: Esprit. Revue internationale. Paris, n° 177, 12-1991, p. 38.

[9] François Marty, *La Bénédiction de Babel*. Paris, Éditions du Cerf/La Nuit Surveillé, 1990. Leia-se na p. 20: "Parler est dire quelque chose, énoncer un message et, dans l'identité de ce même acte, le dire à quelqu'un avec qui un lien s' institue."

24

Dentro dessa visão de abertura e tolerância foi escrito o belo livro de Wijayaratna sobre o Cristianismo visto pelo Budismo.[10] Com o mesmo espírito de busca e aproximação, Michel Lafon nos oferece um livro sobre preces e festas muçulmanas, especialmente dirigido aos cristãos. A obra foi prefaciada pelo Arcebispo de Rabat, capital do Marrocos, situada no norte da África.[11] Estão ainda nesse esforço de busca de caminhos comuns que possam ser um liame entre o Islamismo, o Cristianismo e o Judaísmo os trabalhos de Raymond Charles. Mostra esse autor a forte incidência da herança judaico-cristã no arcabouço do Islamismo.[12]

Nos arraiais cristãos, Jean-François Collange busca escutar outras vozes, que não apenas as do Cristianismo, na sua magnífica obra "Teologia dos Direitos Humanos".[13]

Esforços de união de crentes, na busca da paz, do desarmamento, do respeito aos Direitos Humanos e na ajuda aos refugiados têm sido realizados.[14]

Neste sentido, devem ser destacados os encontros de representantes das grandes religiões mundiais que têm ocorrido em Assis, na Itália. O mais recente aconteceu em janeiro de 2002. Também houve um encontro da mesma natureza em Kyoto, no Japão (1987).

3. A inafastável exigência de humildade

É também necessário que haja humildade. Só a humildade permitirá às Igrejas a aceitação da historicidade de suas formas concretas de existência.

---

[10] Môhan Wijayaratna. *Le Christianisme vu par le Bouddhisme*. Paris, Les Editions du Cerf, 1982, passim.

[11] Michel Lafon. *Prière et fêtes musulmanes. Suggestions aux chrétiens*. Préface de Jean Chabbert, archevêque de Rabat. Paris, Les Editions du Cerf, 1982, passim.

[12] Cf. Raymond Charles. *Le Droit Musulman*. Paris, Presses Universitaires de France, 1982. Ver especialmente, para o ponto que estamos referindo, as considerações do autor feitas a partir da p. 19. Ver ainda: Raymond Charles. *L'âme musulmane*. Paris, Flammarion, 1958. Ver também: Raymond Charles. *La miséricorde d' Allah*. In: *L' Évangile de la miséricorde*. Ouvrage collectif, hommage au Dr. Schweitzer. Paris, Ed. Du Cerf, 1965.

[13] Jean-François Collange, *Théologie des droits de l' homme*. Paris, Les Editions du Cerf, 1989, passim.

[14] Cf. Paul Poupard. *Les Religions*. Paris, Presses Universitaires de France, 1987, pp. 122/123.

No que se refere ao diálogo entre as Igrejas, parece ter razão Christian Duquoc quando afirma que o Ecumenismo só será possível a partir da aceitação do caráter inacabado, provisório, da manifestação humana do mistério eclesial.[15]

4. O Cristianismo e os Direitos Humanos

Jean-François Collange mostra que, fundamentalmente, o traço de união indissociável entre Cristianismo e Direitos Humanos resulta de que o valor do homem diante de Deus não está nem na cor de sua pele, nem no seu sexo, nem no seu estatuto social, nem muito menos na sua riqueza, mas no fato de que em Cristo ele é aceito como filho de um mesmo Deus.

Isto de cada um, de sua parte, reconhecer-se como filho de um mesmo Pai conduz a uma fraternidade autêntica, base dos Direitos Humanos.

Jean-François Collange é professor de Teologia Protestante da Universidade de Strasbourg. Ele tece sua linha de considerações a partir sobretudo da Epístola de Paulo aos Romanos. Nessa Epístola, Collange vê expressa, de maneira particularmente incisiva, a afirmação da igualdade e da dignidade de todos os homens.[16]

Creio que não podemos nos esquecer de uma outra passagem, que é também encontrada no Apóstolo Paulo. É quando Paulo coloca o homem como templo do Espírito Santo:

"Vocês não sabem que são templo de Deus e que o Espírito de Deus habita em vocês?"[17]

Essa afirmação é rica de conseqüências no que se refere aos Direitos Humanos.

Um ser que é templo do Espírito Santo, ou seja, que é morada do próprio Deus, pode ser torturado, pode morrer de fome, pode ficar ao desabrigo, pode ser discriminado?

Nenhuma violação dos direitos da pessoa humana será coerente com a proclamação do homem como casa de Deus.

---

[15] Christian Duquoc. *Essai d' ecclésiologie œcuménique*. Paris, Cerf, coll. Théologies, 1985, passim.

[16] Jean-François Collange. *Théologie des droits de l' homme*. Paris, Les Editions du Cerf, 1989, p. 254 e seguintes.

[17] Cf. Primeira Carta de São Paulo aos Coríntios, capítulo 3, vers. 16. Apud *Bíblia Sagrada – Edição Pastoral*. Tradução, introduções e notas de Ivo Storniolo e Euclides Martins Balancin. São Paulo, Edições Paulinas, 1990, p. 1463.

Na linha da mais plena filiação cristã dos Direitos Humanos, colocam-se diversos autores.

João de Oliveira Filho desenvolve sua argumentação no sentido de provar que os direitos fundamentais da pessoa humana têm origem cristã.[18]

O padre jesuíta J. E. Martins Terra produz toda sua reflexão em cima da idéia de que os direitos humanos têm sua radicação, não no humano simplesmente, mas no divino, de modo que os direitos humanos são também direitos de Deus, ou seja, viola-se a divindade quando se violam os direitos do homem, criatura e projeto divino.[19]

Ao lado desses dois livros, um esplêndido ensaio do Padre Hubert Lepargneur, ao fazer um esboço histórico dos direitos humanos, demonstra que a história desses direitos é inseparável da identificação de seu caráter cristão.[20]

Na bibliografia em língua francesa (mas há também traduções para o português), cabe consultar, dentre outros:

Jean-Marie Aubert que propugna pelo acolhimento aos direitos humanos como condição da libertação evangélica;[21]

Jacques Maritain, pensador cristão que exerceu grande influência na minha geração, inclusive no Brasil, que defende a idéia da impossibilidade de uma civilização cristã que não se enraíze e fundamente nos direitos humanos;[22]

Emmanuel Hirsch que se debruça sobre a íntima relação entre o legado cristão e a idéia de direitos humanos.[23]

Gustavo Gutiérrez, teólogo latino-americano, num dos seus livros mais famosos, busca nas fontes mais profundas da ascese

---

[18] Cf. João de Oliveira Filho. *Origem Cristã dos Direitos Fundamentais do Homem.* Rio, Forense, 1968, passim.

[19] Cf. J. E. Martins Terra S. J. *Direitos de Deus e Direitos Humanos.* São Paulo, Edições Paulinas, 1979, passim.

[20] Cf. Padre Hubert Lepargneur. *A conquista dos Direitos Humanos: esboço histórico.* In: Direitos Humanos. Padre Hubert Lepargneur e outros. São Paulo, Edições Paulinas, 1978.

[21] Cf. Jean-Marie Aubert. *Droits de l' homme et libération évangélique.* Paris, Le Centurion, 1987.

[22] Cf. Jacques Maritain. *Les droits de l' homme.* Textes présentés par René Mongel. Paris, Desclée de Brouwer, 1989.

[23] Cf. Emmanuel Hirsch et alii. *Christianisme et Droits de l'Homme.* Paris, Librairie des Libertés, 1984.

cristã as trilhas que podem conduzir à libertação do povo. Argumenta que é no poço da espiritualidade legada pela tradição judaico-cristã que a Teologia da Libertação encontra suas justificações doutrinárias.[24] Esse poço fundamenta a libertação pela Fé, segundo coloca Gutiérrez.

A nosso ver, esse poço dá transcendente consistência aos Direitos Humanos.

5. O Judaísmo e os Direitos Humanos

O Judaísmo funda-se na Bíblia Hebraica que é o mesmo Velho Testamento dos cristãos, com exceção de um livro, o "Eclesiástico", que é considerado livro sagrado pelos cristãos, mas que não é aceito pela Sinagoga judaica.

A Bíblia Hebraica divide-se em três partes: Lei ou Torá, que é integrada pelos cinco primeiros livros (o Pentateuco); Profetas; Escritos.

Os grandes valores que inspiram os "Direitos Humanos" têm explícito acolhimento na Bíblia Hebraica: o grito de Justiça, principalmente dos fracos (Amós, Miquéias); a igualdade entre as pessoas, o acolhimento ao estrangeiro, o direito de asilo, o repouso dominical, o direito de todo homem ao alimento superpondo-se ao direito de propriedade privada, a proteção dos instrumentos de trabalho em face do penhor, a sacralidade do salário, a volta da propriedade ao antigo dono (Deuteronômio); a solidariedade para com o órfão e a viúva (Deuteronômio, Provérbios); a proibição da cobrança de juros, a condenação da usura (Êxodo, Neemias); a identidade de origem de todos os homens, o homem como imagem de Deus (Gênesis, Salmos); a maldição contra os que açambarcam bens e se tornam sozinhos proprietários de uma região inteira, o anúncio da libertação para os prisioneiros (Isaías); a fraternidade (Levítico, Provérbios); a paz (Miquéias); a solidariedade universal (Salmos).[25]

---

[24] Cf. Gustavo Gutiérrez. *Boire à son propre puits, ou l'itinéraire spirituel d'un peuple*. Trad. de l'espagnol par E. Brauns. Paris, coll. Apologique, 1985, passim.

[25] Cf. E. Hirsch. *Judaïsme et Droits de l'homme*. Paris. Librairie des libertés, 1984, passim. Ver também: André Chouraqui. *Histoire du Judaïsme*. Paris, Presses Universitaires de France, 1987.

6. O Islamismo e os Direitos Humanos

O Islamismo também dá ampla sustentação à doutrina que fundamenta os "Direitos Humanos". Essa Religião ensina que o homem é "vigário (representante) de Deus", conforme se lê no Corão.[26] O Islamismo prescreve a fraternidade, adota a idéia da universalidade do gênero humano[27] e de sua origem comum; ensina a solidariedade para com os órfãos, os pobres, os viajantes, os mendigos, os homens fracos, as mulheres e as crianças; estabelece a supremacia da Justiça acima de quaisquer considerações; prega a libertação dos escravos; proclama a liberdade religiosa e o direito à educação; condena a opressão e estatui o direito de rebelar-se contra ela; estabelece a inviolabilidade da casa.[28]

Há uma semelhança estreita entre a visão islâmica do ser humano (homem, vigário de Deus), a idéia cristã ensinada pelo Apóstolo Paulo (homem, templo de Deus) e a idéia de homem como imagem de Deus (Gênesis, livro sagrado de judeus e cristãos).

Vários autores pretendem ver uma incompatibilidade entre o Islamismo e os Direitos Humanos. Essa conclusão parte de uma premissa. O Islamismo pretende regular a totalidade da vida, sem deixar lugar para o profano.

Lendo trabalhos como os de B. Lewis, H. Boularès e B. Etienne, nós podemos construir um silogismo que resume a opinião dos que encontram uma oposição entre Islamismo e Democracia, Islamismo e Direitos Humanos:

a) a Democracia só é possível dentro da laicidade;
b) no Islamismo não existe espaço para a laicidade, o domínio profano é absorvido pelo domínio religioso;

---

[26] Observa Jean-François Collange, na obra que já citamos, p. 340: "Quelques principes promus par l'Islam rejoignent tout à fait ceux des Droits de l'homme. Ainsi en va-t-il de la dignité humaine, l'homme étant présenté par le Coran comme "vicaire (Khalifa) de Dieu sur terre" (sourate II, 30), alors que "les fils d'Adam ont été honorés (par Dieu) (...) et élévés en dignité bien au-dessus de beaucoup de ce qui a été créé" (XVII, 70). De la sorte, "tous les hommes sont égaux comme les dents du peigne du tisserand", et nul ne peut contester que, confronté directement à la transcendance de Dieu, tout homme en Islam bénéficie d'une égalité et d'une liberté qu'aucune instance humaine ne saurait lui ravir".

[27] Cf. *Le Coran*. Traduit de l'arabe par Kasimirski. Chronologie et préface par Mohammed Arkoun. Paris, Flammarion, 1970. Cf. *Le Coran*. Traduit par René Khawam. Paris, Maisonneuve/Larose, 1990.

[28] Id., ibid.

c) não havendo esse espaço para a laicidade, o Islamismo consagra a intolerância.

B. Lewis acha que o Islamismo não comporta um preceito como o que se lê no Evangelho de Jesus Cristo: "dar a César o que é de César e a Deus o que é de Deus".[29]

H. Boularès acredita que o Islamismo se assenta numa concepção totalitária, a partir da ligação entre Religião, Mundo e Estado. No Islamismo, a laicidade seria impossível.[30]

B. Etienne acha que é inteiramente estranha ao Islamismo a idéia de separar Religião e Política.[31]

Em posição oposta à desses autores, Mohammed Chérif Ferjani demonstra que o Islã não é hermético à idéia laica, à separação entre o político e o religioso. Para desenvolver seu estudo, Mohammed Ferjani baseia-se fundamentalmente num texto de Maomé. Trata-se de uma passagem na qual o Profeta Maomé diz a seus discípulos:

"Eu não sou senão um homem. Se eu vos ordeno qualquer coisa de vossa Religião, segui-me. Se eu vos ordeno qualquer coisa que revela minha opinião, eu sou apenas um homem. O que diz respeito à Religião cabe a mim. No que diz respeito aos negócios do mundo, nisto vocês sabem mais do que eu".[32]

Observa ainda Mohammed Ferjani que os primeiros discípulos de Maomé distinguiam perfeitamente o que era a Revelação e o que era opinião pessoal do Profeta. Era opinião do Profeta tudo aquilo que dizia respeito ao domínio temporal.[33]

Nega categoricamente Mohammed Ferjani que o Islamismo seja uma Religião obtusa, que impeça seus fiéis de ingressar na Modernidade. Mostra como é preconceituosa a tese de que caiba ao Ocidente a missão civilizatória.[34]

Também Jacques Berque desfaz, num cuidadoso trabalho, os preconceitos a respeito do hermetismo que caracterizaria o Islã.[35]

---

[29] Cf. B. Lewis. *Le Retour de l'Islam*. Gallimard, 1983, p. 374 e seguinte.
[30] Cf. H. Boularès. *La peur et l'espérance*. La Hès, 1985, p. 157 e seguintes.
[31] Cf. B. Etienne. *L'Islamisme radical*. Hachette, 1985, p. 18 e seguinte.
[32] Cf. Mohammed Chérif Ferjani. *L'Islam, une religion radicalement différente des autres monothéismes?* In: Esprit. Revue internationale. Paris, n. 172, 6/1991, p. 295 e seguintes.
[33] Cf. Mohammed Chèrif. Ferjani, trabalho citado na nota anterior, p. 313.
[34] Cf. Mohammed Chèrif. Ferjani, trabalho citado, p. 315.
[35] Cf. Jacques Berque et alii. *L'Islam, la philosophie et les sciences*. Paris, Unesco, 1986, passim.

Caminha no mesmo sentido a reflexão de Joseph Maïla que demonstra não haver essa suposta distonia entre direitos humanos e mundo árabe.[36]

Régis Blachère, a partir de um mergulho no Corão, procura entender a influência desse livro na vida dos crentes, bem como a pretensão corânica de ser a inspiração para a solução dos problemas humanos. Não vê Régis Blachère que o Corão estabeleça uma ruptura com a idéia de liberdade.[37]

Participei, durante período de estudos na França, do 2º Colóquio Internacional Islâmico-Cristão, ocorrido nos dias 10 e 11 de janeiro de 1992.[38] Nessa ocasião, pude partilhar com crentes muçulmanos um projeto de mundo baseado na liberdade, na solidariedade e na Justiça.

A meu ver, esse mundo que, naqueles dois dias, centenas de homens e mulheres de boa vontade supuseram possível construir, a partir do respeito mútuo e do diálogo, está bem próximo da utopia humanista redentora do mundo.[39]

7. O Budismo e os Direitos Humanos

As sementes dos "Direitos Humanos" estão também presentes no Budismo, quando, numa sociedade de castas, prega a igualdade essencial de todos os homens e a prevalência dos atos de virtude.

Segundo o Budismo, os atos de virtude deveriam ser o critério de valorização das pessoas.

O Budismo anuncia valores que antecipam os "Direitos Humanos":
a) na supremacia conferida ao Direito e à Justiça;
b) no ensino da fraternidade e da generosidade;

---

[36] Cf. Joseph Maïla. *Les droits de l'homme sont-ils "impensables" dans le monde arabe?* In: *Esprit*. Revue internationale. Paris, n. 172, 6-1991.

[37] Cf. Régis Blachere. *Le Coran*. Paris, Presses Universitaires de France. 1992, p. 111 e segs.

[38] Desse tempo passado na França resultou este livro e dois outros que integram justamente nossa trilogia de Direitos Humanos: Gênese dos Direitos Humanos; Direitos Humanos – a construção universal de uma utopia; Direitos Humanos – uma idéia, muitas vozes.

[39] Como cristão, eu creio que o anúncio radical dessa utopia fez-se Verbo em Jesus Cristo. Mas respeito que crentes de outras crenças ou mesmo não-crentes tenham uma Fé ou uma visão filosófica diferente da minha. Sobretudo eu creio que podemos trabalhar juntos por um mundo melhor, se o respeito pela dignidade humana é o traço de união de nosso projeto de História. Coloco este texto em rodapé não porque as questões de Fé sejam secundárias. Muito pelo contrário. Mas adoto o rodapé porque suponho não caber numa obra que pretende examinar o caráter universal dos Direitos Humanos, numa postura científica, colocar uma profissão de Fé como premissa.

c) no estabelecimento da equivalência de deveres e direitos entre marido e mulher;

d) no reconhecimento de direitos do empregado;

e) na tentativa de uma organização equânime do corpo social.

Le Kalyanamitta-Sutta destaca, na vida de Buda, a cuidadosa e inesgotável prática da fraternidade. Observa também, na pedagogia do Mestre, a importância por ele dada à *escuta*.[40]

Segundo René Grousset, o Budismo foi, historicamente, uma heresia brâmane.[41]

O Budismo, na opinião desse autor, não é nem uma religião, nem uma filosofia, mas uma atitude moral.[42]

O Budismo visa à realização plena da natureza humana[43] e à formulação de uma sociedade pacífica e perfeita.[44]

Foi fundado na Índia, por volta do século V a. C., por Siddharta Gautama, cognominado o Buda.

Com variações de denominação nas diversas línguas (Buda e Budismo em português; Bouddha e Bouddhisme, em francês), a palavra tem origem no sânscrito Buddha.

A literatura canônica do Budismo compreende: o cânon páli (conservado pelos budistas do Sudeste Asiático), o cânon sino-japonês e o cânon tibetano. Existem ainda textos esparsos em sânscrito, mandchu, mongol e em dialetos da Ásia central, como o tangut.

Praticado por diferentes etnias, culturas e nacionalidades, o Budismo espraiou-se por todo o Extremo Oriente. Hoje tem seguidores em todo o mundo, inclusive no Brasil.

Animados pelo ideal ecumênico, muitos autores ocidentais e cristãos têm procurado estudar as fontes do Budismo, como os

---

[40] Môhan Wijavaratna. *Le Boudha et ses disciples.* Préface de André Padoux. Paris, Les Editions du Cerf. 1990, p.157.

[41] René Grousset, obra citada, p. 168.

[42] Mesmo autor e obra citados na nota anterior, p. 172.

[43] Cf. Lama Denis Teundroup. Bouddhisme, voie d' ouverture et de libération. In: *Lumière e Vie.* Lyon Août 1989, tome XXXVIII, n° 193.

[44] Cf. Père Pierre Python. L'éthique bouddhique. In : *Lumiére e Vie.* Lyon. Août 1989, tome XXXVIII, n° 193.

franceses Henri de Lubac [45] e Étienne Cornelis[46] e o brasileiro Frei Raimundo de Almeida Cintra.[47] Pesquisando as fontes do ensinamento budista, concluímos que o Budismo, realmente, prega a igualdade essencial de todos os homens, pela identidade da maneira como nascem e pelas condições inerentes à espécie, contra a idéia de privilégio dos brâmanes, defendida por estes, como classe dominante. Ensina o valor dos atos de virtude prevalecendo sobre a condição social. Estatui a supremacia do Direito acima da consideração das castas e o dever de Justiça para com o próximo, de respeito às pessoas, qualquer que fosse sua condição social. Exalta, como virtudes, o amor da verdade, a benevolência de espírito, o sentimento de justiça, a generosidade, a cortesia, o cumprimento da palavra empenhada. Condena como vícios a calúnia e a intriga. Proclama como o maior de todos os bens a cultura.

Traça um código ético para as pessoas, segundo o papel que desempenhassem na família e na sociedade: fossem os filhos fiéis a seus pais e provessem suas necessidades; os pais, que exortassem seus filhos à virtude e lhes dessem uma profissão; os discípulos fossem atentos a seus mestres e esses, zelosos no ensino, revelassem a seus alunos o segredo de todas as artes; o marido tivesse respeito e cortesia para com sua esposa e lhe fosse fiel e a esposa retribuísse esses cuidados; o membro de um clã servisse a seus amigos e familiares e fosse também servido por eles, sempre que necessário; os patrões tratassem bem seus empregados, assistindo-os na doença e velando por suas necessidades; os empregados servissem a seus patrões; os dirigentes exortassem o povo no caminho do bem.[48]

8. O Taoísmo e os Direitos Humanos

O Taoísmo foi fundado por Lao-Tseu que morreu cerca de 5 séculos antes de Jesus Cristo.[49]

---

[45] Cf. Henri Lubac. *Le rencontre du Bouddhisme et de l'Occident.* Paris, 1952.

[46] Cf. Étienne Cornelis. *Valeurs chrétiennes des religions non chrétiennes; histoire du salut et histoire des religions; Christianisme et bouddhisme.* Paris, 1965.

[47] Cf. o verbete *"Budismo"* da Enciclopédia Mirador Internacional. São Paulo, Encyclopaedia Britannica do Brasil Publicações Ltda., 1987, vol. 4, p. 1826 e segs. (Ricardo Mário Gonçalves e Jorge César Mota).

[48] Cf. René Grousset, obra citada, pp. 168 a 295, pp. 371 a 374. Cf. Môhan Wijayaratna. *Sermons du Bouddha.* Préface de Michel Hulin. Paris, Les Editions du Cerf, 1988, passim. Cf. Môhan Wijayaratna. *Le Bouddha et ses disciples,* Paris. Les Editions du Cerf. 1990, passim.

[49] Cf. René Grousset, op. cit., pp. 303 e 304.

A concepção básica do Taoísmo é a existência de um Ser que é o princípio de todas as coisas, um Ser inominado, que Lao Tseu designou por "Tao". Este "Princípio" é traduzido de várias maneiras pelos estudiosos. René Grousset nota que Tseu declarou que empregava o termo "Tao" para designar o princípio das coisas, apenas a título de aproximação, à falta de um termo mais satistatório.[50]

A esse "Princípio", Lao Tseu chama de mãe de todas as coisas, diferentemente de outras religiões e filosofias que designam o Princípio ou Deus no gênero masculino. É um pormenor curioso que, a nosso ver, merece ser destacado.

O Princípio está em tudo e tudo está no Princípio. Tudo vem do Princípio e tudo volta ao Princípio. Cada ser que existe é um prolongamento do Princípio. O mundo é instável e se encontra em permanente evolução. Há dois princípios opostos "Yin" e "Yang", mas os dois acabam por fundir-se pois que os contrários se identificam. O homem sábio abandona-se ao turbilhão do "Yin" e do "Yang", adere ao ritmo universal, busca simplificar-se, anular-se. Nisto alcança o "êxtase místico". Tudo é um no Tao. Os seres são prolongamento do Princípio Imortal Único. A vida e a morte são aparentes pois os seres saem do Princípio Imortal e retornam ao Princípio Imortal.[51]

Segundo René Grousset, o pensamento de Lao-Tseu exerceu influência sobre Hegel, Haeckel e Spencer.[52]

Entendendo que as coisas têm um curso a seguir, o Taoísmo prega a liberdade das pessoas, reprova qualquer coação. Mesmo o governante deveria governar pela persuasão, que se opera no íntimo dos corações, e não pelo recurso à força. O respeito às pessoas integra o catálogo de valores desse sistema filosófico e religioso.[53]

Este conjunto de princípios religiosos e filosóficos que acabamos de descortinar permite-nos concluir também por uma resposta afirmativa à questão de existir uma relação entre o Taoísmo e a idéia de "Direitos Humanos".

---

[50] No mesmo autor e obra citada, p. 305.

[51] René Grousset, op. cit., p. 296 e ss.

[52] Cf. René Grousset, ob. cit., p. 315.

[53] Cf. Lao-Tseu. *Tao tö-king*. Trad. Franç. Liou Kia-Hway. Paris, Gallimard. 1967, especialmente p. 38 e seguintes. Cf. Jeanne Hersch e outros. *Le droit d'être un homme,* citado, pp. 67, 96, 535 e 536. Cf. René Grousset , ob. cit., pp. 296, 316 e 366. Cf. Alain Danielou. *Mythes et dieux de l'Inde — le polythéisme hindou.*

O Taoísmo tem centelhas de Direitos Humanos na sua própria tese fundamental de Homem como prolongamento de um Princípio Imortal. Também comunga com os "Direitos Humanos" a visão de que todos os homens partilham da mesma origem, provêm de um Princípio Imortal Único e retornam a esse Princípio Imortal. O sentido de liberdade, de respeito à pessoa humana, de comunhão cósmica culminam por provar a coerência entre Taoísmo e Direitos Humanos.

9. O Confucionismo e os Direitos Humanos

O Confucionismo também deixa um legado na construção dos "Direitos Humanos" porque ensina a fraternidade, o respeito entre as pessoas, o humanismo, a solidariedade, a busca da virtude e da paz. Outrossim, na perspectiva do Confucionismo, a missão de governar é vista como missão de serviço.

O Confucionismo foi fundado por Confúcio, cinco séculos antes de Jesus Cristo. Segundo René Grousset, teria sido fundado em oposição ao Taoísmo.[54]

Seu mais célebre seguidor foi Meng Tseu ou Mencius. Numa linha conservadora do Confucionismo destacou-se Han Yu e, numa linha progressista, Wang Ngan Che.[55]

O Confucionismo prega o amor e o respeito ao próximo (não fazer a outrem o que não queremos que os outros nos façam) e o tratamento fidalgo entre as pessoas (proceder para com todos como se procederia com um hóspede importante). Toda pessoa deve buscar a "virtude da humanidade" que consiste em compreender-se e ajudar os outros a que também se compreendam, a fortalecer-se e ajudar os outros a que também se fortaleçam. Só é possível o caminho da perfeição quando o ser humano se respeita a si mesmo e trava um firme combate contra as próprias paixões. A moderação, a discrição e a prudência são virtudes fundamentais. Todo excesso é condenável, até o excesso de virtude. O caminho da perfeição passa por etapas: do conhecimento das coisas ao conhecimento de

---

[54] Cf. René Grousset. *Histoire de la Philosophie Orientale. Inde-Chine-Japon.* Paris, Nouvelle Libraire Nationale, 1923, p. 316.

[55] Cf. René Grousset. *Histoire de la Philosophie Orientale. Inde-Chine-Japon.* Paris, Nouvelle Libraire Nationale, 1923, pp. 322 e 323.

si mesmo; do conhecimento de si mesmo à reta intenção; da reta intenção à imparcialidade do espírito; da imparcialidade do espírito ao aperfeiçoamento próprio; do aperfeiçoamento próprio ao entendimento na família; do entendimento na família ao entendimento no Estado e daí ao reino da virtude no Universo. A perfeição de cada um deve objetivar a paz, em benefício de todos. Que os governantes buscassem alcançar a confiança do povo, como o mais precioso dos bens para quem está investido da missão de dirigir, e que nutrissem, como virtude primeira, a grandeza de coração. Que os governantes colocassem o povo acima do Estado.[56]

10. O Marxismo e os Direitos Humanos

Também acreditamos que o Marxismo realiza a idéia de Direitos Humanos.

Comecemos pelo fundador dessa doutrina filosófica, social e econômica.

Nos escritos de Karl Marx, encontramos a arquitetura de todo um sistema social e econômico fundamentado na dignidade da pessoa humana e na exigência da libertação do homem, como conseqüência dessa mesma dignidade.

Disse com muita precisão André Frossard que Marx quis sinceramente a libertação da humanidade, desejou um *homem novo*. Por esta razão, esse escritor francês não titubeia em incluir Karl Marx entre os grandes pastores da raça humana, num livro que tem justamente esse título: "Os grandes pastores — de Abraão a Karl Marx".[57]

Não é em outro filosofo, mas justamente em Marx, tão denegrido hoje pela propaganda alienante, que encontramos a mais veemente denúncia ao desprezo pela pessoa humana. É da pena de Marx a apóstrofe fulminante contra o déspota, justamente porque este sempre vê o homem desprovido de sua dignidade.

---

[56] Cf. René Grousset. *Histoire de la Philosophie Orientale. Inde-Chine-Japon.* Paris, Nouvelle Libraire Nationale, 1923, p. 316 e seguintes. Cf. também: Chan Wing-Tsit. *A source book of Chinese Philosophy,* New York, Columbia University Press. 1963, passim. Ver também Eric Santoni, *Les Religions.* Alleur (Belgique), Marabout. 1989. Anne-Marie Delcambre. *L'Islam.* Paris. Éditions La Découverte, 1991, Jean Filliozat. *Les Philosophies de l'Inde,* Paris, Presses Universitaires de France, 1987.

[57] Cf. André Frossard *Les grands bergers — d'Abraham à Karl Marx.* Paris. Desclée de Brouwer, 1992 .
Leia-se na p. 150: "Karl Marx voulait sincèrement libérer l'humanité, et ses disciples l'ont emprisonée dans un totalitarisme sans précedent: il voulait un homme nouveau".

Marx defende a liberdade como direito de todos e não como privilégio. Critica a concepção burguesa da liberdade, na qual via instrumento de egoísmo e veículo de separação entre os homens. Contrapropôs à liberdade burguesa uma visão de liberdade baseada na união e na solidariedade entre as pessoas, o homem visto dentro da comunidade.

Exaltou Marx a liberdade de imprensa. Definiu a imprensa como espelho espiritual no qual o povo enxerga a sua face. Condenou a censura.

Viu Marx o Estado como aparelho de dominação de classe, como instrumento de opressão do homem e como pesadelo que o sufoca. Dentro dessa perspectiva, apontou para a conveniência de sua supressão, por desnecessário, na sociedade cujo advento pregou.

Defendeu a retomada pelo povo e para o povo de sua própria vida social.

Denunciou a ilusória divisão de poderes entre executivo e legislativo quando ambos servem à dominação.

Pronunciou-se a favor do sufrágio universal a partir das comunas, como única possibilidade de construção de uma verdadeira democracia.

Manifestou-se pela educação pública gratuita para todos e pela liberdade para a ciência.

Lenine também se pronunciou, em vários textos, em defesa da dignidade humana, contra a miséria e pela abolição de toda forma de exploração do homem. Conseqüência da proposta de proscrição de toda forma de exploração humana, defendeu a abolição das classes.

A partir de uma concepção sobre a força e a importância social do proletariado, defendeu o direito que tinha essa classe de conduzir a História.

Advogou a propriedade coletiva da terra, a obrigação do trabalho para todos e a real igualdade econômica de todos os indivíduos.

Defendeu uma democracia proletária com instituições representativas proletárias.

Bateu-se Lenine pelos direitos políticos da mulher e pelo sufrágio universal, que alcançaria todos os cidadãos que tivessem atingido 21 anos, sem distinção de religião e nacionalidade.

Ainda integram o credo de Lenine: a liberdade de reunião, associação e greve; a liberdade de culto; a igualdade de todas as nacionalidades; a supressão do passaporte e o direito de livre circulação; a liberdade de trabalho e a supressão das corporações; a completa publicidade dos atos de governo; a eleição para todos os cargos.

Em escritos assinados em colaboração, ou em coincidência de posições, encontramos ainda em Marx, Lenine e Engels:

A doutrina de dar a cada um, dentro do grupo social, segundo as próprias necessidades, em vez de a cada segundo sua capacidade, de modo a evitar que a diferença de trabalho fosse fonte de desigualdade (Marx e Engels);

A tese da separação entre Igreja e Estado (Lenine e Engels);

A idéia de responsabilidade de todo funcionário ou agente de autoridade, pelos atos que praticasse, perante os tribunais e perante os cidadãos (Engels e Lenine);

A denúncia da exploração capitalista, da opressão da classe operária (Marx, Engels e Lenine).[58]

11. Os Direitos Humanos na tradição religiosa e filosófica dos povos indígenas da América Latina

Num belíssimo escrito a propósito do 5º Centenário do chamado "descobrimento da América", o historiador, ensaísta e sociólogo colombiano German Arciniegas começa por negar que tenha havido um "descobrimento". O que houve, na verdade, foi um massacre, roubo, destruição deliberada e selvagem de toda uma civilização.[59]

É difícil dizer, prossegue German Arciniegas, se os espanhóis encontraram uma civilização igual, inferior ou superior à civilização européia de então. Certo apenas é que era uma civilização

---

[58] Karl Marx, *La guerre civile en France*. Paris, Editions sociales, 1953, passim. Karl Marx, *Critique de la philosophie du droit de Hegel*. Paris, Aubier Montaigne, 1971, passim. Vladimir Ilitch Ulianov, dit Lénine. *L'etat et la Rèvolution*. Paris, Editions sociales, 1966, passim. V.I. Ulianov, dit Lenine. *Que faire?* Paris, Editions sociales, 1965, passim. Friedrich Engels, *Situation des classes laborieuses en Anglaterre*. Trad franç. J. Molitor. Paris, Costes, 1933, passim. Karl Marx & Fredrich Engels. *Manifeste du Parti Communiste*. En annexe: Principes du communisme. Projet de profession de foi communiste. Introduction de Jean Bruhat. Paris. Éditions Sociales, 1972, passim. Dominique Colas. *Lénine et le léninisme*. Paris. Presses Universitaires de France, 1987, passim. Friedrich Engels. *A Origem da Família, da Propriedade Privada e do Estado*. Rio, Alba, s/ data.

[59] Cf. German Arciniegas. L'Amérique ensevelie. Tradução para o francês feita por Pierre Guillaumin. In: *Magazine Littéraire*. Paris, nº 296, edição de fevereiro 1992, p. 52.

diferente da civilização do conquistador. E o conquistador destruiu, sem respeito, essa civilização. Propositadamente, tudo fez para sepultá-la. Primeiro diante de seus próprios olhos. Depois diante dos olhos do resto do mundo. Mas não a sepultou de todo. Do fundo dos lagos emergem cidades gigantescas, como no México. No cume dos Andes, ficou a marca da mão do homem que tinha colocado uma estrela de pedra a desenhar os 4 (quatro) caminhos partindo de Cuzco até as mais longínquas províncias incas. As religiões gravaram a imagem de seus deuses sobre estátuas e pirâmides que existem ainda hoje e que começam a ser descobertas nas regiões maias de Santo Agostinho, Tiahuanaco, Machu Picchu e Ilha da Páscoa.[60] É admirável o grau de adiantamento a que chegaram civilizações como as dos astecas, dos maias e dos incas.

Os maias registraram, nos seus livros, os grandes acontecimentos de sua História. Quase todos esses livros foram queimados pelos conquistadores. A prova da existência deles está no relato da destruição, feita por cronistas, religiosos e historiadores europeus, como Frei Diego de Landa.[61]

O Padre José Chantre descreve, com admiração, a beleza e a suavidade da arte das mulheres Omagua, na fabricação de porcelana e de utensílios domésticos.[62]

German Arciniegas, no ensino já referido, opõe duas culturas — a asteca e a inca.

Os astecas, no México, representam um tipo de organização romana. A nobreza e o clero exerciam uma dominação feroz sobre os desprovidos. Existia, entre eles, a escravidão. Conheciam a moeda como instrumento de troca. Inventaram um engenhoso calendário.[63]

A civilização asteca ensinava o respeito ao próximo, o reconhecimento da dignidade humana, o culto da bondade e da justiça, como princípios gerais, não obstante a divisão de classes, a escravidão e a admissão de sacrifícios humanos. Nisso, eram tão incoe-

---

[60] Na mesma fonte citada na nota anterior.
[61] Cf. German Arciniegas, trabalho citado, p. 49.
[62] Cf. no ensaio citado de German Arceniegas, p. 51.
[63] Cf. German Arciniegas, trabalho citado, p. 49 e segs.

rentes quanto os europeus. Os jovens eram educados no sentido de fugir da cupidez, da depravação e da injustiça.[64]

Por outros caminhos e processos, os incas atingiram, no Peru, um adiantamento material não inferior ao dos astecas e um grau de civilização espiritual surpreendente, muito superior ao dos países europeus de então.

Adotaram um sistema comunista perfeito, muito mais elevado que o comunismo primitivo encontrado em outras culturas indígenas.

As terras, que pertenciam ao Estado, eram repartidas anualmente para que nelas todos pudessem trabalhar. Mantinham um Estado que vinha em socorro da viúva, da criança, do estudante, do inválido e que prestigiava o sábio. Inventaram um sistema democrático de trabalho e iam ao encontro daqueles que tivessem perdido sua colheita. Não adotavam a moeda, não praticavam o comércio, não conheciam a escravidão. A lã e os tecidos eram distribuídos a todos indistintamente, pelo Estado. Em grandes depósitos, guardavam provisões para socorrer províncias que pudessem sofrer penúria, em razão de colheitas mal-sucedidas.[65]

Barnabé Cobo informa que, entre os incas, o dever de Justiça era exigido, de maneira rigorosa, de quem exercesse qualquer função de governo. A corrupção não era tolerada.[66]

Evidentemente, a Civilização Inca alcançou um altíssimo grau de compreensão dos "Direitos Humanos". Luzes desse "Código Universal de Humanismo" estão presentes na organização social que estabeleceram: na visão da propriedade como direito de todos; no comunismo que criaram; na visão socialista do trabalho; na proteção dada ao hipossuficiente; no amor à cultura; no acolhimento de idéias nas quais podemos vislumbrar claramente o que séculos depois chamaríamos de "previdência social"; na repulsa da escravidão; na idéia de função pública como serviço à coletividade.[67]

---

[64] Cf. manuscrito existente na Biblioteca do Congresso dos Estados Unidos da América. Apud Jeanne Hersh e outros. *Le droit d'être un homme,* citada, p. 32.

[65] Cf. German Arciniegas, estudo já citado, pp. 48 e 51.

[66] Cf. Barnabé Cobo. *Historia del Nuevo Mundo,* tomo III, livro XII. Apud Jeanne Hersch e outros. *Le droit d' être un homme,* obra já citada, pp. 104 e105.

[67] Cf. Paul Gendrop. *Les mayas,* Paris. Presses Universitaires de France, 1992. Cf. Jacques Soustelle. *Les Aztèques.* Paris, Presses Universitaires de France, 1991.

12. Os Direitos Humanos na tradição das culturas e religiões afro-brasileiras

A tradição religiosa e cultural afro-brasileira tem significativa parcela na construção do pensamento de Direitos Humanos, nas terras do Brasil.

Os povos africanos conseguiram o milagre de manter até hoje sua identidade superando a violência e a brutalidade de sua transposição forçada para o Continente Americano.

Para aquilatar devidamente a grandiosidade dessa afirmação africana, no território que foi palco da escravidão da Raça, notemos que filhos foram separados propositadamente de seus pais, aldeias foram estraçalhadas para evitar a comunicação entre as pessoas. Praticou-se aqui, da forma mais nefanda que se pode imaginar, o genocídio contra os negros. Mas apesar de todos os "crimes contra a Humanidade", que ocorreram na Terra de Santa Cruz (terrível blasfêmia...), os povos africanos transformaram seu grito de sofrimento em grito de grandeza e sobrevivência cultural e religiosa.

Sobretudo num Estado brasileiro, a identidade africana resplandece: na gloriosa Bahia, ainda mais gloriosa porque guardou ciosamente o patrimônio espiritual e cultural da África brasileira.

Traços sumamente expressivos assinalam a perfeita comunhão entre religião e cultura afro-brasileira, de um lado, idéia de Direitos Humanos, de outro:

a) o sentido de respeito à pessoa humana, arraigado na alma dos povos africanos;

b) uma religiosidade de cunho profundamente fraternal;

c) a idéia de transmissão cultural geração sobre geração;

d) o apego dos pais, e especialmente da Mãe, aos filhos, com um conseqüente sentimento heróico de maternidade;

e) uma vida voltada ao transcendente, no sopro dos orixás.

13. Religiões e filosofias não se confundem com Estados ou líderes políticos que pretendem encarnar a respectiva herança de pensamento

Depois de termos examinado a relação entre tão diversas Religiões e Filosofias em face dos "Direitos Humanos", fica uma dúvida no espírito.

Se essa relação existe, como explicar que Estados e líderes políticos, que dizem encarnar a herança de pensamento de um povo, de uma criança ou de uma filosofia determinada, pratiquem atos absolutamente contrários aos mais elementares princípios de respeito à pessoa humana? A resposta já está no próprio título que demos a este item. Estados e líderes políticos não são detentores dos ideais religiosos e filosóficos que supõem encarnar.

Com uma cruz na mão esquerda e uma espada na mão direita, reis e conquistadores, que se proclamavam defensores e guardiães da Fé Cristã, reduziram povos à escravidão, destruíram civilizações, pisotearam a pessoa humana.

Não se pode confundir o Cristianismo com colonizadores supostamente cristãos. Não se pode confundir o Cristianismo com uma civilização que ainda hoje se proclama "ocidental e cristã", sendo apenas ocidental, não sendo em nada cristã.

Da mesma forma, não se pode confundir o Islamismo com Estados e líderes políticos que se declaram muçulmanos, nem o Judaísmo com um Estado judeu e com os líderes do respectivo Estado, nem o Marxismo com Estados que pretenderam ter instaurado a utopia marxista.

Já no princípio deste século Georges Sorel denuncia aquilo que julgava ser uma "decomposição do marxismo". Esse teórico francês, que exerceu grande influência no sindicalismo revolucionário, via, nos albores mesmo da trajetória marxista, uma separação entre os ideais do Marxismo e sua realização concreta.[68]

Fundadores de Religiões, profetas, pensadores e filósofos estão acima do poder estabelecido. Nenhuma Religião ou Filosofia pode ser acorrentada pelos grilhões do poder. É da utopia religiosa e da utopia filosófica pairar acima das contingências históricas. É da essência das profecias e dos grandes projetos históricos ser uma estrela a apontar caminhos. É missão dos profetas guiar os povos nas tortuosas estradas da vida, alimentar o homem na atormentada angústia de seu destino.

---

[68] Cf. Shlomo Sand. *Georges Sorel et le débat intellectuel 1900*. Paris, La Découverte, 1985, passim.

Capítulo 5

HISTÓRIA DOS DIREITOS HUMANOS NO MUNDO

1. Direitos Humanos na Antigüidade

Num sentido próprio, em que se conceituem como "direitos humanos" quaisquer direitos atribuídos a seres humanos, como tais, pode ser assinalado o reconhecimento de tais direitos na Antigüidade: no Código de Hamurábi (Babilônia, século XVIII antes de Cristo), no pensamento de Amenófis IV (Egito, século XIV a. C.), na filosofia de Mêncio (China, século IV a. C.), na República, de Platão (Grécia, século IV a. C.), no Direito Romano e em inúmeras civilizações e culturas ancestrais, como vimos no capítulo anterior e como ainda veremos no curso desta obra.[69]

Na Antigüidade, não se conhecia o fenômeno da limitação do poder do Estado. As leis que organizavam os Estados não atribuíam ao indivíduo direitos frente ao poder estatal. Quando Aristóteles definiu "constituição", tinha diante de si esse tipo de legislação.[70]

Não obstante tenha sido Atenas o berço de relevante pensamento político, não se imaginava então a possibilidade de um esta-

---

[69] Cf. Wm. Theodore de Bary. *Sources of Chinese Tradition.* New York, Columbia University Press, 1960, passim. Cf. Chan Wing-Tsit. *A source book of Chinese philosophie.* New York, Columbia University Press, 1963, passim. Cf. João Batista de Souza Lima. *As mais antigas normas de Direito.* Rio, Forense. 1983.

[70] Aristote. *Constitution d'Athènes. Trad.* G. Mathieu e B. Houssaullier. Paris. Les Belles Lettres, 1958, cap. 45. Vários livros são citados na edição francesa, mesmo havendo edição em português, porque a pesquisa, da qual resultou este livro, foi realizada na França, como foi dito na "Explicação preliminar" que aparece no início desta obra.

tuto de direitos oponíveis ao próprio Estado. A formação da Pólis foi precedida da formação de um território cultural, como notou François de Polignac. Este balisou os limites da cidade grega.[71]

Sem garantia legal, os "direitos humanos" padeciam de certa precariedade, na estrutura política. O respeito a eles ficava na dependência da virtude e da sabedoria dos governantes.

Esta circunstância, porém, não exclui a importante contribuição de culturas antigas na criação da idéia de Direitos Humanos.

Alguns autores pretendem afirmar que a história dos Direitos Humanos começou com o balisamento do poder do Estado pela lei. Creio que essa visão é errônea. Obscurece o legado de povos que não conheceram a técnica de limitação do poder, mas privilegiaram enormemente a pessoa humana nos seus costumes e instituições sociais.

2. A simples técnica de opor freios ao poder não assegura por si só os Direitos Humanos

A simples técnica de estabelecer, em constituições e leis, a limitação do poder, embora importante, não assegura, por si só, o respeito aos Direitos Humanos. Assistimos em épocas passadas e estamos assistindo, nos dias de hoje, ao desrespeito dos Direitos Humanos em países onde eles são legal e constitucionalmente garantidos. Mesmo em países de longa estabilidade política e tradição jurídica, os Direitos Humanos são, em diversas situações concretas, rasgados e vilipendiados.

3. Não devem ser desprezados outros sistemas, que não o da limitação do poder pela lei, para a proteção da pessoa humana

Com a colocação que acabamos de fazer não pretendemos negar que o balisamento do poder do Estado pela lei seja uma conquista. É, sem dúvida, uma importante conquista da cultura, um relevantíssimo progresso do Direito. Na nossa perspectiva de análise, cremos que avançarão as sociedades políticas que adotarem o sistema de freio do poder pela lei. Entretanto, a despeito

---

[71] François de Polignac. *La naissance de la cité grecque*. Paris. La Découvert, coll. Textes à l'appui, 1984, p. 150 e segs.

desse posicionamento, cremos que não cabe menosprezar culturas que não conheceram (ou não conhecem) a técnica da limitação do poder pela lei, mas possuíram (ou possuem) outros instrumentos e parâmetros valiosos na defesa e proteção da pessoa humana.

4. Direitos Humanos para consumo interno

Deve ser notado também que em alguns países do Primeiro Mundo (para manter a nomenclatura enraizada), ou países ricos, há uma idéia de Direitos Humanos apenas para consumo interno. Observa-se nesses casos uma contradição inexplicável: no âmbito interno, vigoram os Direitos Humanos; nas relações com os países dependentes, vigoram os interesses econômicos e militares.

Esses interesses justificam a tolerância com as violações dos Direitos Humanos, no campo diplomático, ou o próprio patrocínio das violações.

Os mesmos interesses econômicos e militares justificam também o patrocínio da guerra, sob a bandeira de paz da ONU. Isto aconteceu, por exemplo, na Guerra do Golfo Pérsico, quando a ONU, sob a pressão das grandes potências, esqueceu seu compromisso de "proteger as gerações futuras contra o flagelo da guerra".

Para que tais desvios não continuem a acontecer, alguns juristas italianos (Salvatore Senese, Antonio Papisca, Marco Mascia, Luigi Ferrajoli e outros) têm defendido que uma nova ordem mundial se constitua, não sob o império dos interesses dominantes, mas tendo, ao contrário, como sujeito da História a família humana presente e futura.[72]

5. Direitos Humanos para os nacionais "puros"

Outra contradição é as vezes observada no interior de certas nações poderosas: a plena vigência dos Direitos Humanos, quando se trata de nacionais "puros"; o desrespeito aos Direitos Humanos, quando as pessoas envolvidas são imigrantes (legais ou clandestinos), minorias raciais e minorias nacionais.

---

[72] Cf. Antonio Papisca. *Democrazia Internazionale, via di Pace*. Milano, Ed. Franco Angeli, 1990. Cf. Antonio Papisca & Marco Mascia. *Le Relazioni Internazionali nell'era della interdipendenza e dei Diritti Umani*. Padova, Cedam, 1991.

6. A idéia da limitação do poder foi precedida de uma longa gestação histórica. Não existe um só modelo possível de compreensão, formulação e proteção dos Direitos Humanos

A idéia da limitação do poder do governante começou a germinar no século XIII. A essência dos direitos, a serem respeitados pelos detentores do poder, teve uma longa gestação na História da Humanidade.

A técnica de estabelecer freios ao poder, na linha da tradição ocidental, não é o único caminho possível para a vigência dos Direitos Humanos.

Nem é também da essência de um regime de Direitos Humanos a separação entre o domínio jurídico e os outros domínios da existência humana, como o domínio religioso, moral, social etc. Cada povo tem de ser respeitado na escolha de seu destino e de suas estratégias de viver.

O Ocidente repetirá hoje os mesmos erros do passado se insistir na existência de um modelo único para a expressão e a proteção dos Direitos Humanos.

É, a meu ver, o erro em que incorre Jean Baechler em alentado e cuidadoso livro. Baechler, através de pesquisa histórica e etnológica, buscou provar que os valores democráticos integram a natureza humana. Esses valores só foram desprezados onde o homem renunciou a ser ele mesmo. Sem deixar de reconhecer o mérito do trabalho, parece-me que *o homem naturalmente democrático* que Baechler desenhou é apenas o *homem ocidental.*[73]

No passado, em nome de supostamente deter o monopólio da Verdade, os europeus praticaram o genocídio contra os povos indígenas e pretenderam que fosse legítimo o colonialismo.

Nos dias atuais, Estados Unidos e Europa desrespeitarão a autonomia de destino de cada povo se tentarem impor "sua verdade", "sua economia", "seu modo de vida", "seus direitos humanos".

Relativamente ao último item, que é aquele de que fundamentalmente nos ocupamos neste livro, deve haver a compreensão das diferenças de histórias, de percepções, de culturas. Daí o acerto da posição defendida por Selim Abou, nas conferências que

---

[73] Cf. Jean Baechler. *Démocraties.* Calmann-Lévy, 1985, passim.

proferiu no "Collége de France", em maio de 1990. Subordinou a idéia de Direitos Humanos à relatividade das culturas.[74]

Com a eliminação dos preconceitos, com o estabelecimento de pontes de comunicação e diálogo, avanços poderão ser obtidos, trocas poderão ser feitas, enriquecimento recíproco de culturas poderá ocorrer.

Está com razão Cornelius Castoriadis quando, não obstante exaltando a ruptura do mundo das significações religiosas particulares, reconhece que o modelo que impôs essa ruptura tem também um enraizamento social-histórico particular. Na visão de Castoriadis, o mundo das significações religiosas particulares era um mundo fechado. A superação desse fechamento possibilitou o florescimento de uma autonomia individual fundada na liberdade.[75]

Num livro que escreveram sobre a Revolução Iraniana, Paul Vieille e Farhad Khosrokhavar observaram que, nas culturas islâmicas, a esfera política, social, religiosa e o próprio imaginário popular são indissociáveis.

A obra desses autores tem dois grandes méritos: deu a palavra ao povo; produziu uma análise percuciente e sem preconceitos do Irã.

No 2º volume da obra, totalmente dedicado a entrevistas, foram ouvidos operários, funcionários públicos, professores, comerciantes ambulantes, pequenos comerciantes estabelecidos, motoristas, camponeses e um poeta. Essas pessoas expressaram suas idéias e suas esperanças, com as particularidades de uma cultura, mas com traços tão universalmente humanos que nos levam a pensar:

Como podem os poderosos do mundo traçar uma imagem tão caricatural e falsa de um povo tão esplendidamente belo?

A resposta a essa pergunta foi dada por antecipação por Paul Vieille e Farhad Khosrokhavar, nas conclusões de seu importante trabalho: os muçulmanos são a mais irredutível força de resistência maciça e organizada à hegemonia européia e americana.[76]

É com essa visão aberta que devemos buscar compreender a história dos Direitos Humanos no mundo. O esboço traçado neste

---

[74] Cf. Selim Abou. *Droits de l'homme et relativité des cultures.* "Collége de France", 5-1990.

[75] Cf. Cornelius Castoriadis, fonte já citada, p. 38.

[76] Paul Vieille e Farhad Khosrokhavar. *Le discours populaire de la Révolution Iranienne.* Editions Contemporanéité. 2 vols. Vol. 1 — Commentaires. Vol. 2 — Entretiens.

capítulo liga-se ao capítulo anterior. Por outro lado, outras reflexões que serão feitas no decorrer da obra complementam a presente cobertura histórica.

7. A Inglaterra, as proclamações feudais de direitos e a limitação do poder do rei

A Inglaterra deu início ao constitucionalismo, como depois veio a ser entendido, quando, em 1215, os bispos e barões impuseram ao rei João Sem Terra a *Magna Carta*. Era o primeiro freio que se opunha ao poder dos reis.

O constitucionalismo inglês desencadeou conquistas que vieram aproveitar à generalidade das pessoas. Apenas o *habeas-corpus* bastaria para assegurar à Inglaterra um lugar proeminente na História do Direito.

Sabe-se, contudo, da origem feudal dos grandes documentos ingleses: não eram cartas de liberdade do homem comum. Pelo contrário, eram contratos feudais escritos nos quais o rei, como suserano, comprometia-se a respeitar os direitos de seus vassalos. Não afirmavam direitos "humanos", mas direitos de "estamentos". Em consonância com a estrutura social feudal, o patrimônio jurídico de cada um era determinado pelo estamento, ordem ou estado a que pertencesse. Contudo, algumas das regalias alcançadas beneficiaram, desde o início, não apenas os grupos dominantes, mas outras categorias de súditos. Em tais declarações de direitos não se cogitava de seu eventual sentido universal: os destinatários das franquias, mesmo aquelas mais gerais, eram homens livres, comerciantes e vilões *ingleses*.[77]

---

[77] Cf. os artigos 20 e 39 da Magna Carta, de João sem Terra:
    Art. 20 – Por um delito pequeno, um homem livre só poderá ser punido com multa proporcional a tal delito; por um grande delito poderá ser multado proporcionalmente à gravidade de seu delito, mas sem perder seu feudo. O mesmo acontecerá com os comerciantes, mas sem que sua mercadoria possa ser confiscada; também os vilões serão punidos com multa, sem no entanto perderem seus instrumentos de trabalho. E nenhuma de tais multas será imposta senão baseada no juramento de homens probos e leais das vizinhanças.
    Art. 39 – Nenhum homem livre será detido, nem preso, nem despojado de seus bens, nem posto fora da lei, nem exilado, nem de forma alguma molestado, e não poremos nem mandaremos pôr a mão nele, a não ser em virtude de um julgamento legal por seus pares e segundo a lei do seu país.
    (Cf. Jeanne Hersch, organizadora. *O direito de ser homem*. Rio, Editora Conquista. 1972. Tradução de Homero de Castro Jobim, pp. 186 e187.)

8. Locke e a extensão universal das proclamações inglesas de direitos

Foi, porém, ainda um pensador inglês, Locke, com sua fundamentação jusnaturalista, que deu alcance universal às proclamações inglesas de direitos.

Já no Século XVII, o habeas-corpus, por exemplo, tinha nítido sentido de universalidade, de direito de todos os homens.

Recorde-se um dos mais belos precedentes da jurisprudência inglesa: a decisão do juiz Mansfield, mandando pôr em liberdade a pessoa de James Sommersett, que se encontrava preso num navio ancorado no rio Tâmisa. Comprado como escravo, ele seria levado como escravo para a Jamaica.

Seguindo o voto do juiz Mansfield, a Corte expediu a ordem liberatória, sob o fundamento de que a lei inglesa não tolerava a escravidão no seu território.[78]

Na visão de Locke, o poder político é inerente ao ser humano, no estado de natureza. O ser humano transfere esse poder à sociedade política que o exerce através de dirigentes escolhidos. Esse exercício deve permanecer vinculado ao ser humano, origem e sede do poder delegado. Em conseqüência dessa delegação, o poder deve ser exercido para bem do corpo político.[79]

9. O universalismo das declarações de direitos da Revolução Francesa e da Revolução Norte-Americana

Nas declarações de direitos, resultantes das revoluções americana e francesa, o sentido universal está presente.

Os "direitos do homem e do cidadão", proclamados nessa fase histórica, quer na América, quer na Europa, tinham, entretanto, um conteúdo bastante individualista, consagrando a chamada democracia burguesa.

Apenas na segunda etapa da Revolução Francesa, sob a ação de Robespierre e a força do pensamento de Rousseau, proclamam-se direitos sociais do homem: direitos relativos ao trabalho e a

---

[78] Cf. Mansfield. "Affaire Sommersett". 1679. Apud Jeanne Hersch. *Le droit d'être un homme*. Anthologie mondiale de la liberté. Paris, J. C. Lattès/Unesco, 1990, pp. 192/193.

[79] Cf. John Locke. *The second treatise of Civil Government*. 1690, passim. Apud Jeanne Hersch. *Le droit d'être un homme. Anthologie mondiale de la liberté.* Paris, J. C. Lattès/Unesco, 1990, passim. Cf. também: John Locke. *Segundo tratado sobre o governo,* São Paulo, Ibrasa, 1963.

meios de existência, direito de proteção contra a indigência, direito à instrução (Constituição de 1793).

Entretanto, a realização desses direitos cabia à sociedade e não ao Estado. Salvaguardava-se, assim, a idéia, então vigente, de que o Estado devia abster-se em face de tais problemas.[80]

10. A dimensão social do constitucionalismo: a contribuição mexicana, russa e alemã

A dimensão social do constitucionalismo, a afirmação da necessidade de satisfazer os direitos econômicos, ao lado dos direitos de liberdade, a outorga ao Estado da responsabilidade de prover essas aspirações — é fato histórico do século XX.

A Revolução Mexicana, da mais alta importância no pensamento político contemporâneo, conduz à Constituição de 1917. Esta proclama, com pioneirismo na face do Globo, os direitos do trabalhador.[81]

O México tenta realizar uma reforma agrária, através da luta dos camponeses e com apoio de brilhantes intelectuais como J. M. Morelos, um pioneiro do agrarianismo.[82]

A Revolução Russa leva à declaração dos direitos do povo, dos trabalhadores e dos explorados (1918).

A Constituição de Weimar (1917) tenta o acréscimo dos princípios da democracia social, que então se impunha, às franquias liberais do século anterior.

11. Os interesses das potências industriais e as reivindicações universais do mundo do trabalho

Os interesses econômicos das grandes potências aconselharam o encorajamento das reivindicações dos trabalhadores, em nível universal. Era preciso evitar que os países, onde as forças

---

[80] Cf. M. de Robespierre. Proposition de déclaration des droits faite au club des Jacobins (21-4-1793). *In:* Moniteur, XVI , p. 214. Apud Jeanne Hersch. *Le droit d'être un homme. Anthologie mondiale de la liberté*. Paris, Unesco/Lattès, 1990, passim. Cf. Jean-Jacques Rousseau. Du contrat social ou principes du droit politique. 1762. Apud Jeanne Hersch, obra citada, passim.

[81] Cf. J. S. Herzog. *El agrarismo mexicano y la reforma agraria*. Mexico, Cuadernos Americanos, 1959, passim.

[82] Cf. J. S. Herzog, obra citada na nota anterior, p. 41 e seguintes.

sindicais eram débeis, fizessem concorrência industrial aos países onde essas forças eram ativas. Era preciso impedir a vil remuneração da mão-de-obra operária, em prejuízo das economias então dominantes.

Assim, razões extremamente estreitas e egoístas geraram a contradição de contribuir para o avanço do movimento operário, em escala mundial.

12. A emergência do proletariado como força política

Ultrapassados os ideais do liberalismo, que inspirou o Estado dos proprietários, a emergência do proletariado como força política assinalou nova época na história dos "Direitos Humanos".

Já não bastava o "Estado de Direito". Colimava-se o "Estado Social de Direito".

As aspirações do proletariado encontram ressonância em alguns documentos famosos. Esses buscam ajustar o pensamento político à emergência de um novo ator social. Devem ser citados como marcos da declaração solene de direitos sociais, ao lado de direitos simplesmente individuais:

a) a *Proclamação das Quatro Liberdades*, de Roosevelt — a de palavra e expressão, a de culto, a de não passar necessidade, a de não sentir medo (1941);

b) a *Declaração das Nações Unidas* (Washington, 1942);

c) as conclusões da *Conferência de Moscou* (1943);

d) as conclusões da *Conferência de Dumbarton Oaks* (1944);

e) as conclusões da *Conferência de São Francisco* (1945);

f) e, finalmente, o mais importante, conhecido e influente documento de "direitos humanos" da História: a *Declaração Universal dos Direitos Humanos*, proclamada pela Assembléia Geral das Nações Unidas em 10 de dezembro de 1948.

13. A dimensão social da democracia

A dimensão "social" da democracia marcou o primeiro grande salto na conceituação dos "direitos humanos".

A afirmação dos "direitos sociais" derivou da constatação da fragilidade dos "direitos liberais", quando o homem, a favor do qual se proclamam liberdades, não satisfez ainda necessidades primárias: alimentar-se, vestir-se, morar, ter condições de saúde, ter segurança diante da doença, da velhice, do desemprego e de outros percalços da vida.

14. Oposição entre direitos "liberais" e direitos "sociais". Recíproca absorção de valores por sistemas políticos e econômicos opostos

Numa primeira fase, a reação contra os postulados da democracia liberal consistiu em afirmar os "direitos sociais" com menosprezo das liberdades clássicas. Pretendia-se libertar o homem da opressão econômica. Tachavam-se de engodo as garantias da democracia liberal. Estas aproveitariam apenas às classes dominantes, em nada interessando às classes oprimidas.

A declaração russa dos direitos do povo, dos trabalhadores e dos explorados, redigida por Lênin, dá a medida da rebeldia às anteriores declarações de direitos.[83]

Pouco a pouco, de parte a parte, houve uma absorção de valores: em democracias liberais, contemplaram-se os "direitos sociais". Em países socialistas, valorizaram-se franquias liberais. Mas nestes abandonaram-se também posições do Socialismo, como vamos comentar no item seguinte.

15. O porvir e um encontro de vertentes. Valores de uma concepção socialista de mundo

Neste momento, quase todos os países socialistas abandonam valores do Socialismo e aderem a valores capitalistas. A guinada pode ser explicada, em parte, pela circunstância de que os valores do Socialismo, nesses países, foram impostos, não resultaram de um caminho escolhido pelo povo. A meu ver, entretanto, muito cedo essas nações verão que algumas mudanças do momento presente representam um retrocesso. Não me refiro à busca da Liberdade, que é sempre um avanço. Refiro-me à troca da visão socialista de mundo pela visão capitalista de mundo. É sintomático e triste, por exemplo, segundo minha percepção, que tenham sido celebradas como progresso mudanças de comportamento, no mundo socialista, em direção ao consumismo e às frivolidades.

---

[83] Cf. G. Walter. *Lénine*. Paris, Julliard, 1950, p. 404 e seguintes.

Quando passar a maré capitalista, talvez o porvir reserve ao mundo um encontro de vertentes. Nesse amanhã, triunfarão as aspirações de maior igualdade no plano econômico — de que as correntes socialistas foram e são portadoras — com as aspirações de liberdade, legado da democracia clássica.[84]

Creio que essas aspirações são perfeitamente compatíveis, harmônicas e interdependentes.

16. Os Direitos Humanos de Terceira e Quarta Geração

A visão dos Direitos Humanos, modernamente, não se enriqueceu apenas com a justaposição dos "direitos econômicos e sociais" aos "direitos de liberdade". Ampliaram-se os horizontes.

Surgiram os chamados "direitos humanos de terceira geração"[85] e os "direitos humanos de quarta geração":

a) os direitos dos povos, proclamados em fóruns internacionais, e não apenas os direitos da pessoa humana; a repulsa a qualquer forma de colonialismo; o direito de cada povo a sua autodeterminação; os direitos de solidariedade entre os povos; o direito ao desenvolvimento sustentável;

c) o direito à paz;

d) o direito a um ambiente sadio e ecologicamente equilibrado, os direitos da natureza;

e) os direitos das gerações futuras;

f) o direito de propriedade sobre o patrimônio comum da humanidade;

g) o direito da humanidade à preservação ética da vida, com rejeição de qualquer manipulação genética que fira a dignidade humana;

h) os direitos coletivos e difusos, direitos que não se referem ao titular individual mas aos seres humanos na vida gregária.

Em várias partes deste livro e nos dois outros volumes da nossa trilogia de Direitos Humanos, faremos remissões aos Direitos Humanos de terceira e quarta geração.

---

[84] Cf. B. Goriely. *Les poètes dans la Révolution Russe*. Paris, Gallimard, 1934, passim. Ver também: L. Blanc. *Catéchisme des socialistes*. Paris, 1849, passim. Ver ainda: Friedrich Engels. *Situation des classes laborieuses en Anglaterre*. Trad. par. J. Molitor. Paris, Costes, 1933, passim.

[85] Cf. Karel Vasak. "A Longa Luta pelos Direitos Humanos". In: *O Correio da Unesco*. Rio de Janeiro, janeiro de 1978, ano 6, nº 1.

17. A negação dos Direitos Humanos e suas causas internacionais

Assinala-se com veemência cada vez maior que a negação dos "direitos humanos", no interior de cada país, não tem apenas causas internas, mas, sobretudo, origem externa: a injustiça no campo das relações internacionais.

O "direito comum dos povos a seu desenvolvimento humano integral", proclamado por Paulo VI perante a Organização Internacional do Trabalho, supõe a interpenetração de todos os direitos humanos fundamentais, sobre os quais se baseiam as aspirações de indivíduos e de nações, como afirmou o Sínodo dos Bispos instalado em Roma, em 1971.[86]

O desenvolvimento exige a instauração, no mundo, de uma ordem social justa. Esta ordem supõe que seja eliminada a exploração sistemática do homem pelo homem e de nação por nação. Neste sentido foi formulada contundente denúncia da Comissão Pontifícia Justiça e Paz.[87]

18. A superação da fase histórica da exigência de Direitos Humanos apenas em face do Estado

Na atualidade, não há apenas direitos humanos em face do Estado. Há também direitos reclamáveis pela pessoa em face dos grupos sociais e das estruturas econômicas. E há também direitos reclamáveis por grupos humanos e nações, em nome da pessoa humana, dentro da comunidade universal.

Só haverá o efetivo primado dos "direitos humanos" com a supremacia dos valores da Justiça, no mundo, Justiça que será, por sua vez, a força geradora da Paz.

19. Estaria esgotada a fase histórica da busca de novos Direitos Humanos?

Heleno Cláudio Fragoso manifestou a opinião de que estaria ultrapassada a fase das declarações de direitos e liberdades. A seu sentir, o que constitui hoje preocupação universal é a criação de um

---

[86] Cf. Comissão Pontifícia "Justiça e Paz". *Justiça no Mundo*. Rio de Janeiro, Civilização Brasileira, 1977, p. 39.

[87] Id., ibid.

sistema jurídico que assegure, efetivamente, a observância dos direitos e liberdades proclamados.[88]

Heleno Fragoso notabilizou-se, no Brasil, não apenas por suas primorosas obras, mas também por sua luta incansável em favor dos Direitos Humanos e na defesa de presos políticos, durante a ditadura de 1964. Sua luta corajosa valeu-lhe inclusive dolorosa experiência pessoal. Ele foi vítima de um seqüestro, pelas forças que então mandavam e desmandavam em nosso país.

Refere-se o inesquecível Heleno Fragoso, nessa passagem, necessariamente, a um certo grupo de Direitos Humanos. Há outros que o sistema jurídico, por si só, não está habilitado a prover.

Na mesma linha de pensamento, Karel Vasak pondera que parece estar completo o trabalho legislativo internacional em matéria de Direitos Humanos. Observa que de nada adianta multiplicar textos que encerrem promessas mais ou menos vagas, cuja aplicação, no âmbito jurídico interno deixa a desejar.[89]

Creio que esses autores estão com a razão quando timbram na denúncia de direitos proclamados que não encontram correspondência na realidade social.

As proclamações solenes de direitos sofrem o perigo de um desgaste contínuo quando se percebe o abismo existente entre os postulados e a situação concreta. O freqüente desrespeito aos Direitos Humanos, praticado sem remédio por governos, gera, na opinião pública, a descrença na efetividade desses Direitos.

Reclama-se, assim, como reivindicação incontornável da consciência jurídica internacional, a efetivação dos Direitos Humanos. É indispensável a criação de mecanismos eficazes que promovam e salvaguardem o império desses Direitos na civilização atual.

Contudo, se apoiamos esses autores no núcleo central da afirmação que fazem, não nos parece exato concluir que a fase da proclamação de direitos esteja encerrada.

A História é movimento dialético, a ampliação de direitos não se esgota. Novos direitos estão sendo reclamados, minorias tomam consciência de sua dignidade. Esse dinamismo criativo de

---

[88] Heleno Cláudio Fragoso. *Direito Penal e Direitos Humanos*. Rio de Janeiro, Forense, 1977, p. 123.

[89] Cf. Karel Vasak, op. cit.

novos Direitos é uma das hipóteses centrais da pesquisa que fizemos. Tentaremos expor nossas conclusões, a respeito deste ponto, no momento oportuno. Essa exposição será feita de maneira didática e simples, segundo a proposta da presente obra.

Capítulo 6

HISTÓRIA DOS DIREITOS HUMANOS NO BRASIL

1. A história dos Direitos Humanos e a história constitucional do Brasil

A segunda parte deste livro tem o propósito de dar ao leitor uma visão introdutória, global e histórica dos Direitos Humanos, conforme já foi dito no capítulo 3 (item 1).

Este propósito de iniciação não seria atendido se ficássemos apenas na perspectiva mais geral e universal adotada pelos 3 capítulos antecedentes.

É preciso que nos debrucemos também sobre o desenrolar dos fatos pretéritos e mais recentes, relativos a esta mesma questão, no Brasil.

Pretendemos assim, nos tópicos que se seguem, dar uma visão histórica dos Direitos Humanos, a partir da Independência do nosso país (1822).

O estudo histórico dos Direitos Humanos, no Brasil independente, está diretamente ligado ao estudo histórico da evolução constitucional do país, pelos motivos que exporemos a seguir. Por esta razão, no esboço histórico que tentaremos fazer, a questão dos Direitos Humanos será examinada em íntima conexão com o desenvolvimento constitucional brasileiro.

2. Conceitos prévios necessários para entender a história dos Direitos Humanos à luz da história constitucional brasileira

Para compreender devidamente a questão dos Direitos Humanos na História do Brasil, é necessário estar advertido para determinados conceitos que têm íntima relação com o assunto.

É preciso apreender, de início, certas noções que estão no âmbito da chamada *Teoria Geral do Estado*: saber o que é uma Constituição, quais são as finalidades de uma Constituição, quais são os tipos existentes de Constituição.

Depois é preciso descortinar, numa visão breve e geral, o quadro das Constituições brasileiras.

3. O que é uma Constituição

A Constituição é a lei maior de um Estado, superior a todas as outras leis.

Para alcançarmos o exato sentido desta definição, precisamos entender duas idéias a que a definição se refere:

a) a idéia de Estado;

b) a idéia de lei maior de um Estado.

Comecemos pela idéia de Estado.

O Estado é uma associação de homens que vivem num território próprio, politicamente organizados sob um governo soberano.

Três são, pois, os elementos que constituem o Estado: território, população e governo soberano.

O território ou solo é o pedaço de chão no qual o Estado se organiza.

A população ou povo é o conteúdo humano do Estado, é o conjunto de pessoas que vivem nele.

Quando um povo tem um mesmo passado histórico e um certo conjunto de interesses e aspirações comuns, sobretudo o desejo de tornar-se independente ou de manter-se independente, diz-se que é uma Nação.

O terceiro elemento do Estado é o governo soberano ou soberania.

Diz-se que um governo é soberano quando possui personalidade internacional e quando dispõe do poder máximo dentro de seu território.

A segunda idéia de nossa definição é a de *lei maior*: a Constituição é a lei maior de um Estado. Isto significa dizer que a Constituição é superior a todas as outras leis e que todas as leis têm de conformar-se com a Constituição.

4. Finalidades da Constituição

As Constituições modernas costumam ter as seguintes finalidades:

a) organizar o Estado;
b) limitar os poderes do Estado em face das pessoas e dos grupos intermediários;
c) definir as diretrizes da vida econômica e social.

A limitação dos poderes do Estado e dos poderes e atribuições das autoridades é essencial numa Constituição.

Segundo a colocação de Cláudio Pacheco, bastante acertada e ainda atual, não haverá *regime constitucional*, mas corrupção constitucional, quando a Constituição:

a) exerce o papel indefinido de distribuir o poder pelas diversas escalas da hierarquia autoritária;
b) define apenas os direitos e deveres dos cidadãos entre si;
c) estabelece os direitos dos cidadãos em face de concessões voluntárias dos governantes.[90]

Para que haja verdadeira Constituição é necessário que esta, a partir da legítima manifestação da vontade do povo, funcione como limitação e freio ao irrestrito poder do Estado e das autoridades.

A simples existência de uma Constituição formalizada não assegura a vigência do regime constitucional.

Atrita com o verdadeiro regime constitucional o arremedo de Constituições que apenas tentam legitimar o regime de arbítrio.

5. Tipos de Constituição

Se aceitarmos que se chame de Constituição a lei maior de um país, sem nos determos a respeito da maneira como a Constituição foi feita, encontramos dois tipos de Constituição:

a) a Constituição outorgada;
b) a Constituição promulgada.

Constituição outorgada é aquela que parte do soberano, ou autoridade que governa, e é "dada" ao povo.

Constituição promulgada ou dogmática é aquela que resulta das assembléias populares. É também chamada pelo qualificativo de "imposta" porque o povo, através de seus representantes, a impõe à autoridade que governa.

---

[90] Cf. Cláudio Pacheco. Tratado das Constituições Brasileiras. Rio, Freitas Bastos, 1958, vol. I, passsim.

A rigor, só merece o nome de Constituição a Constituição promulgada. A Constituição promulgada, como disse Alcides Rosa, "não é uma dádiva concedida pelo depositário eventual do poder, príncipe ou caudilho, mas a expressão da vontade popular, que se fez conhecida na boca das urnas".[91]

Essa "vontade popular" é freqüentemente viciada pela presença de elementos espúrios na formação da assembléia constituinte (peso do poder econômico nas eleições, por exemplo). Entretanto, uma Constituição promulgada sempre será melhor que uma Constituição outorgada. Na Constituição promulgada, de qualquer forma o povo votou na escolha de seus representantes. Se além de votar, o povo se organiza, as mais diversas expressões da opinião pública terão a oportunidade de expressar seu pensamento. Nada disso acontece quando a Constituição é outorgada. Nesta hipótese, o povo fica inteiramente à margem do processo.

6. Constituições brasileiras

Foram constituições promulgadas, no Brasil, a de 1891, a de 1934, a de 1946 e a atual de (1988).

Foram Constituições outorgadas a de 1824, a de 1937 e a de 1969.

A Constituição de 1967 autoproclamou-se promulgada. O Congresso que a votou pretendeu ter recebido poderes constituintes do movimento militar de 1964. Mas, na verdade, não foi promulgada. É juridicamente inaceitável que a força militar se substitua ao povo, delegando, em nome do povo, poderes constituintes ao Congresso. Não foi, entretanto, uma Constituição outorgada por ato de simples e confessado arbítrio. Foi submetida ao Congresso então existente. Esse Congresso apresentava-se bastante deformado naquela oportunidade. Grandes líderes brasileiros tinham sido excluídos compulsoriamente da vida pública, por ato do golpe de 1964. A Constituição foi votada sem a participação deles. Não vigorava, outrossim, no país, o clima de liberdade indispensável à reunião de uma Assembléia Constituinte. Assim, poderíamos dizer que a Constituição de 1967 foi semi-outorgada.

---

[91] Cf. Alcides Rosa. Manual de Direito Constitucional. Rio, Gráfica Editora Aurora, 1956, passim.

7. Direitos que só ficam no papel, Constituições desrespeitadas

Não há uma exata correspondência entre vigência de direitos, nas Constituições, e vigência de direitos, na vida real do povo.

O desrespeito a garantias da lei e a garantias da própria Constituição é, infelizmente, uma constatação óbvia na vida brasileira.

Entretanto, uma outra constatação é também absolutamente segura:

a) nos períodos históricos em que houve garantia constitucional de direitos democráticos, desrespeitaram-se os direitos. Contudo, nesses períodos, sempre houve a possibilidade de algum protesto e de alguma reação, por parte das organizações populares e das pessoas violentadas;

b) nos períodos em que os direitos democráticos não foram nem ao menos ressalvados nas Constituições, as violações de direitos foram muito mais flagrantes. Eu me refiro a períodos históricos nos quais o arbítrio, a prepotência, o esmagamento da pessoa humana tiveram amparo em constituições espúrias, em atos institucionais putrefatos, em leis de exceção permissivas de abusos.

Nesses períodos, o clamor do oprimido foi silenciado, a lágrima da viúva rolou solitária, o algoz riu e zombou do torturado, absolutamente seguro do seu "direito" de torturar.

8. Os Direitos Humanos e a Constituição Imperial

A Constituição Imperial (1824) foi outorgada, após a dissolução da Constituinte. Essa dissolução causou grande desaponto às correntes liberais do pensamento político brasileiro.

O movimento em prol da constitucionalização do Brasil tivera um momento decisivo no Rio de Janeiro. Foi quando o Senado da Câmara apresentou veemente formulação perante o Príncipe Regente D. Pedro I.

Através de documento incisivo, a representação política do Rio manifestava seu desagrado ante a circunstância de serem as Províncias de nosso país regidas por leis elaboradas "a duas mil léguas de distância", ou seja, em Portugal.

A importância dessa manifestação é realçada por José Honório Rodrigues na obra que escreveu sobre a Assembléia Constituinte de 1823.[92]

---

[92] Cf. José Honório Rodrigues. *A Assembléia Constituinte de 1823*. Petrópolis, Editora Vozes, 1974, p. 22.

A Assembléia Constituinte de 1823 escreveu uma página importante na História do Brasil.

Foi fiel às grandes causas nacionais, segundo José Honório Rodrigues.[93]

Revelou prudência e sabedoria, segundo Aurelino Leal.[94]

Deve ter um lugar de honra nos fastos das lutas libertárias da sociedade brasileira, na opinião de Paulo Bonavides e Paes de Andrade.[95]

A dissolução da Assembléia Constituinte mereceu repúdio de muitos, não obstante a maioria tivesse se dobrado docilmente à vontade do poder dominante.

Na repulsa ao ato de força merece especial destaque a posição de insubmissão assumida por Frei Caneca em Pernambuco. Também houve protestos na Bahia, Ceará, Paraíba e Rio Grande do Norte.

A insatisfação em face do ato ditatorial de D. Pedro I, que dissolveu a Constituinte, desembocou num movimento revolucionário, a Confederação do Equador.[96]

Não obstante aparentemente derrotado, o ideal constitucionalista jogou um peso importante no ulterior desenvolvimento da História brasileira.

A pregação constitucionalista encurralou D. Pedro I. Mesmo outorgando uma Constituição ao país, não podia o monarca ficar surdo às reivindicações de liberdade que ecoaram na Assembléia Constituinte de 1823.

Como conseqüência, a Constituição imperial consagrou os principais Direitos Humanos, como então eram reconhecidos.

Foi uma Constituição liberal, no reconhecimento de direitos, não obstante autoritária, se examinarmos a soma de poderes que se concentraram nas mãos do Imperador.

A Constituição Imperial reconheceu, em princípio, os direitos individuais, como então eram concebidos.

---

[93] Cf. José Honório Rodrigues, obra citada na nota anterior, p. 279.

[94] Cf. Aurelino Leal. *História Constitucional do Brasil*. Rio de Janeiro, Imprensa Nacional, 1915, pp. 9 e 19.

[95] Cf. Paulo Bonavides e Paes de Andrade. *História Constitucional do Brasil*. São Paulo, Editora Paz e Terra, 1991, p. 75.

[96] Cf. Paulo Bonavides e Paes de Andrade, obra citada na nota anterior, p. 76.

É verdade que instituiu a supremacia do homem-proprietário. Só este era *full-member* (isto é, membro completo) do corpo social. Mas nisto fez coro a Locke e à ideologia liberal. Esta marcou profunda influência no processo da independência e formação política do Brasil.[97]

A força do pensamento liberal burguês era tão forte, no Brasil de então, que se fazia presente mesmo na vanguarda dos arraiais republicanos. O critério de renda, por exemplo, como pré-requisito para o exercício dos direitos políticos, integrou o credo da República Rio-Grandense.

Podemos conferir essa informação na obra que Victor Russomano escreveu a respeito da história constitucional do Rio Grande do Sul.[98]

A República Rio-Grandense (a chamada República de Pirantini) foi um movimento separatista que se opôs à Coroa Imperial.

Na esteira da Declaração dos Direitos do Homem e do Cidadão, decretada pela Assembléia Nacional Francesa em 1789, a Constituição imperial brasileira afirmou que a inviolabilidade dos direitos civis e políticos tinha por base a liberdade, a segurança individual e a propriedade (art. 179). Omitiu, contudo, o quarto direito natural e imprescritível, proclamado, ao lado desses três, pelo artigo segundo da Declaração francesa — o direito de resistência à opressão.

Do constitucionalismo inglês a Constituição imperial brasileira herdou a vedação da destituição de magistrados pelo rei (*Act of Settlement*, 1701), o direito de petição, as imunidades parlamentares, a proibição de penas cruéis (*Bill of Rights*, 1689) e o direito do homem a julgamento legal (*Magna Carta*, 1215).

Estabelecendo uma religião de Estado, a Constituição imperial afastou-se da Carta francesa de 1789. Também não deu guarita ao art. 15 da Declaração de 1789. Esse artigo estabelecia ter a sociedade o direito de exigir que todo agente público prestasse contas de sua administração. Nenhuma determinação, nesse sen-

---

[97] Cf. Vicente Barreto. *A ideologia liberal no processo da independência do Brasil (1789/1924)*. Brasília, Câmara dos Deputados, 1973, passim.

[98] Cf. Victor Russomano. *História Constitucional do Rio Grande do Sul*. Porto Alegre, edição da Assembléia Legislativa do Rio Grande do Sul, 1976, p. 95 e seguintes.

tido, foi incluída na Constituição Imperial. Apenas o art. 15, 6º, mandava que, na morte do Imperador, ou vacância do trono, procedesse a Assembléia Geral o exame da Administração que acabara, para reformar os abusos nela introduzidos. A Constituição consagrava a irresponsabilidade do Imperador, mas poderia ter submetido os Ministros ao dever de prestar contas aos representantes do povo, já que eram responsáveis por qualquer dissipação dos bens públicos (art. 133, 6º).

Desviando-se dos documentos norte-americanos, coerente com a opção pela forma monárquica de governo, a Constituição de 1824 evitou a menção da idéia de estrita vinculação de todo governo ao consentimento dos governados.

Atribuiu excessivo peso político ao Imperador, fazendo-o detentor de Poder Moderador.

A inscrição de um Poder Moderador, na arquitetura do sistema político, enfraqueceu os Partidos políticos, na opinião de Afonso Arinos de Melo Franco. Esse publicista comparou o Poder Moderador a uma chave com a qual D. Pedro I abria qualquer porta, inclusive as portas do Partido Liberal e do Partido Conservador.[99]

Também na mesma linha de repúdio ao autoritarismo imperial dirige-se o julgamento de Paulo Bonavides e Paes de Andrade. Pensam esses autores que a Constituição de 1824 tinha um potencial de autoritarismo e irresponsabilidade concentrado na esfera de arbítrio do Poder Moderador.[100]

O autoritarismo do Primeiro Reinado só cedeu aos avanços democráticos do período da Regência.

A Regência, na opinião de Joaquim Nabuco, foi uma grande época da vida nacional. Trouxe o fortalecimento do poder civil, em oposição ao despotismo militar. Sagrou-se como uma fase de integridade e desprendimento na vida pública do país.[101]

Foi um período fecundo de consolidação das liberdades constitucionais, segundo Paulo Bonavides e Paes de Andrade. Essas

---

[99] Afonso Arinos de Melo Franco. *O Pensamento Constitucional Brasileiro*. Brasília, Câmara dos Deputados, 1978, pp. 36 e 37.

[100] Cf. Paulo Bonavides e Paes de Andrade. *História Constitucional do Brasil*. São Paulo, Editora Paz e Terra, 1991, p. 109.

[101] Cf. Joaquim Nabuco. *Um Estadista do Império – Nabuco de Araújo*. Rio de Janeiro, sem data, tomo I, p. 28 e seguintes.

entraram na consciência representativa nacional de forma estável por todo o Segundo Reinado.[102]

A Constituição de 25 de março de 1824 vigorou até 15 de novembro de 1889, ou seja, durante mais de 65 anos.

9. Principais franquias asseguradas pela Constituição de 1824

As principais franquias asseguradas pela Constituição de 1824 foram as seguintes:

— liberdade de expressão do pensamento, inclusive pela imprensa, independente de censura;

— liberdade de convicção religiosa e de culto privado, contanto que fosse respeitada a religião do Estado;

— inviolabilidade da casa;

— proibição de prisão sem culpa formada, exceto nos casos declarados em lei, exigindo-se, contudo, nesta última hipótese, nota de culpa assinada pelo juiz;

— exigência de ordem escrita da autoridade legítima para a execução da prisão, exceto flagrante delito;

— punição da autoridade que ordenasse prisão arbitrária, bem como de quem a tivesse requerido;

— exigência de lei anterior e autoridade competente, para sentenciar alguém;

— independência do poder judicial;

— igualdade de todos perante a lei;

— acesso de todos os cidadãos aos cargos públicos;

— proibição de foro privilegiado;

— abolição dos açoites, tortura, marca de ferro quente e todas as demais penas cruéis;

— proibição de passar a pena da pessoa do delinqüente e, em conseqüência, proibição do confisco de bens e da transmissão da infâmia a parentes;

— garantia de cadeias limpas e bem arejadas, havendo diversas casas para a separação dos réus, conforme suas circunstâncias e natureza se seus crimes;

— direito de propriedade;

---

[102] Cf. Paulo Bonavides e Paes de Andrade. *História Constitucional do Brasil*. São Paulo, Editora Paz e Terra, 1991, p. 124.

— liberdade de trabalho;
— inviolabilidade do segredo das cartas;
— direito de petição e de queixa, inclusive o de promover a responsabilidade dos infratores da Constituição;
— instrução primária gratuita.

10. A primeira Constituição Republicana e os Direitos Humanos

A Constituição de 24 de fevereiro de 1891 buscou corporificar juridicamente o regime republicano instituído com a Revolução que derrubou a Coroa.

Os princípios que essa Constituição esposou tiveram uma longa gestação no pensamento político brasileiro. O espírito da Constituição forjou-se durante todo o período da propaganda republicana. Teve antecedentes na República Rio-Grandense e na Constituinte de Alegrete que tentou moldar em texto legal os ideais da Guerra dos Farrapos. Os constituintes gaúchos, no seu projeto de Constituição, prometiam justamente um regime de governo baseado na liberdade, na igualdade e na Justiça. Esses ideais foram retomados pelos constituintes republicanos.[103]

A Constituição Republicana instituiu o sufrágio direto para a eleição dos deputados, senadores, presidente e vice-presidente da República.

Estendeu, implicitamente, esse preceito aos cargos eletivos estaduais, por força da disposição que mandava respeitassem os Estados os princípios constitucionais da União.

Seriam eleitores os cidadãos maiores de 21 anos que se alistassem na forma da lei.

A Constituição excluía do alistamento os mendigos, os analfabetos, as praças de pré e os religiosos sujeitos a voto de obediência.

Foi abolida a exigência de renda, proveniente de bens de raiz, comércio, indústria ou artes, como critério de exercício dos direitos políticos.

Contudo, continuando nas mãos dos fazendeiros, como no Império, o primado da força econômica e estabelecido o voto a desco-

---

[103] Cf. Victor Russomano. *História Constitucional do Rio Grande do Sul*. Porto Alegre, edição da Assembléia Legislativa do Rio Grande do Sul, 1976, passim. Cf. Paulo Bonavides e Paes de Andrade. *História Constitucional do Brasil*. São Paulo, Editora Paz e Terra, 1991, p. 175 e seguintes.

berto, — o sufrágio direto não mudou as regras de distribuição do poder. Os coronéis continuaram detendo a política local. Através desta influíam, decisivamente, na representação parlamentar e na escolha dos titulares das mais altas funções públicas. O poderio econômico do campo mantinha a dependência do comércio, das profissões liberais e da máquina administrativa aos interesses rurais, fazendo dessas forças aliados do fazendeiro, nas questões mais decisivas.

A primeira Constituição republicana sedimentou o pacto liberal-oligárquico, segundo a opinião de Paulo Bonavides e Paes de Andrade.[104]

Não obstante essa realidade, que restringia o poder a camadas privilegiadas, a primeira Constituição republicana ampliou os Direitos Humanos, além de manter as franquias já reconhecidas no Império:

— extinguiram-se os títulos nobiliárquicos;

— separou-se a Igreja do Estado e estabeleceu-se a plena liberdade religiosa;

— consagrou-se a liberdade de associação e de reunião sem armas;

— assegurou-se aos acusados a mais ampla defesa;

— aboliram-se as penas de galés, banimento judicial e morte;

— criou-se o *habeas-corpus* com a amplitude de remediar qualquer violência ou coação por ilegalidade ou abuso de poder;

— instituíram-se as garantias da magistratura (vitaliciedade, inamovibilidade e irredutibilidade de vencimentos) mas, expressamente, só em favor dos juízes federais.

11. A reforma constitucional de 1926

A reforma constitucional de 1926 restringiu o *habeas-corpus* aos casos de prisão ou constrangimento ilegal na liberdade de locomoção.

Estendeu, expressamente, à Justiça dos Estados as garantias asseguradas à magistratura federal.

Regulando os casos e condições em que se podia efetivar a intervenção federal nos Estados, a reforma de 1926 procurou remediar abusos que eram praticados pela União nesta matéria.

---

[104] Cf. Paulo Bonavides e Paes de Andrade. *História Constitucional do Brasil*. São Paulo, Editora Paz e Terra. 1991, p. 250.

A reforma, entretanto, não atendeu plenamente as exigências daqueles que há muito percebiam a inadequação da Constituição de 1891 à real instauração de um regime republicano no Brasil. Dentre as vozes que denunciavam o malogro da arquitetura nacional da Primeira República, Afonso Arinos realça João Mangabeira (representante da Bahia). Herculano de Freitas (São Paulo), Gilberto Amado (Sergipe). O mesmo Afonso Arinos de Melo Franco observa que 1926 acudiu com atraso a necessidade de alteração dos rumos constitucionais da Primeira República.[105]

A Constituição de 24 de fevereiro de 1891, com as emendas de 1926, vigorou até 24 de outubro de 1930, ou seja, durante quase 40 anos.

12. Os Direitos Humanos e a Primeira Fase da Revolução de 1930

Com a Revolução de 1930, adveio o discricionarismo.

O Decreto nº 19.398, de 11 de novembro de 1930, passou a exercer o papel de autêntica Constituição do país. Arremedo de Constituição, esclareça-se bem, pois uma verdadeira Constituição não pode nascer do arbítrio. Esse Decreto, entretanto, fez o papel de Constituição porque deu o fundamento de toda a estrutura do regime. Por essa razão, Afonso Arinos chamou o Decreto 19.398 de Constituição provisória.[106]

Dissolveram-se o Congresso Nacional, as Assembléias Legislativas e as Câmaras Municipais. A magistratura perdeu suas garantias. Foram suspensas as franquias constitucionais. O *habeas-corpus* foi amesquinhado, uma vez que mantido apenas em favor de réus ou acusados em processos de crimes comuns, excluída a proteção multissecular nos casos de crimes funcionais e nos da competência de tribunais especiais.

A Revolução de 1930 foi feita em nome da legitimidade democrática. O idealismo de jovens tenentes e de algumas lideranças civis pretendia realmente sanear os vícios da Primeira República. Mas, chegada ao Poder, a Revolução de 1930 esqueceu seus compromissos.

---

[105] Cf. Afonso Arinos de Melo Franco. *Curso de Direito Constitucional Brasileiro*. Rio, Forense, 1960, p. 155 e seguintes.

[106] Cf. Afonso Arinos de Melo Franco. *Curso de Direito Constitucional Brasileiro*. Rio de Janeiro, Forense, 1960, vol. II, passim.

Obscureceram-se completamente os Direitos Humanos.

Como decorrência desse desvio da pregação revolucionária de 1930, irrompeu em São Paulo a Revolução Constitucionalista. Esse movimento, de armas na mão, cobrou dos que se instalaram no Poder o cumprimento das promessas feitas nos comícios: verdade democrática, Justiça social e modernização do país. O programa revolucionário não estava sendo seguido por aqueles que se apossaram do mando.

13. A Constituição de 1934 e os Direitos Humanos

A Revolução Constitucionalista de 1932 e a voz dos que se levantaram contra a prepotência precipitaram a convocação da Assembléia Constituinte, em 1933.

Vencidos no embate das armas, os paulistas foram historicamente vencedores. Graças a sua resistência, o arbítrio de 1930 teve de ceder.

Antecendo os trabalhos da Constituinte, um projeto de Constituição foi elaborado por uma Comissão que veio a ficar conhecida como Comissão do Itamarati. Recebeu esse nome, como fruto do uso, porque se reunia no Palácio do Itamarati.

A Comissão do Itamarati foi nomeada pelo Governo Provisório. Dela faziam partes figuras destacadas do mundo político e jurídico do país como Afrânio Melo Franco, Carlos Maximiliano, José Américo de Almeida, Temístocles Cavalcanti e João Mangabeira. Este último exerceu um singular papel de vanguarda advogando, na Comissão do Itamarati, as teses mais avançadas para sua época.[107]

O anteprojeto constitucional foi bastante discutido no interior da Assembléia Constituinte. Foi criada uma Comissão Constitucional. Nomearam-se relatores parciais que se encarregaram de estudar os diversos capítulos do anteprojeto elaborado pela Comissão do Itamarati. Foi escolhida uma Comissão de Revisão, para dar acabamentos ao texto, antes que fosse votado pela Assembléia Constituinte.

---

[107] Cf. Antônio Marques dos Reis. *Constituição Federal Brasileira de 1934*. Rio de Janeiro, 1934. Cf. João Mangabeira. *Em torno da Constituição*. São Paulo, 1934. Cf. Francisco Mangabeira. *João Mangabeira: República e Socialismo no Brasil*. Rio, Editora Paz e Terra, 1979, passim.

A participação popular foi, entretanto, bastante reduzida. Um dos motivos dessa carência de participação foi a censura à imprensa. Esta vigorou durante todo o período de funcionamento da Constituinte, o que constitui um contra-senso.

Apesar da censura à imprensa, extremamente deplorável, a Constituição de 1934 restabeleceu as franquias liberais, suprimidas pelo período autoritário que se seguiu à Revolução de 1930. As franquias foram mesmo ampliadas.

14. Franquias liberais da Constituição de 1934

A Constituição de 1934:

— determinou que a lei não prejudicaria o direito adquirido, o ato jurídico perfeito e a coisa julgada;

— explicitou o princípio da igualdade perante a lei, estatuindo que não haveria privilégios, nem distinções, por motivo de nascimento, sexo, raça, profissão própria ou dos pais, riqueza, classe social, crença religiosa ou idéias políticas;

— permitiu a aquisição de personalidade jurídica, pelas associações religiosas, e introduziu a assistência religiosa facultativa nos estabelecimentos oficiais;

— instituiu a obrigatoriedade de comunicação imediata de qualquer prisão ou detenção ao juiz competente para que a relaxasse, se ilegal, promovendo a responsabilidade da autoridade co-autora;

— manteve o *habeas-corpus*, para proteção da liberdade pessoal, e instituiu o mandado de segurança, para defesa do direito, certo e incontestável, ameaçado ou violado por ato manifestamente inconstitucional ou ilegal de qualquer autoridade;

— vedou a pena de caráter perpétuo;

— proibiu a prisão por dívidas, multas ou custas;

— impediu a extradição de estrangeiro por crime político ou de opinião e, em qualquer caso, a de brasileiros;

— criou a assistência judiciária para os necessitados;

— determinou às autoridades a expedição de certidões requeridas, para defesa de direitos individuais ou para esclarecimento dos cidadãos a respeito dos negócios públicos;

— isentou de imposto o escritor, o jornalista e o professor;

— atribuiu a todo cidadão legitimidade para pleitear a declaração de nulidade ou anulação dos atos lesivos do patrimônio da União, dos Estados ou dos Municípios.

15. A Constituição de 1934 e a proteção social do trabalhador

A par das garantias individuais, a Constituição de 1934, inovando no Direito brasileiro, estatuiu normas de proteção social do trabalhador. Para esse fim, esposou os seguintes princípios:

— proibição de diferença de salário para um mesmo trabalho, por motivo de idade, sexo, nacionalidade ou estado civil;

— salário mínimo capaz de satisfazer às necessidades normais do trabalhador;

— limitação do trabalho a oito horas diárias, só prorrogáveis nos casos previstos pela lei;

— proibição de trabalho a menores de 14 anos, de trabalho noturno a menores de 16 e, em indústrias insalubres, a menores de 18 anos e a mulheres;

— repouso semanal, de preferência aos domingos;

— férias anuais remuneradas;

— indenização ao trabalhador dispensado sem justa causa;

— assistência médica sanitária ao trabalhador;

— assistência médica à gestante, assegurada a ela descanso antes e depois do parto, sem prejuízo do salário e do emprego;

— instituição de previdência, mediante contribuição igual da União, do empregador e do empregado, a favor da velhice, da invalidez, da maternidade e nos casos de acidentes de trabalho ou de morte;

— regulamentação do exercício de todas as profissões;

— reconhecimento das convenções coletivas de trabalho;

— obrigatoriedade de ministrarem as empresas, localizadas fora dos centros escolares, ensino primário gratuito, desde que nelas trabalhassem mais de 50 pessoas, havendo, pelo menos, 10 analfabetos;

— criação da Justiça do Trabalho, vinculada ao Poder Executivo.

16. A Constituição de 1934 e os direitos culturais

Também cuidou a Constituição de 1934 dos direitos culturais, sufragando os seguintes princípios, dentre outros:

— direito de todos à educação, com a determinação de que esta desenvolvesse, num espírito brasileiro, a consciência da solidariedade humana;

— obrigatoriedade e gratuidade do ensino primário, inclusive para os adultos, e tendência à gratuidade do ensino ulterior ao primário;

— ensino religioso facultativo, respeitada a confissão do aluno;

— liberdade de ensino e garantia da cátedra.

17. Visão geral da Constituição de 1934

Juízo bastante positivo sobre a Constituição de 1934 é lavrado por Paulo Bonavides e Paes de Andrade. Pensam esses autores que essa Constituição guiava o pensamento da sociedade e a ação do Governo para um programa de leis cujo valor maior recaía no bem comum.[108]

Instituindo a Justiça Eleitoral (art. 82 e seguintes) e o voto secreto (art. 52, 1º), abrindo os horizontes do constitucionalismo brasileiro para os direitos econômicos, sociais e culturais (art. 115 e seguintes, art. 148 e seguintes), — creio que a Constituição de 1934 representaria a abertura de nova fase do país, não fosse sua breve vida e a sua substituição pela Carta reacionária de 1937.

A Constituição de 1934, — que respeitou os Direitos Humanos —, vigorou até a introdução do Estado Novo, a 10 de novembro de 1937, ou seja, durante mais de 3 anos.

18. A inexistência de Direitos Humanos no Estado Novo

O Estado Novo institucionalizou o autoritarismo.

O Parlamento e as Assembléias foram fechados. A Carta de 1937 previu a existência de um Poder Legislativo, mas as eleições para a escolha de seus membros não foram convocadas. Deteve o presidente da República, até a queda do Estado Novo, o poder de expedir decretos-leis, previstos no art. 180 da Carta.

A magistratura perdeu suas garantias (art. 177). Um tribunal de exceção — o Tribunal de Segurança Nacional — passou a ter competência para julgar os crimes contra a segurança do Estado e a estrutura das instituições (art. 172). Leis eventualmente declaradas contrárias à própria Constituição autoritária, por juízes sem garantias, ainda assim podiam ser validadas pelo presidente (art. 96, único, combinado com o art. 180).

A Constituição declarou o país em estado de emergência (art. 186), com suspensão da liberdade de ir e vir, censura da correspondência e de todas as comunicações orais e escritas, suspensão da liberdade de reunião, permissão de busca e apreensão em domicílio (art. 168, letras *a*, *b*, *c* e *d*).

---

[108] Cf. Paulo Bonavides e Paes de Andrade. *História Constitucional do Brasil*. São Paulo, Editora Paz e Terra, 1991, p. 9.

Em tal ambiente jurídico e político, mesmo as garantias individuais mantidas perderam sua efetividade. Foram contagiadas pelo gérmen autoritário até as garantias que não representavam qualquer risco para o regime vigente.

Durante esse período de trevas, na vida nacional, não estiveram de pé os Direitos Humanos.

O Estado Novo durou 8 anos.

19. 1946 e a volta do Estado de Direito; recuperação da idéia de Direitos Humanos

Em 1946, o país foi redemocratizado.

A Constituição de 18 de setembro de 1946 restaurou os direitos e garantias individuais, que foram, mais uma vez, ampliados, em comparação com o texto constitucional de 1934.

Criou-se, através do art. 141, 4°, o princípio da ubiqüidade da Justiça, nestes termos:

"A lei não poderá excluir da apreciação do Poder Judiciário qualquer lesão de direito individual".

Segundo Pontes de Miranda, foi a mais prestante criação do constituinte de 1946.[109]

Foi estabelecida a soberania dos veredictos do júri e a individualização da pena.

No que refere aos direitos sociais, também foram ampliados com a introdução dos seguintes preceitos:

— salário mínimo capaz de atender às necessidades do trabalhador e de sua família;

— participação obrigatória e direta do trabalhador nos lucros da empresa;

— proibição de trabalho noturno a menores de 18 anos;

— fixação das percentagens de empregados brasileiros nos serviços públicos dados em concessão e nos estabelecimentos de determinados ramos do comércio e da indústria;

— assistência aos desempregados;

— obrigatoriedade da instituição, pelo empregador, do seguro contra acidentes do trabalho;

— direito de greve;

---

[109] Cf. Pontes de Miranda. *Comentários à Constituição de 1946*. Rio de Janeiro, Editora Borsoi, 1960, tomo V, passim.

— liberdade de associação profissional ou sindical;
— criação da Justiça do Trabalho como ramo do Poder Judiciário.

Foram mantidos os direitos de salário do trabalho noturno superior ao do diurno e de repouso nos feriados civis e religiosos, — inovações da Carta de 1937.

No que tange aos direitos culturais, ampliaram-se os de 1934, com o acréscimo das seguintes estipulações:

— gratuidade do ensino oficial ulterior ao primário para os que provassem falta ou insuficiência de recursos;

— obrigatoriedade de manterem as empresas, em que trabalhassem mais de 100 pessoas, ensino primário para os servidores e respectivos filhos;

— obrigatoriedade de ministrarem as empresas, em cooperação, aprendizagem aos seus trabalhadores menores;

— instituição de assistência educacional, em favor dos alunos necessitados, para lhes assegurar condições de eficiência escolar.

A Constituição de 1946 vigorou, formalmente, até que sobreviesse a Constituição de 1967. Contudo, a partir do golpe que se autodenominou "Revolução de 31 de março de 1964", sofreu múltiplas emendas e suspensão da vigência de muitos dos seus artigos. Isto aconteceu por força dos Atos Institucionais de 9 de abril de 1964 (posteriormente considerado como o de n° 1) e 27 de outubro de 1965 (Ato Institucional n° 2 ou AI-2).

A rigor, o ciclo constitucional começado em 18 de setembro de 1946 encerrou-se em 1° de abril de 1964, com quase dezoito anos de duração.

Sob o império da Constituição de 1964 estiveram garantidos os Direitos Humanos.

20. Os Direitos Humanos na Primeira Fase da Revolução de 1964

O Ato Institucional da "Revolução de 31 de março de 1964" deu ao presidente da República poderes para decretar o estado de sítio, sem ouvir o Congresso Nacional (art. 6°). Suspendeu as garantias constitucionais e legais da vitaliciedade e estabilidade e, por conseguinte, também as garantias da magistratura, pelo prazo de 6 meses (art. 7°). Deu aos editores do Ato, bem como ao presidente da República, que seria escolhido, poderes para, até 60 dias depois da posse, cassar mandatos eletivos populares e suspender direitos políticos.

Tais atos foram colocados a descoberto de proteção judiciária (art. 7º, 4º).

O Ato Institucional teria vigência até 31 de janeiro de 1966 mas, antes de seu termo, em 27 de outubro de 1965, o presidente da República assinou o Ato Institucional que então foi denominado de nº 2, referendado pelos seus ministros, no qual se declara que a Constituição de 1946 e as Constituições Estaduais e respectivas emendas eram mantidas com as modificações constantes do Ato.

Todos os poderes excepcionais do primeiro Ato Institucional foram revividos:

O de decretar o presidente o estado de sítio (art. 13);

O de demitir, remover, dispensar, pôr em disponibilidade, aposentar, transferir para a reserva e reformar os titulares das garantias constitucionais e legais de vitaliciedade, inamovibilidade, estabilidade e exercício em função por tempo certo (art. 14).

O de cassar mandatos populares e suspender direitos políticos (art. 15).

Além dessas, conferiu ainda o AI-2 ao presidente as seguintes outras faculdades:

Colocar em recesso o Congresso Nacional, as Assembléias Legislativas e as Câmaras de Vereadores (art. 31);

Decretar a intervenção federal nos Estados (art. 17).

Todos os atos praticados estariam ao desabrigo do amparo judicial (art. 19).

Foi também estendido aos civis o foro militar, para repressão do que fosse considerado crime contra a segurança nacional ou as instituições militares (art. 8º).

Os poderes dos Atos foram amplamente utilizados, inclusive com a decretação do recesso do Congresso Nacional, em 20 de outubro de 1966, por força do Ato Complementar nº 23.

O Ato Institucional nº 2 vigorou até 15 de março de 1967, quando entrou em vigor a Constituição decretada e promulgada em 24 de janeiro de 1967.

O regime instituído pelos Atos Institucionais de nº 1 e 2 não se compatibiliza com as franquias presentes na *Declaração Universal dos Direitos Humanos,* pelos seguintes fundamentos:

a) os punidos, a muitos dos quais se imputaram atos delituosos, não tiveram o direito de defesa previsto no art. 11 da *Declaração*;

b) o direito de receber dos tribunais nacionais competentes remédio efetivo para os atos eventualmente violadores dos direitos reconhecidos pela Constituição e pela lei — previsto no art. 8º da *Declaração* — também foi desrespeitado pelo artigo que revogou o princípio da ubiqüidade da Justiça e excluiu de apreciação judiciária as punições da Revolução;

c) o tribunal independente e imparcial, a que todo homem tem direito, não o é aquele em que o próprio juiz está sujeito a punições discricionárias. Assim, a total supressão das garantias da magistratura viola o art. 10;

d) a exclusão discricionária do grêmio político (suspensão de direitos de cidadão) contraria o art. 21, que confere a todo homem o direito de participar do governo de seu país.

21. Os Direitos Humanos e a Constituição de 1967

Já vimos no item 5 deste capítulo os motivos pelos quais a Constituição de 1967 deve ser considerada como semi-outorgada.

Comparada com a Constituição de 1946, a Constituição de 24 de janeiro de 1967, que entrou em vigor a 15 de março, apresenta graves retrocessos:

a) suprimiu a liberdade de publicação de livros e periódicos ao afirmar que não seriam tolerados os que fossem considerados (a juízo do governo) como propaganda de subversão da ordem. (A Constituição de 1967 afirmava, em princípio, que a publicação de livros e periódicos independia de licença do poder público. Enquanto a Constituição de 1946 estabelecera que não seria tolerada a propaganda de processos violentos para subverter a ordem política e social — art. 141, 5º —, a Constituição de 1967 passou a proibir a propaganda de subversão da ordem, sem exigir a qualificação de "processos violentos" para a incidência da proibição — art. 150, 8º);

b) restringiu o direito de reunião facultando à polícia o poder de designar o local para ela. Usando desse poder como artifício, a polícia poderia facilmente impossibilitar a reunião. (A Constituição de 1946, ao determinar que a polícia poderia designar o local para a realização de uma reunião, ressalvava que, assim procedendo, não a poderia frustrar ou impossibilitar. A Constituição de 1967 não reproduziu a ressalva);

c) estabeleceu o foro militar para os civis. (O foro militar, na mesma linha da emenda constitucional ditada pelo Ato Institucional nº 2, estendeu-se aos civis, nos casos expressos em lei, para repressão de crimes contra a segurança nacional ou as instituições militares — art. 122, 1º. Pela Constituição de 1946 o civil só estaria sujeito à jurisdição militar no caso de crimes contra a segurança externa do país ou as instituições militares — art. 108, 1º);

d) criou a pena de suspensão dos direitos políticos, declarada pelo Supremo Tribunal Federal, para aquele que abusasse dos direitos políticos ou dos direitos de manifestação do pensamento, exercício de trabalho ou profissão, reunião e associação, para atentar contra a ordem democrática ou praticar a corrupção — art. 151. (Essa competência punitiva do Supremo era desconhecida pelo Direito Constitucional brasileiro);

e) manteve todas as punições, exclusões e marginalizações políticas decretadas sob a égide dos Atos Institucionais. (O reencontro do caminho democrático só começou com a Anistia, conquistada em 1979. Isto porque foi justamente a Anistia que acabou com os efeitos de todas essas medidas ditatoriais);

f) em contraste com as determinações restritivas mencionadas nas letras anteriores, a Constituição de 1967 determinou que se impunha a todas as autoridades o respeito à integridade física e moral do detento e do presidiário, preceito que não existia, explicitamente, nas Constituições anteriores. (Esse artigo foi repetido na Constituição de 1988. A eficácia do artigo, na Constituição de 1967, ficou, entretanto, anulada, em vista do clima geral de redução de liberdade e a conseqüente impossibilidade de denúncia dos abusos que ocorressem.)

No que diz respeito aos direitos sociais, a Constituição de 1967 inovou em alguns pontos.

Registrem-se como inovações contrárias ao trabalhador: a redução para 12 anos da idade mínima de permissão do trabalho; a supressão da estabilidade, como garantia constitucional, e o estabelecimento do regime de fundo de garantia, como alternativa; as restrições ao direito de greve; a supressão da proibição de diferença de salários, por motivo de idade e nacionalidade, a que se referia a Constituição anterior.

Em face de tão imensos retrocessos, a Constituição de 1967 pretendeu compensar os trabalhadores com pequeninas vantagens.

Colhem-se como modestas inovações favoráveis ao trabalhador as seguintes: inclusão, como garantia constitucional, do direito ao salário-família, em favor dos dependentes do trabalhador; proibição de diferença de salários também por motivo de cor, circunstância a que não se referia a Constituição de 1946; participação do trabalhador, eventualmente, na gestão da empresa; aposentadoria da mulher, aos trinta anos de trabalho, com salário integral.

A Constituição de 1967 afrontou a lei sociológica que aponta, invariavelmente, para a ampliação de direitos dos trabalhadores.

A Constituição de 1967 representou um esforço de redução do arbítrio contido nos Atos Institucionais que se seguiram à Revolução de 1964. Tentou não se distanciar em demasia do figurino constitucional de 1946. Sua dose de autoritarismo não se compara com o panorama de completo arbítrio criado pelo Ato Institucional nº 5, que caiu sobre o Brasil depois, no fatídico 13 de dezembro de 1968.

Entretanto, mesmo com todas as ressalvas, a Constituição de 1967 não se harmonizou com a doutrina dos Direitos Humanos, pelas seguintes razões:

— restringiu a liberdade de opinião e expressão;
— deixou o direito de reunião a descoberto de garantias plenas;
— estendeu o foro militar aos civis, nas hipóteses de crimes contra a segurança interna (ou seja, segurança do próprio regime imperante);
— fez recuos no campo dos direitos sociais;
— manteve as punições, exclusões e marginalizações políticas decretadas sob a égide dos Atos Institucionais.

Também a Constituição de 1967, formalmente, teve vigência até sua substituição pela Carta de 17 de outubro de 1969. Contudo, a rigor, vigorou apenas até 13 de dezembro de 1968, quando foi baixado o Ato Institucional nº 5.

O Ato Institucional nº 5 afirmou mantida a Constituição de 1967. Introduziu, entretanto, tão profundas modificações na estrutura do poder político e em matéria de direitos individuais que, numa visão científica, não se pode conciliar esse Ato com o espírito da Constituição de 1967.

Na verdade, esta ruiu sob o AI-5.

22. Os Direitos Humanos sob o Ato Institucional nº 5: uma longa noite de terror

O Ato Inconstitucional nº 5 repetiu todos os poderes discricionários conferidos ao presidente pelo AI-2 e ainda ampliou a margem de arbítrio: deu ao governo a prerrogativa de confiscar bens;

suspendeu a garantia do *habeas-corpus* nos casos de crimes políticos, contra a segurança nacional, a ordem econômica e social e a economia popular.

Como nos Atos anteriores, excluía-se a possibilidade de exame judiciário das medidas aplicadas.

O regime do AI-5 não se coaduna com a vigência dos Direitos Humanos, como definidos pela Declaração Universal. Nega, além dos artigos já referidos, também o de nº 18 — "ninguém será arbitrariamente privado de sua propriedade", — pois a investigação prevista no art. 18 do AI-5, para os casos de confisco de bens, sem dar garantias de defesa ao prejudicado, não exclui o caráter discricionário da medida. E o próprio AI-5 o reconhece quando dispõe, no parágrafo único do art. 8º, que, provada a legitimidade dos bens, far-se-á a restituição. Apenas é de se observar que a simples restituição, numa tal hipótese, não satisfaz o Direito.

Com a pretensão de confiscar bens de indivíduos corruptos, o AI-5 pretendeu obter a simpatia da opinião pública. Esta, como é natural, reprova a corrupção. Mas esse poder discricionário não foi, de forma alguma, utilizado para realmente combater a corrupção. Foram atingidos alguns desafetos do regime, enquanto muitos outros ficaram a salvo. Na verdade, com a imprensa amordaçada, a corrupção foi praticada em larga escala. Livros publicados com a reconquista da liberdade denunciaram escândalos desse período da História brasileira.

Entretanto, a mais grave incompatibilidade entre o AI-5 e os Direitos Humanos está na supressão do *habeas-corpus* para crimes políticos e outros. Proibindo a apreciação judicial da prisão, o AI-5 nega remédio contra a prisão arbitrária, tornando letra morta o art. 9º da *Declaração*, redigido nestes termos:

"Ninguém será arbitrariamente preso, detido ou exilado".

Com a supressão do habeas-corpus, com a suspensão das garantias da magistratura e com a cassação da liberdade de imprensa, — a tortura e os assassinatos políticos foram largamente praticados no país, sob o regime do Ato Institucional nº 5.

Um dos mais contundentes libelos contra a prática da tortura, nesse período da vida brasileira, com a coleta de depoimentos dos torturados, está contido no livro "Brasil: Nunca Mais", publicado pela Editora Vozes, dos padres franciscanos de Petrópolis, sob a chancela de Dom Paulo Evaristo Arns, Arcebispo Metropolitano de São Paulo, e do Reverendo Philip Potter, ex-Secretário Geral do Conselho Mundial de Igrejas.[110]

23. Os Direitos Humanos sob a Constituição de 1969

Em 17 de outubro de 1969, estando em recesso forçado o Congresso Nacional, foi outorgada, pelos três ministros militares, nova carta ao país, sob a aparência de emenda constitucional.

Tendo mantido o AI-5, a Constituição de 1969 realmente só começou a vigorar com a queda deste, em 1978.

Essa carta aprofundou o retrocesso político, se comparada à Constituição de 1967: incorporou a seu texto medidas autoritárias dos Atos Institucionais; consagrou a intervenção federal nos Estados; cassou a autonomia administrativa das capitais e outros municípios; impôs restrições ao Poder Legislativo; validou o regime dos decretos-leis; manteve e ampliou as estipulações restritivas da Constituição de 1967, quer em matéria de garantia individuais, quer em matéria de direitos sociais.

O regime da Constituição de 1969 não se coadunou, de forma alguma, com o ideal dos Direitos Humanos.

24. A luta do povo brasileiro pela volta do Estado de Direito

A luta contra o golpe de Estado desferido em 1º de abril de 1964 começou com a própria instauração da ditadura.

Desde o primeiro momento, líderes políticos e da sociedade civil, acompanhados por parcela ponderável da opinião pública, compreenderam que se suprimia o Estado de Direito, para um longo período de arbítrio.

Muitos puderam verificar e compreender que o golpe no Brasil não era um fato isolado. Localizava-se dentro de um projeto continental. Na verdade, assistia-se a todo um ciclo de regimes de exceção na América Latina. Documentos que vieram à luz posteriormente, por força de uma lei que libera certos arquivos secretos norte-americanos, demonstraram que a implantação das ditaduras latino-americanas era inspirada pela política externa dos Estados Unidos para o Continente.

---

[110] Arquidiocese de São Paulo. *Brasil: Nunca Mais*. Prefácio de Dom Paulo Evaristo Arns. Petrópolis, Editora Vozes, 1985, 3ª edição.

Outros cidadãos, entretanto, supuseram que a intervenção militar de 1964 seria um episódio passageiro. Teria como fundamento o exercício, pelas Forças Armadas, de um "poder moderador". Esse "poder moderador" seria um poder corretivo de eventuais desvios na rota política normal do país. Tal papel moderador estaria reservado aos militares, no Brasil e em outros países do Terceiro Mundo (ou países do Hemisfério Sul, ou países pobres, como se preferir).

Os que viam os fatos sob essa ótica apoiaram, num primeiro momento, o golpe militar de 1964.

O primeiro grande desapontamento de muitos cidadãos que deram seu aval político ao golpe aconteceu em 27 de outubro de 1965. Nesse dia, foi baixado o Ato Institucional nº 2.

O primeiro Ato Institucional não tinha número, justamente porque a proposta original dos revoltosos seria realizar um "ato cirúrgico de tempo certo", nas instituições políticas brasileiras. O Ato Institucional nº 2 já representava uma traição a esse propósito.

Em 1967, a Constituição de 24 de janeiro tenta o arremedo de um "estado de Direito". Tem a esperança de compatibilizar o regime militar com um mínimo de civilização jurídica.

O Ato Institucional nº 5, de 13 de dezembro de 1968, elimina de vez qualquer nuance de "estado de Direito" que se pretendesse dar ao regime. O regime assume confessadamente sua face de ditadura selvagem. Suprime-se todo traço de Direito, qualquer sinal de juridicidade que se pudesse vislumbrar nas instituições políticas e sociais do país. É a lei do cão, um retrocesso que nem mesmo o Estado Novo (1937) conheceu.

A cada aprofundamento do arbítrio, o regime de 1964 perdia apoio.

Os liberais que apoiaram o golpe, em nome de uma intervenção militar cirúrgica, deixaram a nau do regime em 27 de outubro de 1965, com a edição do Ato Institucional nº 2.

Em 13 de dezembro de 1968 já não eram apenas os liberais que se desligavam da aventura liberticida levada a efeito pelos que se apoderam do país. Na verdade, só ficaram com o AI-5 os que apoiavam para o Brasil um regime de índole fascista, isto é, um regime antiliberal, antidemocrático, de um nacionalismo falso e até mesmo com traços imperialistas.

Esta última característica era traduzida pelo projeto de um Brasil Gigante. Esse Brasil Gigante seria construído, em aliança com os Estados Unidos, sob a batuta da Lei de Segurança Nacional. Dentro desse projeto, o Brasil receberia delegação para exercer um papel imperialista junto aos vizinhos da América do Sul.

Um slogan resumia a mentalidade vigente: "Brasil, ame-o ou deixe-o". Este slogan era traduzido assim: ame o Brasil, de acordo com essa fórmula de Brasil pretendida pelo regime. Se você não concorda com essa fórmula, não concorda com o regime, você não tem direito de viver em seu país.

Por todas essas razões, à medida que crescia o arbítrio, crescia também a resistência ao arbítrio.

Somavam-se as lutas de inúmeros seguimentos sociais:

a) a dos trabalhadores, contra a política de arrocho salarial, contra a intervenção nos sindicatos, contra a Lei de Segurança Nacional que enquadrava nos seus artigos os operários que pugnavam por melhorias econômicas e sociais;

b) a de presos e perseguidos políticos, com apoio de líderes da sociedade civil em geral, em prol da Anistia;

c) a dos estudantes, contra acordos que subordinavam a política educacional brasileira a exigências norte-americanas, contra as punições arbitrárias de estudante e professores, contra a polícia política instalada dentro das universidades;

d) a dos intelectuais, jornalistas, artistas contra a censura e as medidas restritivas em geral;

e) a de líderes religiosos de diversas confissões, pela Justiça Social, pela Liberdade, contra a tortura.

Todas essas lutas desembocaram:

a) na luta pela Anistia ampla, geral e irrestrita;

b) na luta pela convocação de uma Assembléia Constituinte livre e democrática, com participação popular.

25. A conquista da Anistia

A Anistia foi conquistada em 1970. Consubstanciou-se na Lei nº 6.683, de 28 de agosto de 1979.

Não foi tão ampla, geral e irrestrita quanto se desejou. E anistiou não apenas os perseguidos políticos mas também os que praticaram crimes em nome do regime. Chegou mesmo a anistiar torturadores, o que é bem chocante. A essa anistia de perseguidos e perseguidores chamou-se de "anistia recíproca".

De qualquer forma, a anistia representou uma conquista do povo.

A luta dos presos políticos, no interior das prisões, as denúncias feitas por estes, rompendo o cerco de ferro dos carcereiros, as greves de fome, tudo isto foi essencial para que se alcançasse a Anistia, como vitória da alma brasileira.

Ao mesmo tempo em que os presos resistiam, os exilados movimentavam-se fora do país. E dentro do Brasil inúmeras vozes, inteligências e corações pleiteavam a Anistia.

Devo dar meu depoimento pessoal porque um livro, como este, não pode ser apenas um relato objetivo. A subjetividade humaniza e enriquece o tratamento de um tema como o dos Direitos Humanos.

Como magistrado da ativa, no Espírito Santo, eu participei da luta pela Anistia. Meus discursos em atos públicos, pregando a Anistia, e minha participação na fundação do Comitê Brasileiro pela Anistia não foram compreendidos por alguns. Recebi críticas incisivas. Estranhavam; como pode um juiz tratar de um tema político? A atividade política não é proibida ao juiz?

Havia uma diferença de entendimento do que devia ser a ética do ofício de juiz. Sem dúvida, a atividade político-partidária é vedada ao magistrado. Sempre tive consciência da importância desse princípio que não é apenas um preceito legal. É também uma questão moral e lógica. Como pode um juiz, que preside eleições, ter militância partidária? Essa militância levaria ao descrédito de sua imparcialidade.

Mas a questão da Anistia não era uma questão partidária. Via, naquela época, como ainda vejo hoje: o significado da Anistia como bandeira ética. A Anistia era um tema humanitário e de Justiça, com caráter suprapartidário. A Anistia permitiria o reencontro dos brasileiros. Não o reencontro para a unanimidade, que isto só existe nas ditaduras. O reencontro para a luta política, a divergência explicitada, as contradições criadoras. Por essa razão, honrava-me, como magistrado, engrossar o coro de consciências morais que bradavam pela Anistia.

A luta pela Anistia foi uma das páginas de maior grandeza moral escrita na História contemporânea do Brasil.

26. A Constituinte de 1987/1988

A convocação da Constituinte foi uma vitória da opinião pública. Como também o próprio funcionamento da Constituinte.

Houve, em todo o Brasil, um grande esforço de participação popular. Não apenas antes e durante a elaboração da Constituição Federal, como também antes e durante o processo de votação das Constituições estaduais.

Por causa dessa grande participação popular, o período pré-constituinte e constituinte foi riquíssimo para o crescimento da consciência política do povo brasileiro.

Nem todas as aspirações manifestadas pelo povo encontraram eco na Assembléia Constituinte Federal e nas Assembléias Constituintes Estaduais.

Por outro lado, alguns artigos que resultaram da pressão popular permanecem "letra morta": ou porque dependem de regulamentação; ou porque não estão sendo respeitados.

Nada disso invalida, a meu ver, o esforço que foi realizado. Tudo isto apenas demonstra que a luta do povo deve prosseguir. Numa perspectiva histórica, diríamos de maneira mais contundente: a luta do povo, a luta das grandes maiorias, a luta pelo rompimento de todos os grilhões de injustiça e opressão é uma luta que nunca termina. Essa constatação não pode alimentar desânimos. Podemos construir a História, devemos somar os sucessos obtidos, cada avanço deve ser celebrado.

27. Constituinte exclusiva x Constituinte congressual

No final de 1985, travou-se um grande debate em torno da escolha entre duas espécies de Assembléias Constituintes:

a) a Assembléia Constituinte autônoma ou exclusiva;

b) a Constituinte congressual ou Congresso com poderes constituintes.

A Assembléia Constituinte autônoma seria eleita, exclusivamente, para fazer a Constituição, dissolvendo-se em seguida à promulgação desta.

A Constituinte congressual seria aquela que resultaria de uma Câmara e de um Senado que se instalariam, inicialmente, para fazer a Constituição (como Assembléia Constituinte). Terminado esse encargo, continuariam como Câmara e Senado, cumprindo os cidadãos eleitos o mandato de deputado ou senador, em seguida ao mandato constituinte.

28. Vantagens da Assembléia Constituinte exclusiva

A principal vantagem de uma Assembléia Constituinte exclusiva seria a de possibilitar uma eleição fundada apenas na discussão de teses, princípios e compromissos ligados ao debate constituinte.

Dizendo com outras palavras: numa Constituinte exclusiva, partidos e candidatos comprometem-se com idéias e programas, pois os constituintes seriam eleitos apenas para fazer uma Constituição. Na fórmula da Constituinte congressual (ou Congresso constituinte), os candidatos podem prometer estradas, empregos, benefícios pessoais, pois a eleição deixa de ser de constituintes exclusivos, para ser de deputados e senadores.

A Constituinte congressual tende a ser mais conservadora do que uma Constituinte exclusiva, por dois motivos:

1º) porque facilita a eleição dos velhos políticos, ligados às máquinas eleitorais, e desencoraja a participação de elementos descompromissados com esquemas. Na Constituinte congressual, candidatos descompromissados com a estrutura de poder vigente concorrem, em inferioridade de condições, com os políticos que atuam na base do clientelismo eleitoral. Neste quadro, as correntes conservadoras e retrógradas ficam mais fortes;

2º) porque um Congresso Constituinte, que já nasce sem liberdade de discutir a própria estrutura do Poder Legislativo, tende a reproduzir tudo o mais, ou fazer mudanças apenas superficiais e periféricas.

Um dos temas que a Assembléia Constituinte deveria discutir seria o da própria conveniência de manter, no Brasil, o sistema bicameral (Câmara dos Deputados e Senado Federal). Diversas vozes advogavam a supressão do Senado. Não nos manifestamos, neste parágrafo, sobre ser ou não uma boa idéia suprimir o Senado. Nem seria um ponto adequado para debate, neste trecho do livro. O que afirmamos, sem titubear, é que uma Assembléia Constituinte deveria ter liberdade de discutir a conveniência de manter ou suprimir o sistema bicameral.

Os senadores, eleitos como constituintes, admitiriam a supressão do próprio mandato? É claro que não.

29. Governo e Congresso não ouviram a opinião pública, quanto à Constituinte exclusiva

Fazendo ouvido surdo ao apelo dos mais amplos segmentos da sociedade civil, que queriam uma Constituinte exclusiva, a maioria parlamentar seguiu a orientação do Governo e optou pelo Congresso constituinte.

Essa maioria parlamentar não acolheu nem mesmo o parecer do deputado Flávio Bierrenmbach, que propôs se entregasse ao próprio povo a decisão entre as duas formas possíveis de Assembléia Constituinte, através de um plebiscito que seria realizado em 15 de março de 1986. Em vez de apoiar a democrática proposta de plebiscito, as forças do Governo destituíram Flávio Bierrenbach da função de relator da emenda da Constituinte e aprovaram, contra a opinião pública nacional, a convocação da Assembléia Constituinte sob a modalidade de Constituinte congressual.

30. Os constituintes biônicos na Assembléia Constituinte

O aspecto mais chocante da decisão governamental que optou pela Constituinte congressual foi, ao mesmo tempo, uma das razões mais fortes para que o Governo tomasse essa decisão. Consistiu no fato de que a Constituinte congressual teria a participação, como constituintes, dos 23 senadores eleitos em 1982. Esses senadores, de direito, não poderiam ser membros natos da Constituinte, pois ninguém pode ser constituinte sem mandato específico.

A presença, no Congresso Constitutinte, dos senadores eleitos em 1982 foi impugnada pelos deputados Plínio de Arruda Sampaio (do PT, de São Paulo) e Roberto Freire (do então PCB, de Pernambuco). O plenário da Constituinte rejeitou a impugnação e acolheu esses senadores nas votações da Assembléia.[111]

31. A luta deveria prosseguir, mesmo na Constituinte congressual

Apesar da derrota na batalha pela Constituinte exclusiva, entenderam as forças populares, penso que corretamente, que não deveriam abandonar a luta.

Mesmo diante de um Congresso Constituinte, era preciso pressionar o máximo no sentido de obter o reconhecimento do direito de participação popular nos trabalhos de elaboração da nova Constituição. Através da participação e da pressão popular seria, de qualquer forma, possível alcançar alguns avanços.

---

[111] Cf. *Jornal do Brasil*. Rio de Janeiro, edição de 3 de fevereiro de 1987, 1º caderno, p. 3.

32. A exuberância das emendas populares

O Regimento da Assembléia Nacional Constituinte acolheu o pedido do "Plenário Nacional Pró-Participação Popular na Constituinte" e admitiu a iniciativa de emendas populares. Por essa via, a população obtinha o direito a uma participação mais direta na elaboração constituinte.

O direito de apresentar emendas foi uma grande vitória alcançada pela pressão do povo.

Nada menos que 122 emendas foram propostas. Essas emendas alcançaram o total de 12.265.854 assinaturas.

Não apenas as forças populares serviram-se do instrumento da iniciativa de emendas. Também as forças conservadoras patrocinaram emendas populares. Contudo, as emendas de origem realmente popular foram em número muito mais expressivo e obtiveram um total de assinaturas muitíssimo maior.

A coleta de assinaturas foi um momento muito importante no processo de mobilização. Freqüentemente as emendas eram assinadas depois de assembléias que as discutiam. Novamente aqui, como em outras partes deste livro, cabe o depoimento pessoal do autor. Participei de inúmeras dessas assembléias, como militante da sociedade civil. Compareci a debates em diversos Estados do país (Espírito Santo, Rio de Janeiro, São Paulo, Santa Catarina, Minas Gerais, Pernambuco, Paraíba, Bahia) e também no Distrito Federal, sempre a convite de entidades ligadas ao movimento popular.

O ritual das emendas populares repetiu-se nos Estados, por ocasião da discussão das Constituições Estaduais. Nessa oportunidade, grandes temas populares foram novamente discutidos e particularizados no nível das unidades da Federação.

33. Outros instrumentos de pressão popular

A pressão popular não se limitou às emendas. Segmentos organizados da sociedade civil estiveram presentes nas galerias e nos corredores da Constituinte durante todo o período de funcionamento da Assembléia.

Aí também não foi apenas o povo que fez pressão. As classes dominantes e os grupos privilegiados montaram esquemas formidáveis para acuar a Constituinte. A UDR, por exemplo, mobilizou milhares de pessoas, inclusive jovens, para impedir, como impediu, que a Constituinte abrisse, no texto da Constituição, caminhos facilitadores da reforma agrária.

Além das emendas populares, a população expressou suas opiniões por diversos canais:

Através de sugestões apresentadas à Comissão Afonso Arinos;

Nas audiências públicas da Assembléia Constituinte, quando vários lideres puderam expressar a opinião dos segmentos sociais que representavam;

Através dos mais variados caminhos formais ou informais de que o povo lançou mão, com a criatividade que lhe é própria e com a força de sua esperança (abaixo-assinados, cartas e telegramas dirigidos à Assembléia Constituinte ou a determinados constituintes, atas de reuniões e debates remetidas a parlamentares, cartas de leitores publicadas em jornais, etc.).

A Comissão Afonso Arinos foi criada pelo Governo para preparar um projeto de Constituição. Houve uma repulsa inicial dos segmentos organizados da sociedade civil contra a criação dessa Comissão. A sociedade civil queria expressar-se livremente. Repugnava-lhe qualquer espécie de tutela como esta idéia de uma Comissão governamental para fazer um projeto de Constituição.

Contudo, em vista do desejo de participação fortemente expresso pelo povo, a própria Comissão Afonso Arinos soube adequar-se à realidade social. Não foi uma Comissão autoritária que pretendesse impor um projeto. Abriu-se também às sugestões da sociedade e ao debate com a sociedade civil. Alguns de seus membros participaram de inúmeras reuniões, ouvindo diretamente o povo e discutindo com o povo, nas mais diversas cidades e regiões do Brasil. A Comissão Afonso Arinos acabou sofrendo a influência do clima de participação presente na sociedade brasileira, no período pré-constituinte.

34. Os Direitos Humanos e a Constituição de 1988

Examinaremos, a partir do presente item, a posição que os Direitos Humanos assumiram no texto constitucional de 1988.

Veremos que, de uma maneira geral, a filosofia dos Direitos Humanos está presente na Constituição adotada por nosso país.

Nem todas as aspirações manifestadas pela sociedade civil foram acolhidas pelos constituintes.

Nem todas as boas idéias veiculadas através de emendas populares foram devidamente recepcionadas pela Carta Magna. Nem também foram ouvidas todas as vozes que se manifestaram por outros veículos que não apenas as emendas populares. Algumas propostas, patrocinadas por expressivas instâncias da sociedade civil, não alcançaram o acolhimento merecido.

Entretanto, o que de melhor a Constituição contém, numa visão global, teve, segundo percebo, a marca da origem popular ou do apoio popular. Não quero dizer que os pontos positivos foram sempre "criação" do povo ou invenção nacional. Muitas vezes foram velhos institutos jurídicos, até mesmo institutos seculares (habeas-corpus, por exemplo), que foram apropriados pela sociedade civil brasileira e vivenciados dentro da nossa realidade.

35. A estrutura geral da Constituição. O preâmbulo. Os títulos

A Constituição é formada por um preâmbulo e por nove títulos. Acompanha ainda o texto da Constituição o "Ato das Disposições Constitucionais Transitórias".

O texto da Constituição é integrado por 245 artigos.

O "Ato das Disposições Constitucionais Transitórias" compreende 70 artigos.

Optaram os constituintes, a meu ver acertadamente, pelo modelo das constituições amplas, exaustivas. Esse modelo opõe-se a um outro: o das constituições sintéticas, ou seja, aquelas que só dispõem acerca das matérias essenciais.

O modelo adotado segue a tradição do Direito Constitucional Brasileiro, uma vez que todas as nossas Constituições foram exaustivas.

O preâmbulo é uma declaração de princípios. No preâmbulo, os constituintes declaram que se reuniram, como representantes do povo brasileiro, para instituir um Estado democrático. Proclamam que esse Estado democrático é destinado a assegurar o exercício dos direitos sociais e individuais, a liberdade, a segurança, o bem-estar, o desenvolvimento, a igualdade e a Justiça. Afirmam a intenção de organizar uma sociedade fraterna, pluralista e sem preconceitos. Essa sociedade, fundada na harmonia social, estará comprometida com a solução pacífica das controvérsias, seja na ordem interna, seja na internacional. Finalmente, os constituintes declaram promulgar a Constituição sob a proteção de Deus.

Os títulos agrupam os grandes temas de que trata a Constituição. São eles, em número de nove, os seguintes:
1. princípios fundamentais;
2. direitos e garantias fundamentais;
3. organização do Estado;
4. organização dos poderes;
5. defesa do Estado e das instituições democráticas;
6. tributação e orçamento;
7. ordem econômica e financeira;
8. ordem social;
9. disposições constitucionais gerais.

36. Os princípios básicos

O primeiro artigo da Constituição diz que a República Federativa do Brasil constitui-se em Estado Democrático de Direito e tem como fundamentos:
1. a soberania;
2. a cidadania;
3. a dignidade da pessoa humana;
4. os valores sociais do trabalho e da livre iniciativa;
5. o pluralismo político.

Na enumeração, os "valores sociais do trabalho" precedem os "valores da livre iniciativa". Não se trata de uma precedência casual, a meu ver. Nessa precedência textual, a Constituição consagrou uma precedência axiológica. Dizendo com outras palavras: a Constituição criou uma hierarquia de valores, determinando que os valores do trabalho precedem os valores da livre iniciativa. Estabeleceu a Constituição o primado do trabalho.

No parágrafo do artigo 1º, a Constituição diz que todo poder emana do povo, que o exerce por meio de representantes eleitos ou diretamente, nos termos da Constituição.

Com essa estipulação, o texto avançou, em relação às Constituições anteriores do Brasil. Nesse parágrafo, institui-se a democracia participativa, bem mais ampla e efetiva que a democracia simplesmente representativa.

Depois, a Constituição repete um princípio clássico: são poderes da União o Legislativo, o Executivo e o Judiciário, independentes e harmônicos entre si.

O artigo 3º diz que são objetivos da República:
1. construir uma sociedade livre, justa e solidária;
2. garantir o desenvolvimento nacional;
3. erradicar a pobreza e a marginalização e reduzir as desigualdades sociais e regionais;
4. promover o bem de todos, sem preconceitos de origem, raça, sexo, cor, idade e quaisquer outras formas de discriminação.

A erradicação da pobreza e da miséria é o objetivo prioritário.

Não se pode preservar os "direitos da pessoa humana" numa sociedade na qual a miséria esmaga o ser humano. Não pode haver "cidadania" onde não se assegura ao pretenso cidadão o prévio direito de simplesmente "ser pessoa", eis que a cidadania é uma dimensão do "ser pessoa", uma dimensão indispensável ao "ser pessoa".

A cidadania passa pelo "ser pessoa": ninguém pode ser cidadão sem ser pessoa.

A cidadania acresce o "ser pessoa": projeta no político, no comunitário, no social, no jurídico, a condição de "ser pessoa".

Não vemos como possa florescer a cidadania se não se realizam as condições do humanismo existencial.

Dentro da realidade brasileira de hoje, milhões não têm as condições mínimas para "ser pessoa", não são também cidadãos.

Parecem-nos chocantes as sociedades que estabeleciam ou estabelecem expressamente a existência de "párias", na escala social; mas temos, na estrutura da sociedade brasileira, "párias" que não são legalmente ou expressamente declarados como tais, mas que "párias" são em verdade. São "párias" e têm seus descendentes condenados à condição de "párias". São "párias" porque estão à margem do alimento que a terra produz, à margem da habitação que a mão do homem pode construir, à margem do trabalho e do emprego, à margem do mercado, à margem da participação política, à margem da cultura, à margem da fraternidade, à margem do passado, do presente, do futuro, à margem da História. À margem da esperança. Só não estão à margem de Deus porque em Deus confiam.

No caso do Brasil, não se trata da miséria que atinja apenas uma franja da sociedade. São milhões de famintos, são milhões de excluídos.

Se quisermos defender, em nosso país, o Estado de Direito, temos de vencer a miséria, a fome, a marginalização, a exclusão, pois que a miséria, a fome, a marginalização, a exclusão constituem a suprema negação do Direito.

No artigo 4º, estabelecem-se os princípios que regem as relações internacionais do Brasil.

Dentre os princípios adotados, merecem destaque os seguintes:
1. o da autodeterminação dos povos;
2. o dos direitos humanos;
3. o de defesa da paz;
4. o de repúdio ao racismo;
5. o da concessão de asilo político.

37. A enumeração dos direitos e garantias fundamentais

O título que trata dos direitos e garantias fundamentais é formado por 5 capítulos:
1. direitos e deveres individuais e coletivos;
2. direitos sociais;
3. nacionalidade;
4. direitos políticos;
5. partidos políticos.

Pela primeira vez, uma Constituição brasileira começa pela enumeração dos direitos e garantias fundamentais. Como dissemos relativamente à precedência dos valores do trabalho (item 36), aqui também a Constituição faz uma escolha, uma valoração. Consagra-se a primazia dos direitos da pessoa humana, que o Estado tem o dever de respeitar.

38. Os direitos e deveres individuais e coletivos. A igualdade de homens e mulheres

O capítulo dos "direitos individuais e coletivos" é aberto com a afirmação de que todos são iguais perante a lei, sem distinção de qualquer natureza, assegurando-se aos brasileiros e aos estrangeiros residentes no país a inviolabilidade do direito à vida, à liberdade, à igualdade, à segurança e à propriedade, nos termos da Constituição. (Art. 5º).

Iniciando, em seguida, a enumeração dos direitos individuais e coletivos, estipula-se que homens e mulheres são iguais em direitos e obrigações.

Não obstante protegendo de discriminação qualquer dos sexos, o dispositivo alcança sobretudo as discriminações contra a mulher, que são as mais freqüentes em nossa sociedade.

39. A proibição da tortura

A tortura e o tratamento desumano ou degradante contra qualquer pessoa não são tolerados. Esse dispositivo é completado por outro que diz ser assegurado aos presos o respeito à integridade física e moral.

A polícia não pode torturar um preso para que confesse um crime, seja lá o crime que for. Os maus-tratos a presos não são admitidos, em nenhuma circunstância.

A prática da tortura constitui crime inafiançável e insuscetível de graça ou anistia.

Crime inafiançável é aquele que não admite soltura mediante fiança. Crime insuscetível de graça ou anistia é aquele que não admite perdão individual (graça), nem exclusão coletiva da punibilidade (anistia).

A Lei n. 9.455, de 7 de abril de 1997, tipificou os crimes de tortura (isto é, definiu os crimes de tortura) e estabeleceu as penas aplicáveis a esses crimes. Foi uma lei muito importante porque, sem essa lei, ninguém poderia ser processado por "crime de tortura" em face do princípio que diz que "não há crime sem lei anterior que o defina, não há pena sem prévia cominação legal".

40. A liberdade de manifestação do pensamento. A liberdade de consciência e de crença

É livre a manifestação do pensamento. O anonimato é proibido.

A expressão da atividade intelectual, artística e científica goza de liberdade, independentemente de censura ou licença.

Em nosso país, muito lutaram os intelectuais, os artistas, os estudantes para a reconquista desse direito, após a ditadura instituída em 1964.

É inviolável a liberdade de consciência e de crença. É assegurado o exercício de todos os cultos religiosos, inclusive, obviamente, o exercício dos cultos populares e dos que têm a adesão apenas de uma minoria.

41. A inviolabilidade da intimidade. A inviolabilidade da casa. O sigilo da correspondência

São invioláveis a intimidade, a vida privada, a honra e a imagem das pessoas.

A casa é o asilo inviolável do indivíduo. Ninguém pode penetrar na casa sem consentimento do morador. A menos que se trate: durante o dia, de determinação judicial; durante o dia e também à noite, de caso de flagrante delito, de desastre ou de hipótese em que se faça necessário prestar socorro a alguém.

Toda moradia é protegida, independente de se tratar de uma construção de alvenaria ou de um barraco de madeira ou coberto de zinco. Tem direito à proteção constitucional qualquer espaço físico que o ser humano tenha como seu abrigo.

É inviolável o sigilo da correspondência e das comunicações telegráficas e telefônicas. Também os presos têm direito à inviolabilidade da correspondência.

Durante o regime ditatorial instituído no Brasil em 1964 e extremamente endurecido em 1968, toda a minha correspondência proveniente do Exterior era violada. Isto ocorria porque eu mandava cartas e lembranças do Brasil para muitos exilados. A troca de cartas com "exilados políticos" fazia-me suspeito perante o regime.

Quando foi promulgada a Constituição Federal de 1988, eu fui o segundo brasileiro a impetrar um *habeas-data*. Instruí o meu pedido perante o Poder Judiciário juntando à minha petição cópias originais dos envelopes que me chegaram às mãos contendo cartas. Os envelopes, carimbados pelo Correio, tinham sido acintosamente violados pelos que então se julgavam "donos do Poder".

O *habeas-data* foi uma inovação da Constituição de 1988. Serve para coibir registros secretos, de maneira especial os registros ideológicos.

Requeri o *habeas-data*, naquela oportunidade, para dar um exemplo de exercício da cidadania (pensava especialmente nos jovens) e também porque eu desejava saber que registros secretos eram esses que motivavam a devassa, pela polícia política, da correspondência de um magistrado no pleno exercício de suas funções.

42. A liberdade de reunião sem armas. A liberdade de associação

Todos podem reunir-se pacificamente, sem armas, em locais abertos ao público, independentemente de autorização. Exige-se apenas que a reunião não impeça outra que tenha sido convocada antes, para o mesmo local. A fim de garantir a precedência de quem pediu primeiro é exigido aviso prévio à autoridade competente.

43. O direito de propriedade subordinado à função social

O direito de propriedade é garantido. A propriedade deverá atender sua função social, não tendo a Constituição consagrado, assim, o direito absoluto de propriedade.

O direito de propriedade é direito de todos, não é direito de uma minoria. Não se pode invocar o direito de propriedade para fazer desse direito privilégio de uns poucos. O direito de propriedade deve ser estendido a todas as pessoas.

Em vários escritos e mesmo em despachos e sentenças que proferi como juiz, sempre preferi a expressão "direito à propriedade", em substituição à expressão "direito de propriedade".

"Direito à propriedade" sugere que todas as pessoas tenham esse direito, pelo menos o direito de morar. Não pode a pessoa humana sofrer a violência retratada pelos versos inspirados do nosso cancioneiro popular:

"Eu não tenho onde morar,
é por isso que eu moro na areia".

Em contraposição ao profundo conteúdo semântico da expressão "direito à propriedade", a expressão que rechaçamos como imprópria — direito de propriedade — sugere um direito estabelecido apenas em favor de quem já é proprietário.

44. O direito de petição. O acesso à Justiça. A proibição de tribunais de exceção

Toda pessoa tem o direito de petição, vale dizer, o direito de postular requerimentos perante os Poderes Públicos, em defesa de direitos ou contra ilegalidades ou abusos de poder.

Nenhuma lesão ou ameaça de lesão a direito pode ser excluída da apreciação do Poder Judiciário. Toda pessoa tem o direito de buscar o socorro da Justiça quando tiver um direito violado ou ameaçado de violação.

Não haverá juízos ou tribunais de exceção. A lei nunca poderá instituir cortes extraordinárias de justiça para julgar determinados delitos ou causas de qualquer natureza.

45. A proibição do racismo

A prática do racismo constitui crime inafiançável e imprescritível, sujeito a pena de reclusão, nos termos da lei.

Crime imprescritível é aquele que não prescreve nunca. Crime inafiançável é o que não admite fiança, como foi esclarecido no item 39.

A distinção entre a pena de reclusão e a pena de detenção está na maneira da execução da pena, como ensina Álvaro Mayrink da Costa. A pena de reclusão deve ser cumprida em regime fechado, podendo ser cumprida em regime semi-aberto, conforme o caso. A pena de detenção pode ser cumprida em regime semi-aberto e mesmo aberto.[112]

Leis recentes tendem a abrandar o regime das penas, o que me parece acertado porque a prisão não deve destruir o ser humano, mas tudo fazer para recuperá-lo socialmente.

A Constituição determina para o crime de racismo, obrigatoriamente, a cominação da pena de reclusão.

A Lei n. 9.459, de 13 de maio de 1997, definiu os crimes de racismo e estabeleceu pena para esses crimes.

A tipificação dos crimes de racismo exerceu o mesmo importante papel que a tipificação dos crimes de tortura havia cumprido. (Ver o item 39, acima).

A lei contra a tortura foi publicada em 7 de abril de 1997 e a lei contra o racismo um mês depois (13 de maio de 1997).

46. A proibição da pena de morte, de caráter perpétuo e outras

Não haverá penas: de morte (salvo em caso de guerra declarada); de caráter perpétuo; de trabalhos forçados; de banimento; e cruéis.

A Anistia Internacional desenvolveu uma campanha que pretendeu desaparecesse a pena de morte dos países que ainda a adotam. A importante instituição de defesa dos direitos humanos fixara como prazo dessa conquista o final do século passado. Entraríamos num novo milênio, sem que a pena capital tivesse acolhimento em

---

[112] Álvaro Mayrink da Costa. *Direito Penal*. Rio, Forense, 1991, volume I, tomo II, parte geral, p. 287.

qualquer legislação do globo terrestre. A meta não foi alcançada, mas a pena de morte foi abolida em muitos países, como decorrência da luta abolicionista empreendida pela Anistia Internacional.

Também a pena de caráter perpétuo é extremamente dolorosa porque retira da pessoa qualquer esperança de retornar à vida em liberdade. Será muito difícil manter a disciplina nas prisões, num sistema em que se admita a prisão perpétua, uma vez que a recuperação da liberdade, mais cedo ou mais tarde, é sempre um incentivo para o preso.

A prisão perpétua lembra-nos os versos de Dante, advertindo que deixasse de fora a esperança quem no seu Inferno entrasse.

47. O direito de ampla defesa. A proibição de prisões arbitrárias

Os acusados terão direito a ampla defesa. Permanece íntegro o direito de defesa, por mais bárbaro que um crime seja ou aparente ser.

Na defesa criminal, o advogado sustenta um princípio, não apenas jurídico, mas de extrema relevância ética, qual seja o princípio de que é absolutamente injusto e cruel que alguém seja julgado e condenado sem defesa.

Ninguém será considerado culpado até que transite em julgado a sentença condenatória. Isto é, o acusado goza da presunção de inocência. Dizendo de outra maneira: não é a inocência de alguém que deve ser provada, mas sim sua culpa.

Ninguém será preso a não ser em flagrante delito ou por ordem escrita e fundamentada da autoridade judiciária. São assim inconstitucionais: as prisões para averiguação, as prisões por suspeita, as prisões correcionais, as prisões por falta de documentos, as prisões judicialmente decretadas sem fundamentação suficiente etc.

A prisão de qualquer pessoa e o local onde se encontra serão imediatamente comunicados ao juiz competente e à família do preso ou à pessoa por ele indicada. A prisão ilegal será imediatamente relaxada pelo juiz. Esse relaxamento da prisão pelo juiz é chamado por alguns doutrinadores de *habeas-corpus ex-officio*.

Para que a prisão de qualquer pessoa seja comunicada imediatamente ao juiz competente é necessário que haja plantão judiciário permanente nas grandes cidades. Será também desejável que o juiz, quando receba a comunicação da prisão, determine o comparecimento do preso a sua presença. Melhor seria mesmo que qualquer pessoa presa, antes de ser recolhida à prisão, comparecesse perante um magistrado que examinaria, de pronto, a legalidade do aprisionamento. Isso também evitaria as torturas. No interior, é preciso que o juiz resida na comarca.

Há anos defendo estas teses, inclusive em congressos, artigos de jornal e livros.[113] Além disso, no exercício da função de Juiz de Direito, determinei que os presos de minha jurisdição fossem encaminhados a minha presença, junto com a comunicação da prisão que a autoridade policial estava e está obrigada a fazer.[114]

48. O *habeas-corpus*. O *habeas-data*

Será concedido habeas-corpus sempre que alguém sofrer ou se achar ameaçado de sofrer violência ou coação em sua liberdade de locomoção, por ilegalidade ou abuso de poder.

O habeas-corpus pode ser requerido depois que a pessoa está presa ou para evitar a prisão. No último caso, tem-se o habeas-corpus preventivo.

O habeas-corpus não se destina apenas a fazer cessar uma prisão ou impedir uma prisão. Cabe também em outros casos como, por exemplo, para trancar uma ação penal, isto é, para acabar com uma ação penal que não tenha fundamento.

Qualquer pessoa pode requerer um habeas-corpus para si ou para outrem.

A ação de habeas-corpus é gratuita.

---

[113] Cf. nossos livros: *Pela Justiça, em São José do Calçado* (1971); *A Função Judiciária no Interior* (1977); *Como Aplicar o Direito* (ver a 1ª ed., de 1970); *Uma Porta para o Homem no Direito Criminal* (cf. a 1ª ed., de 1980); *1000 Perguntas de Introdução à Ciência do Direito* (1982); *Como Participar da Constituinte* (1985, 1ª edição); *Crime — Tratamento sem Prisão* (1987); *Direito e Utopia* (1990); *Instituições de Direito Público e Privado* (1992). Cf. nossos artigos publicados em revistas: "Da necessidade de regulamentar o trabalho do preso nas Cadeias do Interior" (*Revista do Conselho Penitenciário Federal*, 1973); "Os Direitos Humanos e sua Proteção Jurisdicional" (*Encontros com a Civilização Brasileira*, 1979). Cf. nossos artigos publicados em jornais: "Prisões humanas" (*6 Dias, de Cachoeiro de Itapemirim,* 1960); "Cadeias de Cachoeiro: celas da morte" (*6 Dias, 1961*); "Cadeia de Cachoeiro e Ciência Penitenciária" (*6 Dias*, 1963); "O trabalho do preso nas cadeias do interior" (*Tribuna da Justiça, de São Paulo,* 1974); "Tarefas do intelectual e do jurista na realidade contemporânea do Brasil" (*Ordem Jurídica*, jornal da OAB/ES, 1980); "Uma experiência de Justiça Criminal alternativa" (*Diário do Sul*, de Porto Alegre, 1987); "Alternativas para a prisão podem dar bom resultado" (*O Estado de São Paulo*, 1991); "A questão penitenciária" (*A União*, de João Pessoa, 1992); "Sobre tortura e castigos cruéis" (*A Gazeta*, de Vitória, 1992).

[114] Herkenhoff, João Baptista. *Uma Porta para o Homem no Direito Criminal*. Rio de Janeiro, Forense, 2001.

Será concedido habeas-data para garantir o conhecimento de informações sobre a pessoa, constantes de registros ou bancos de dados de entidades governamentais ou de caráter público, e também para a retificação de dados.

O habeas-data foi uma importante inovação da Constituição de 1988. Destina-se a coibir os registros secretos, especialmente registros ideológicos.

O habeas-data tanto serve para que a pessoa tome conhecimento de dados existentes, como da inexistência de dados.

O habeas-data é requerido ao Poder Judiciário.

Da mesma forma que o habeas-corpus, o habeas-data é gratuito.

Quando foi promulgada a Constituição Federal de 1988, eu fui o segundo brasileiro a impetrar um *habeas-data*, conforme já deixei registrado no item 41 deste livro.

Instruí o pedido com originais de correspondência particular minha, proveniente do Exterior, abusivamente devassada pela polícia política da ditadura.

49. O mandado de segurança. A ação popular

Será concedido mandado de segurança para proteger direito líquido e certo não amparado por habeas-corpus ou habeas-data, quando o responsável pela ilegalidade ou abuso de poder for autoridade pública ou agente de pessoa jurídica no exercício de atribuições do Poder Público.

O mandado de segurança pode ser individual ou coletivo.

O mandado de segurança coletivo pode ser requerido:

a) por partido político com representação no Congresso Nacional;

b) por organização sindical, entidade de classe ou associação legalmente constituída e em funcionamento há pelo menos um ano, em defesa dos interesses de seus membros ou associados.

Qualquer cidadão é parte legítima para propor ação popular.

Cabe ação popular nas seguintes hipóteses:

a) anulação de ato lesivo ao patrimônio público;

b) anulação de ato lesivo ao patrimônio de entidade de que o Estado participe;

c) anulação de ato contrário à moralidade administrativa;

d) anulação de ato lesivo ao meio ambiente;

e) anulação de ato lesivo ao patrimônio histórico e cultural.

O autor da ação popular não paga custas, mesmo que perca a ação, a não ser que tenha agido com má-fé comprovada.

A ação popular pode ser interposta, isoladamente, por um cidadão, ou coletivamente, por dezenas, centenas ou milhares de cidadãos.

50. Os direitos sociais e sua enumeração

O primeiro artigo do capítulo dos Direitos Sociais, na Constituição brasileira, diz que são direitos sociais: a educação, a saúde, o trabalho, o lazer, a segurança, a previdência social, a proteção à maternidade, à infância e a assistência aos desamparados.

Em seguida, a Constituição enumera os direitos dos trabalhadores urbanos e rurais, ressalvando que essa enumeração não exclui outros direitos que visem à melhoria de sua condição social. Veremos a explicação desses direitos, nos itens que se seguem.

51. A proteção da relação de emprego. O seguro-desemprego e o fundo de garantia por tempo de serviço (FGTS)

A relação de emprego será protegida contra despedida arbitrária ou sem justa causa, nos termos de lei complementar que deverá ser feita pelo Congresso Nacional. Essa lei deverá prever, dentre outros direitos, uma indenização compensatória para quem for despedido.

Este artigo restabeleceu o direito de indenização em favor do empregado, quando despedido, um direito de longa tradição no Brasil. Infelizmente, não foi restaurada, por via constitucional, a estabilidade, que o trabalhador conquistava aos dez anos de serviço.

O direito à indenização compensatória, por despedida injusta, restaurado pela Constituição, depende da lei complementar para que se efetive. Ao fazer essa lei complementar, o Congresso poderia também colocar em pauta a devolução da estabilidade aos trabalhadores.

Haverá um fundo de garantia por tempo de serviço, estabelece a Constituição. Haverá também seguro-desemprego, no caso de desemprego involuntário.

O FGTS, ao lado da indenização compensatória por despedida injusta, da estabilidade e do seguro- desemprego, comporia um bom sistema de segurança do emprego.

A meu ver, os trabalhadores deveriam lutar por esse conjunto de medidas.

No momento em que se pretende reduzir direitos trabalhistas, creio que os trabalhadores, além de resistir à pretendida cassação de franquias, deveriam responder com o fortalecimento de suas aspirações no sentido da ampliação de seus direitos.

52. O salário mínimo. O piso salarial. O décimo terceiro salário. A remuneração do trabalho noturno. A participação nos lucros da empresa. O salário-família

Haverá um salário mínimo nacional, fixado em lei. Esse salário mínimo deverá atender as necessidades vitais básicas do trabalhador e de sua família. Deverá ser suficiente para cobrir as despesas com moradia, alimentação, educação, saúde, lazer, vestuário, higiene, transporte e previdência social. Em vista da inflação, o salário mínimo deverá ter reajustes periódicos que lhes preservem o poder aquisitivo.

Haverá piso salarial proporcional à extensão e à complexidade do trabalho. Esse piso beneficia os trabalhadores, distribuídos por categorias.

Haverá décimo terceiro salário, com base na remuneração integral ou no valor da aposentadoria.

O trabalho noturno terá remuneração superior à do trabalho diurno.

O trabalhador terá direito à participação nos lucros ou nos resultados da empresa, desvinculada da remuneração. Excepcionalmente, terá também direito de participar na gestão da empresa. Esses direitos, prescritos pela Constituição, estão a depender de regulamentação por lei.

Os dependentes dos trabalhadores terão direito a salário-família.

53. A jornada máxima semanal. A jornada nos turnos ininterruptos de revezamento. O repouso semanal remunerado. A remuneração das horas extra

O trabalhador terá direito a uma jornada máxima semanal de quarenta e quatro horas. A duração do trabalho normal não poderá exceder oito horas diárias.

A luta dos trabalhadores, na Constituinte, foi por uma jornada de quarenta horas. Conseguiram uma vitória parcial, reduzindo a jornada em quatro horas semanais.

No caso de trabalho realizado em turnos ininterruptos de revezamento, a jornada máxima é de seis horas, salvo negociação coletiva.

Haverá repouso semanal remunerado, de preferência aos domingos.

A remuneração das horas extra será superior em cinqüenta por cento, no mínimo, à remuneração da hora normal.

54. As férias anuais. A licença-maternidade e a licença-paternidade. A proteção ao mercado de trabalho da mulher. O aviso prévio

O trabalhador terá direito a férias anuais remuneradas. A remuneração das férias será superior à normal em, pelo menos, um terço.

A gestante terá direito a uma licença de cento e vinte dias, sem prejuízo do emprego e do salário.

Haverá licença-paternidade, como vier a ser definido em lei.

O mercado de trabalho da mulher será protegido mediante incentivos específicos, da forma que vier a ser disciplinado pela lei.

No caso de despedida do trabalhador, haverá aviso prévio proporcional ao tempo de serviço. Esse critério de proporcionalidade do aviso prévio, estabelecido pela Constituição, ainda está na dependência de regulamentação por lei. Entretanto, a Constituição já estabeleceu que o prazo mínimo do aviso prévio é de trinta dias.

55. As atividades penosas, insalubres ou perigosas. A aposentadoria. O seguro contra acidentes de trabalho

As atividades penosas, insalubres ou perigosas terão direito a um adicional de remuneração, na forma da lei.

O trabalhador tem direito à aposentadoria.

Haverá seguro contra acidentes de trabalho, a cargo do empregador, sem excluir a indenização a que está obrigado, quando incorrer em dolo ou culpa.

56. A proibição de discriminações no trabalho. As restrições ao trabalho de menores. Os direitos dos trabalhadores domésticos

Haverá proibição de diferenças de salários, de exercício de funções e de critério de admissão por motivo de sexo, idade, cor ou estado civil. Será também proibida qualquer discriminação no tocante a salário e critérios de admissão do trabalhador portador de deficiência. A Constituição proíbe, por fim, distinção entre trabalho manual, técnico e intelectual ou entre os profissionais respectivos.

O trabalho noturno, perigoso ou insalubre é proibido aos menores de 18 anos. Aos menores de 14 anos é proibido qualquer trabalho, salvo na condição de aprendiz. A ressalva admitida pela Constituição (*salvo a condição de aprendiz*) pode ser a porta aberta para a institucionalização do trabalho dos menores de 14 anos, motivo pelo qual, a nosso ver, não foi inspirada essa ressalva.

Asseguram-se à categoria dos trabalhadores domésticos os seguintes direitos: salário mínimo, irredutibilidade do salário, décimo terceiro salário, repouso semanal remunerado, férias anuais remuneradas, licença de cento e vinte dias à gestante, licença-paternidade, aviso prévio no caso de despedida, aposentadoria e integração à previdência social.

57. A liberdade de associação profissional ou sindical. O direito de greve

É livre a associação profissional ou sindical. É proibida a criação de mais de uma organização sindical, em qualquer grau, representativa de categoria profissional ou econômica, na mesma base territorial. Essa base territorial será definida pelos trabalhadores ou empregadores interessados. Não poderá contudo, em qualquer hipótese, ser inferior à área de um município.

Ao sindicato cabe a defesa dos direitos e interesses coletivos ou individuais da categoria, inclusive em questões judiciais ou administrativas.

É assegurado o direito de greve, competindo aos trabalhadores decidir sobre a oportunidade de exercê-lo e sobre os interesses que devam defender através da greve. A lei definirá os serviços ou atividades essenciais e disporá sobre o atendimento das necessidades inadiáveis da comunidade.

58. A nacionalidade, os direitos políticos e os partidos políticos

A Constituição estabelece quais são os brasileiros natos e quais são os naturalizados. Impõe pouquíssimas restrições de direitos aos naturalizados, pelo que podemos afirmar que o Brasil é um país liberal, nesta matéria.

São brasileiros natos:

a) os nascidos no Brasil, ainda que de pais estrangeiros, desde que estes não estejam a serviço de seu país;

b) os nascidos no estrangeiro, de pai brasileiro ou mãe brasileira, desde que qualquer deles esteja a serviço do Brasil;

c) os nascidos no estrangeiro, de pai brasileiro ou mãe brasileira, desde que sejam registrados em repartição brasileira competente, ou venham residir no Brasil antes da maioridade e, alcançada esta, optem em qualquer tempo pela nacionalidade brasileira.

São brasileiros naturalizados:

a) os que, na forma da lei, adquiram a nacionalidade brasileira, exigida aos originários de países de língua portuguesa apenas residência por um ano ininterrupto e idoneidade moral;

b) os estrangeiros de qualquer nacionalidade, residentes no Brasil há mais de trinta anos ininterruptos, sem condenação criminal, desde que requeiram a nacionalidade brasileira.

Aos portugueses com residência permanente no Brasil, se houver reciprocidade em favor dos brasileiros, serão atribuídos os direitos inerentes ao brasileiro nato, salvo os casos previstos na Constituição.

Alguns cargos são privativos de brasileiro nato. Assim só brasileiros natos podem ser: Presidente e Vice-Presidente da República, Presidente da Câmara dos Deputados e do Senado Federal, Ministro do Supremo Tribunal Federal, membro da carreira diplomática e oficial das Forças Armadas.

Pela Constituição, o alistamento eleitoral e o voto são obrigatórios para os maiores de 18 anos. O alistamento e o voto são facultativos para os analfabetos, os maiores de 70 anos e os maiores de 16 e menores de 18 anos.

O voto facultativo para os maiores de 16 anos, estabelecido pela Constituição de 1988, consubstanciou, a meu ver, uma inovação progressista.

Diz a Constituição que a soberania popular será exercida pelo sufrágio universal e pelo voto direto e secreto, com igual valor para todos, e, nos termos da lei, mediante:

a) plebiscito;
b) referendo;
c) iniciativa popular.

O plebiscito é o pronunciamento do povo sobre a conveniência ou inconveniência de uma lei a ser feita pelo Parlamento, ou mesmo a respeito de um tema constitucional.

Em 21 de abril de 1992, o eleitorado brasileiro decidiu que o Brasil continuasse sendo uma república presidencialista. Recusou, através dessa escolha, a monarquia e o parlamentarismo.

O referendo é uma consulta ao povo a respeito do texto de uma lei ou reforma constitucional, quase sempre posterior à sua elaboração.

A iniciativa popular é o mecanismo que permite ao eleitorado propor uma lei ao Poder Legislativo.

A Constituição prevê a iniciativa popular de leis complementares e ordinárias. Diz que a iniciativa popular pode ser exercida pela apresentação à Câmara dos Deputados de projeto de lei subscrito por um por cento do eleitorado nacional, no mínimo. Os proponentes devem estar distribuídos por cinco Estados, pelo menos. Em cada um desses Estados a proposta deve ser assinada por não menos de três décimos por cento dos eleitores.

A Comissão Brasileira de Justiça e Paz, com apoio da Ordem dos Advogados do Brasil (OAB) e outras entidades, patrocinou proposta de lei de iniciativa popular sobre corrupção eleitoral. A iniciativa foi vitoriosa e resultou em lei que tem segura possibilidade de coibir a corrupção eleitoral no país.

A Constituição Federal consagrou também a iniciativa popular de projetos de lei de interesse específico de município, de cidade ou de bairros, através de manifestação de, pelo menos, cinco por cento do eleitorado.

Quanto à iniciativa popular de leis, no âmbito dos Estados da Federação, o assunto foi regulado pelas respectivas Constituições Estaduais.

A Constituição não admitiu a proposta de emendas constitucionais por via de iniciativa popular.

Diz a Constituição que é livre a criação, fusão, incorporação e extinção de partidos políticos, resguardados o regime democrático, o pluripartidarismo, os direitos fundamentais da pessoa humana e a soberania nacional.

Estabelece a Constituição brasileira como requisitos dos partidos políticos:
a) caráter nacional;
b) proibição de recebimento de recursos financeiros de entidade ou governo estrangeiros ou subordinação a estes;
c) prestação de contas à Justiça Eleitoral;
d) funcionamento parlamentar, de acordo com a lei.

É assegurado aos partidos políticos autonomia para definir sua estrutura interna, organização e funcionamento. Devem seus estatutos estabelecer normas de fidelidade e disciplina partidárias.

Os partidos políticos têm direito a recursos do fundo partidário e acesso gratuito ao rádio e à televisão, na forma da lei.

É proibido aos partidos a utilização de organização paramilitar.

A nosso ver, o aprimoramento dos partidos políticos é essencial ao aperfeiçoamento da democracia brasileira.

59. Direitos Humanos nas Constituições brasileiras: uma colocação global do problema, a título de conclusão desta sinopse histórica

Nos países de Constituição flexível (a Inglaterra é o exemplo mais expressivo), sabe-se que não existe, a rigor, a supremacia de uma lei sobre a outra. Um ato do Parlamento ordinário revogaria, na Inglaterra, o habeas-corpus, embora seja difícil conceber que a Inglaterra abrisse mão, por um ato legislativo, de oito séculos de cultura jurídica expressos nesse importante instituto do Direito. (De passagem, só é lamentável que países, como a Inglaterra e outros, que têm todo um arcabouço jurídico interno digno de homenagem, não sustentem, nas relações internacionais, o mesmo culto ao Direito).

Nos países de Constituição rígida (o Brasil é, tradicionalmente, um desses), a Constituição é a lei maior, Carta Magna, superior às demais leis. Lei que contraria a Constituição é inconstitucional. E entende-se por constitucional tudo que diz respeito aos limites e atribuições dos poderes políticos, bem como aos direitos políticos e individuais dos cidadãos.

A primeira Constituição republicana (1891), ao tratar das reformas a ela própria, determinava que não podiam ser objeto de deliberação, no Congresso, projetos tendentes a abolir a forma republicano-federativa, ou a igualdade de representação dos Estados no Senado (art. 90, 4º).

A Constituição de 1934 distinguiu emenda e revisão. Emenda era a alteração que não modificasse a estrutura política do Estado e a organização ou a competência dos poderes da soberania. Revisão era a alteração nesses pontos (art. 178). Não seriam admitidos, como objeto de deliberação, projetos tendentes a abolir a forma republicana federativa (art. 178, 5º).

Na Constituição de 1946 novamente se estabeleceu que não seriam objeto de deliberação projetos tendentes a abolir a Federação ou a República.

Dentro de um formalismo técnico, em países de Constituição rígida, constitucional é todo dispositivo constante da Constituição vigente. Não há que cuidar de Constituições antigas.

Se dermos, contudo, à tarefa hermenêutica uma maior abertura, se adotarmos uma postura sociológica, — passa a interessar, a meu ver, o exame de textos constitucionais que já não têm vigência.

Da mesma forma que a Constituição distingue preceitos constitucionais reformáveis e preceitos constitucionais irreformáveis, — penso que o cientista do Direito possa distinguir preceitos constitucionais meramente formais e preceitos constitucionais históricos ou solidificados.

Por preceitos constitucionais meramente formais denomino aqueles que integram a Constituição vigente. Por preceitos constitucionais históricos ou solidificados designo aqueles que integram a verdadeira "Constituição" do país, ou seja, preceitos que realmente orientaram e comandaram a estrutura política do Estado através do tempo.

Quando os preceitos constitucionais formais afrontam preceitos constitucionais historicamente solidificados e vigoram por outorga, resulta dessa anomalia um divórcio entre o Estado (outorgante dos preceitos formais) e a Nação (detentora dos preceitos históricos solidificados).

No Brasil, os preceitos constitucionais historicamente solidificados dão plena acolhida aos Direitos Humanos. Em outras palavras: numa visão científica e sociológica do Direito Constitucional, os Direitos Humanos, no Brasil, são "constitucionais".

E isto porque a tradição constitucional brasileira predominantemente aponta no sentido do respeito aos Direitos Humanos.

Não obstante a luta, na história das idéias políticas no país, entre o pensamento autoritário e o pensamento liberal, prevaleceu a orientação liberal nos grandes textos de afirmação do pensamento político e jurídico nacional.

A afirmação de que os Direitos Humanos, como entendidos nos respectivos momentos históricos, foram consagrados nos grandes textos do pensamento político e jurídico nacional não significa dizer que efetivamente houve a vigência dos Direitos Humanos no país.

Sempre se assistiu a uma contradição lamentável. De um lado, a proclamação constitucional de direitos. De outro, o desrespeito amplo aos direitos proclamados, na vida concreta do povo.

Entretanto, creio que as aspirações nacionais — e mais ainda as aspirações nacionais contemporâneas — apontam no sentido de uma *cultura dos Direitos Humanos.*

O período pré-constituinte, que o país viveu entre 1985 e 1988, dá a tônica dessa realidade.

Nesse período todas as correntes de opinião puderam expressar-se livremente.

Vimos que, em algumas questões, houve muita divergência de opiniões.

Entretanto, como constante, afirmou-se, nas múltiplas manifestações de vontade da sociedade civil organizada, uma filosofia de acolhimento aos Direitos Humanos.

Os valores que alimentam os Direitos Humanos podem ser identificados na grande maioria das emendas populares, bem como, nas sugestões formais e informais apresentadas aos constituintes durante todo o debate público.

As emendas populares, patrocinadas, em sua maioria, por entidades do movimento popular,[115] defenderam os mais importantes direitos humanos. A leitura do texto dessas emendas revela que os grandes temas que as inspiraram foram: os direitos do idoso, da criança, do adolescente, do deficiente, da mulher, dos trabalhadores, do consumidor, das populações indígenas, das minorias oprimidas, os direitos do preso, o exercício amplo da cidadania, a ação popular, o habeas-corpus, o habeas-data, a liberdade de manifestação do pensamento, a democratização dos meios de comunicação, a escola pública e o ensino público gratuito, a democracia racial, a ecologia etc.[116]

---

[115] Examinando o conjunto das emendas populares, verificamos que foram capitaneadas, em sua maioria, por sindicatos de trabalhadores e associações profissionais, associações de moradores, associações de deficientes físicos, grupos feministas, associações ecológicas e de defesa das populações indígenas, associações comunitárias, entidades de direitos humanos, instituições de defesa da criança, associações da juventude, igrejas etc. Cf. Assembléia Nacional Constituinte – Comissão de Sistematização. *Emendas Populares – volumes 1 e 2.* Brasília. Centro Gráfico do Senado Federal, 1987.

[116] Cf. Assembléia Nacional Constituinte – Comissão de Sistematização. *Emendas Populares – 1 e 2.* Brasília. Centro Gráfico do Senado Federal, 1987.

E se buscamos o contrário? Houve alguma expressiva parcela de opinião pública advogando a volta do arbítrio, a supressão de eleições, a elitização da cidadania, a democracia tutelada, o racismo, as restrições à liberdade, a censura à imprensa, a redução de direitos do trabalhador, a discriminação da mulher?
Certamente que não.

QUESTÕES SUGERIDAS PARA DEBATE, PESQUISA E REVISÃO RELACIONADAS COM A SEGUNDA PARTE DESTA OBRA (INDIVIDUAIS E/OU EM GRUPO):

1. Fazer um quadro da correspondência entre os artigos da Declaração Universal dos Direitos Humanos e os artigos da Constituição Brasileira de 1988.

2. Pesquisar quais são os Direitos Humanos mais freqüentemente ou mais violentamente desrespeitados em seu Estado, em seu município, em seu bairro ou em seu local de trabalho.

3. Ver quais os "direitos sociais", previstos na Constituição Federal Brasileira de 1988, que dependem de regulamentação e que ainda não foram regulamentados.

4. Fazer um resumo de qualquer dos 4 capítulos desta Segunda Parte.

5. Entrevistar militantes de organizações de direitos humanos sobre a situação de respeito aos Direitos Humanos, no seu Estado ou município.

6. Fazer uma pesquisa sobre o desrespeito aos Direitos Humanos ou sobre a luta em defesa dos Direitos Humanos, a partir de recortes de jornal.

7. Discutir e opinar se as considerações lançadas pelo autor, em todo o desenvolvimento do Capítulo 4, confirmaram esta afirmação, feita logo no início do capítulo: "As maiores religiões e sistemas filosóficos da Humanidade afinam, nos seus grandes postulados, com as idéias centrais que caracterizam este conjunto de princípios que denominamos *Direitos Humanos*".

8. Discutir o acerto ou o desacerto desta opinião expressa pelo autor no Capítulo 5, item 3: "Não pretendemos negar que o balizamento do poder do Estado pela lei seja uma conquista. Avançarão as sociedades políticas que adotarem o sistema de freio do poder pela lei. Entretanto, a despeito desse posicionamento, creio que não cabe menosprezar culturas que não conheceram (ou não conhecem) a técnica da limitação do poder pela lei, mas possuíram (ou possuem) outros instrumentos e parâmetros valiosos na defesa e proteção da pessoa humana".

Terceira Parte

OS GRANDES VALORES ÉTICO-JURÍDICOS PRESENTES NA DECLARAÇÃO UNIVERSAL DOS DIREITOS HUMANOS E SUA GÊNESE NA HISTÓRIA DA HUMANIDADE

Capítulo 7

OS VALORES ÉTICO-JURÍDICOS QUE FUNDAMENTAM A DECLARAÇÃO UNIVERSAL DOS DIREITOS HUMANOS

1. **Os oito grandes valores que perpassam o corpo da Declaração Universal dos Direitos Humanos**

    Afirmamos, no Capítulo 3 deste livro (item 5), que são valores ético-jurídicos fundamentais da Declaração Universal dos Direitos Humanos os seguintes:
    a) o valor "paz e solidariedade universal";
    b) o valor "igualdade e fraternidade";
    c) o valor "liberdade";
    d) o valor "dignidade da pessoa humana";
    e) o valor "proteção legal dos direitos";
    f) o valor "Justiça";
    g) o valor "democracia";
    h) o valor "dignificação do trabalho".

2. **Os grandes valores ético-jurídicos e sua correspondência com a matéria do preâmbulo e dos 30 artigos da Declaração. A paz e a solidariedade universal. A igualdade e a fraternidade**

    Os valores ético-jurídicos, que enumeramos, permeiam, a meu ver, o preâmbulo e os artigos da Declaração. Têm mais veemente presença no núcleo de certos artigos do que em outros.

A *paz* e a *solidariedade universal* parecem ser a idéia-motriz do "preâmbulo". Se os oito valores que enunciamos estão presentes no preâmbulo da Declaração, nenhum desses valores é, segundo vejo, mais caracterizante da mensagem do "preâmbulo" que justamente "a paz e a solidariedade universal".

O reconhecimento da dignidade inerente a todos os seres humanos é o fundamento da Paz (1º considerando). O desprezo pelos direitos humanos resultou em atos bárbaros que ultrajaram a consciência da Humanidade (2º considerando), atos contrários à Justiça e negadores da Paz. O advento de um mundo em que o ser humano esteja ao abrigo do temor é uma aspiração profunda do homem comum (2º considerando). Ora, esse mundo liberto do medo é justamente um mundo de Justiça e Paz. Os direitos humanos devem ser protegidos pelo império da lei (Estado de Direito) para que o homem não seja forçado, como último recurso, à rebelião contra a tirania e a opressão (3º considerando). Em outras palavras: o Direito e a Justiça devem garantir a Paz. É essencial o desenvolvimento de relações amistosas entre as Nações (4º considerando), ou seja, é necessário promover a solidariedade internacional. O 5º considerando refere-se à fé, explicitada pelos povos das Nações Unidas, na dignidade e no valor da pessoa humana, ou seja, refere-se a um ato de vontade resultante da "solidariedade internacional". O 6º e o 7º considerandos reportam-se ao compromisso de cooperação internacional e à necessidade dessa cooperação, quer para promover o respeito universal dos direitos humanos, quer para alcançar uma compreensão comum desses direitos fundamentais.

De certa forma, a Paz é o grande sonho humano manifestado, não apenas pelo preâmbulo mas pelo conjunto da Declaração. A própria edição de uma "Declaração Universal de Direitos Humanos" é uma busca de solidariedade e de compreensão universal. O fim dessa busca deve ser a paz. O caminho dessa paz é a Justiça.

É também o valor "paz e solidariedade universal" que dá embasamento aos artigos XXVIII (direito de todos a uma ordem social e internacional que assegure a vigência dos Direitos Humanos) e XXIX (deveres de todos os homens para com a comunidade, na qual o livre e pleno desenvolvimento da personalidade é possível).

O valor "igualdade e fraternidade" constitui, a meu ver, a força que alimenta os dois primeiros artigos da Declaração:

"Todos os seres humanos nascem livres e iguais em dignidade e direitos. São dotados de razão e consciência e devem agir em relação uns aos outros com espírito de fraternidade". (Artigo I).

"Todo homem tem capacidade para gozar os direitos e as liberdades estabelecidas nesta Declaração, sem distinção de qualquer espécie, seja de raça, cor, sexo, língua, religião, opinião política ou de outra natureza, origem nacional ou social, riqueza, nascimento, ou qualquer outra condição". (Artigo II, 1).

"Não será também feita nenhuma distinção fundada na condição política, jurídica ou internacional do país ou território a que pertença uma pessoa, quer se trate de um território independente, sob tutela, sem governo próprio, quer sujeito a qualquer outra limitação de soberania". (Artigo II, 2).

3. A liberdade. A dignidade da pessoa humana

O valor "liberdade" constitui o suporte dos artigos III, IV, XIII, XVIII, XIX e XX.

O artigo III assegura justamente o direito à liberdade, ao lado da vida e da segurança pessoal.

O artigo IV dá seguimento ao artigo anterior quando determina que "ninguém será mantido em escravidão ou servidão; a escravidão e o tráfico de escravos serão proibidos em todas as suas formas".

O artigo XII cuida de uma importante liberdade específica: a de locomoção e residência.

O artigo XVIII protege a liberdade de pensamento, consciência e religião.

O artigo XIX trata da liberdade de opinião e expressão.

E o artigo XX salvaguarda a liberdade de reunião e associação pacíficas.

O valor "dignidade da pessoa humana" é a chama dos artigos V (ninguém será submetido a tortura, nem a tratamento ou castigo cruel desumano ou degradante), VI (todo homem tem o direito de ser, em todos os lugares, reconhecido como pessoa perante a lei), XIV (direito de asilo), XV (direito à nacionalidade), XVI (direito de contrair casamento e de fundar uma família), XXII (direitos econômicos, sociais e culturais indispensáveis à dignidade da pessoa humana e ao pleno desenvolvimento da personalidade), XXVI (direito à instrução que será orientada no sentido do pleno desenvolvimento da personalidade humana) e XXVII (direito de participação na vida cultural e no progresso científico).

O direito à vida e à segurança pessoal, preservado pelo artigo III, parece-nos ser também uma decorrência do respeito à dignidade da pessoa humana.

O artigo XVII trata do direito que todos têm à propriedade (individual ou em sociedade com outros — propriedade solidária). Esse direito, segundo entendemos, também tem pertinência com o valor "dignidade da pessoa humana" pois o direito de propriedade não é um direito de exclusão, mas um direito de extensão. Isto é: "todos", "todas as pessoas" têm direito à propriedade do que lhes é necessário à vida, à felicidade e à dignidade humana.

4. A proteção legal dos direitos. A Justiça

O valor "proteção legal dos direitos" alimenta os artigos VII, VIII e XII:

"todos são iguais perante a lei e têm direito, sem qualquer distinção, a igual proteção da lei. Todos têm direito a igual proteção contra qualquer discriminação que viole a presente Declaração e contra qualquer incitamento a tal discriminação".

"Todo homem tem direito a receber dos tribunais nacionais competentes remédio efetivo para os atos que violem os direitos fundamentais que lhe sejam reconhecidos pela constituição ou pela lei".

"Ninguém será sujeito a interferências na sua vida privada, na sua família, no seu lar ou na sua correspondência, nem a ataques à sua honra e reputação. Todo homem tem direito à proteção da lei contra tais interferências ou ataques".

O valor "Justiça", presente no conjunto do documento, tem expressivo vigor nos artigos VIII, IX, X, XI, XIV.

O artigo IX diz que "ninguém será arbitrariamente preso, detido ou exilado".

O artigo X quer que todo homem tenha direito "em plena igualdade, a uma justa e pública audiência por parte de um tribunal independente e imparcial, para decidir de seus direitos e deveres ou do fundamento de qualquer acusação criminal contra ele".

E o artigo XI manda que todo homem acusado de um ato delituoso tenha o direito de ser presumido inocente até que a sua culpabilidade tenha sido provada de acordo com a lei, em julgamento público no qual lhe tenham sido asseguradas todas as garantias necessárias à sua defesa. O mesmo artigo, na sua segunda parte, afirma que "ninguém poderá ser culpado por qualquer ação ou omissão que, no momento, não constituíam delito perante o direito nacional ou internacional. Também não será imposta pena mais forte do que aquela que no momento da prática era aplicável ao ato delituoso".

5. A democracia. A dignificação do trabalho

O valor "democracia" está também presente nos mais diversos artigos uma vez que a democracia não se realiza apenas na esfera da sociedade política. Radica no social, no econômico, no existencial. Mas, sem prejuízo dessa observação, o valor "democracia" é a grande inspiração do artigo XXI e seus três incisos: o de nº 1 que trata do direito de participação no governo do país, o de nº 2 que prescreve o direito de acesso ao serviço público e o de nº 3 que determina a origem do poder, com eleições periódicas e legítimas, por sufrágio universal, com voto secreto ou processo equivalente que assegure a liberdade de voto.

O valor "dignificação do trabalho" é preservado pelos artigos XXIII, XXIV e XXV.

Esses artigos, no conjunto de suas disposições, tratam do direito ao trabalho, em condições justas e favoráveis. Traçam normas protetoras do trabalho (livre escolha do emprego, proteção contra o desemprego, organização sindical, repouso e lazer, padrão de vida que assegure bem-estar ao trabalhador e a sua família). Afirmam que a maternidade e a infância têm direito a cuidados e assistência especiais.

Teremos oportunidade de estudar as raízes desses valores, na história da cultura humana, no decorrer desta Terceira Parte da obra.

Capítulo 8

O VALOR "PAZ E SOLIDARIEDADE UNIVERSAL"

1. A Paz na aventura do ser humano

Acredito que o valor "paz e solidariedade universal" é o mais apropriado para ser visto no pórtico deste esforço que faremos para mostrar que os Direitos Humanos têm sua genealogia no conjunto do patrimônio ético-jurídico da Humanidade.

Guerra e Paz, no romance célebre de Tolstoi, Guerra e Paz, nos painéis que o brasileiro Portinari pintou no edifício da ONU em New York, Guerra e Paz, antinomia perpétua no mundo.

Guerra é conflito, Paz é convivência. O sentido da Paz, contudo, não se esgota na ausência de guerra.

Há toda uma ideologia da guerra. Há todo um pensamento humano construído sob uma mítica de guerra. Hsu Hsing e Han Fei, na velha China; Heráclito, Trasímaco e Górgias, na cultura grega clássica; Pierre Dubois, na Idade Média; Maquiavel, Hobbes, De Maistre, Von Clausewitz, Von Steinmetz, Gumplowicz, Nietzsche, na Idade Moderna, são ideólogos da guerra.[117]

---

[117] Cf. Gaston Bouthoul. *Les guerres, éléments de polémologies*. Paris, 1951. Cf. Thomas Hobbes. *Leviatã: Das leis civis*. Tradução de Elival da Silva Ramos. In: *Textos clássicos de Filosofia do Direito*. Coodenação: Prof. Anacleto de Oliveira Faria. São Paulo, Revista dos Tribunais, 1981, p. 28 e segs. Cf. Thomas Hobbes. *De Cive – Elementos filosóficos a respeito do cidadão*. Tradução de Ingeborg Soler. Introdução de Denis L. Rosenfield. Posfácio de Milton Moreira do Nascimento. Petrópolis, Vozes, 1993. Cf. Heráclito de Éfeso. *Fragmentos*. In: Textos de Filosofia Geral e Filosofia do Direito. Coletânea organizada por Aloysio Ferraz Pereira. São Paulo. Revista dos Tribunais, 1980. Tradutor do excerto: José Cavalcante de Souza. Cf. Trasímaco. *Fala na República, de Platão*. In: Textos de Filosofia Geral e Filosofia do Direito. Coletânea organizada por Aloysio Ferraz Pereira. São Paulo. Revista dos Tribunais, 1980. Tradutor do excerto: José Cavalcante de Souza.

Dentro da perspectiva desses pensadores, ou se vê a guerra como fenômeno social, inerente ao homem, inelutável, integrante do curso da História, ou se vê mesmo na guerra a força construtiva do progresso e da civilização. A guerra seria assim o preço que a humanidade paga pelo seu próprio desenvolvimento.

Em contraposição aos arautos da guerra, há também todo um sistema de pensamento baseado no pacifismo. Confúcio e Mêncio, na mais antiga cultura chinesa; Jeremias e Isaías, na tradição hebraica; Hípias de Élis, na velha Grécia; Bartolomeu de las Casas, Voltaire, Rousseau, Kant, Bentham, Tolstoi, na época moderna; Gandhi, Bertrand Russell, Karl Jaspers, Jean Paul Sartre, Albert Camus, na História Contemporânea, são ilustres representantes da ideologia pacifista.[118]

Kaj Birket-Smith, na sua excelente "História da Cultura", diz que a paz é o estado normal das sociedades humanas, não obstante reconheça que "a guerra é um estado desgraçadamente tão velho quanto a humanidade". A paz está presente com freqüência maior nas sociedades primitivas e nos níveis de cultura mais elevados, afirma esse autor. Na primeira hipótese, porque numa vida mais simples as tentações de emprego da violência são limitadas. Nos

---

[118] Cf. Chan Wing-Tsit. *A source book of Chinese philosophhy*. New York, Columbia University Press, 1963, passim. Cf. Wm. Theodore de Bary (ed.). *Sources of Chinese Tradition*. New York, Columbia University Press, 1960, passim. Cf. Jeremias, *Livro do Profeta Jeremias*. In: *Bíblia Sagrada*. Edição pastoral. Tradução, introdução e notas de Ivo Storniolo e Euclides Martins Balancin. São Paulo, Edições Paulinas, 1990, p. 1008 e segs. Cf. Isaías. *Livro do Profeta Isaias*. In: *Bíblia Sagrada*. Edição pastoral. Tradução, introdução e notas de Ivo Storniolo e Euclides Martins Balancin. São Paulo, Edições Paulinas, 1990, p. 947 e segs. Cf. Las Casas, Bartolomé de. *De l'unique manière d'évangéliser le monde entier*. Paris, Les Editions du Cerf, 1990, p. 53 e segs., p. 119 e segs., p. 129 e segs. Cf. Las Casas, Bartolomé de. *Très brève relation de la destruction des Indes*. Paris, Éditions La Découverte, 1991, passim. Cf. Voltaire, F. M. Arouet de. *Candide*, 1759, Cf. Rousseau. *Économie Politique* (1755). Textes choisis par Yves Vargas. Paris, Presses Universitaires de France, 1986, passim. Cf. Rousseau. *Do contrato social (ou Princípios do Direito Político)*. Tradução de José Eduardo Campos de Oliveira Faria. In: Textos clássicos de Filosofia do Direito. Coordenação: Prof. Anacleto de Oliveira Faria. São Paulo, Revista dos Tribunais, 1981, p. 98 e segs. Cf. Kant. *La raison pratique*. Textes choisis par Claude Khodoss. Paris, Presses Universitaires de France, 1991, passim. Cf. Gandhi. Tous les hommes sont frères. Textes choisis par Krishna Kripalani, traduis en français par Guy Vogelweith. Paris, Gallimard, 1969, passim. Cf. Marianne Mahn-Lot. *Bartomé de Las Casas*. Paris, Desclée de Brouwer, 1991, passim. Cf. K. Jaspers. *La culpabilité allemande*. Paris, Éditions de Minuit, 1948, passim. Cf. Albert Camus. *Essais*. Paris, Gallimard, 1965, passim. Cf. Albert Camus. *Les justes*. Paris, Gallimard, 1950, passim. Cf. André Tosel. *Kant Révolutionnaire. Droit et politique*. Suivi de textes choisis de la "Doctrine du Droit" traduits par J-P. Lefebvre. Paris, Presses Universitaires de France, 1990, passim.

estágios mais avançados de cultura, porque aí o senso de responsabilidade e de Justiça é mais forte.[119]

É certo que a guerra, incentivando a pesquisa intensa e rápida, apelando para o sacrifício que o sentimento de pátria pode impor, produz invenções, progresso científico e benefícios que se projetam além da guerra, nas épocas de paz. Mas a guerra também destrói, não só vidas, mas cultura humana, o produto do trabalho, da inteligência, da sensibilidade, da criatividade de muitas gerações. E a guerra deixa sulcos de ódio, ressentimentos que se arrastam pelo tempo criando tensões que se perpetuam.

Paz, ausência de guerra, é simples trégua ou, quando muito, armistício. É, sob alguns aspectos, fenômeno social pobre, sem a força geradora e renovadora da guerra.

A paz é obra da Justiça. Exige a instauração de uma ordem social na qual os homens possam realizar-se como pessoas humanas, com sua dignidade reconhecida, agentes de sua própria história.

Uma paz autêntica reclama luta, espírito criativo, conquista permanente. É expressão de uma real fraternidade entre os homens.

Há que se criar, no mundo, uma mística de paz. Um sentido de paz tão profundo, um ideal de paz tão rico que seja mais causador de progresso do que a própria guerra. Mística de paz que leve o gênero humano às metas do desenvolvimento, pela cooperação, da mesma forma que a mística da guerra leva ao desenvolvimento pela competição. Mística de paz, que não destruirá vidas, monumentos, trabalho e cultura, nem produzirá ódios e mágoas.

Em vez de se criar, na consciência dos povos, uma cultura de guerra, seria desejável que se criasse uma cultura de paz. Dentro dessa nova cultura seriam exaltados os generais da paz, os soldados da paz, os anunciadores da paz, os profetas da paz, os construtores do desenvolvimento, os promotores da Justiça, os artesãos da paz.

Há que se eliminar as barreiras e as desconfianças entre homens de nacionalidades diferentes, de raças diferentes, de religiões diferentes, de culturas diferentes.

Há que se destruir toda essa gama de preconceitos que pretendem erguer como valores universais aqueles valores que são apenas

---

[119] Kaj Birket-Smith. *História da Cultura*. Tradução de Oscar Mendes. São Paulo, Edições Melhoramentos, 3ª edição, s/ ano, p. 305 e seguintes.

fruto de uma cultura nacional. Esses preconceitos excludentes serão vencidos pelo diálogo, pela abertura das fronteiras, pela correspondência internacional, pelo intercâmbio universitário, pela circulação de livros e idéias, por congressos internacionais, pelo turismo, pela franquia da casa e da mesa ao estrangeiro.

Há que se promover o aperto de mãos, em todas as direções e latitudes, suprimindo-se medidas que visem a ilhar culturas e regimes.

2. A Paz no Cristianismo, no Islamismo, no Budismo

No Sermão da Montanha, uma das mais belas páginas do Novo Testamento, Jesus Cristo reserva uma das bem-aventuranças aos que lutam pela Paz:

"Felizes os que promovem a paz, porque serão chamados filhos de Deus".[120]

E o voto de Paz, ensinado por Jesus Cristo, ficou valendo como senha entre os primeiros cristãos:

"A paz esteja com vocês".[121]

Os mulçumanos adotaram a fórmula da saudação cristã, conforme nos relata Dominique Reznikoff.[122]

No belo livro em que mostra os inúmeros caminhos para orações, celebrações e reflexões comuns entre cristãos e muçulmanos, Michel Lafon examina a similitude entre a saudação muçulmana "Es salamu Alaykoum" e a saudação cristã "A paz esteja com vocês".[123]

O Budismo também ensina o caminho da Paz. René Grousset, na sua "História da Filosofia Oriental", diz que o Budismo, na sua forma primitiva, funda-se na teoria da dor universal e dos meios de chegar à abolição da dor. O Credo budista fundamenta-se, segundo esse autor, nas 4 Verdades Santas:

---

[120] Cf. *Evangelho segundo São Mateus*, capítulo 5, versículo 10. Apud *Bíblia Sagrada*. Edição Pastoral. Tradução, introdução e notas de Ivo Storniolo e Euclides Martins Balancin. São Paulo. Edições Paulinas, 1990.

[121] *Evangelho de São Lucas*, capítulo 24, versículo 36. Segundo a mesma edição referida na nota anterior.

[122] Citada por Michel Lafon. *Prière et Fêtes Musulmanes*. Suggestions aux chrétiens. Paris, Les Editions du Cerf, 1982, p. 122.

[123] Michel Lafon, na mesma obra e página citada na nota anterior.

a) o nascimento é dor, a velhice é dor, a morte é dor, a união com aqueles de que não gostamos é dor, a separação daqueles que amamos é dor, não obter o que se deseja é dor;

b) a origem da dor é a sede de existência, de prazer, enfim, é a cobiça;

c) a receita para a supressão da dor é a supressão dessas sedes, é o banimento desses desejos, é a completa destruição deles;

d) o caminho para a supressão da dor é indicado por oito trilhas: a lei pura, a verdade pura, a linguagem pura, a ação pura, os meios de existência puros, a aplicação pura, a memória pura, a mediação pura.[124]

O Budismo busca dissipar a ilusão.[125]

A esperança do Nirvana transforma o pessimismo budista numa atitude de serenidade feliz, o que o distingue do pessimismo ocidental, como nota René Grousset.[126]

As estrofes de um célebre cântico budista — Dhammapada — dão as pegadas para o homem que queira alcançar a paz pelo despojamento interior. Numa tradução não linear, a partir da transcrição apresentada na obra de René Grousset, os versos têm o seguinte sentido central:

"aqueles cujos sentidos estão em repouso como os cavalos amestrados, aquele que se libertou de todo orgulho e que conseguiu ficar livre de toda impureza, em perfeita felicidade viverá, sem inimigos num mundo de inimizade, sadio mesmo cercado de doenças, em paz no meio da fadiga. Nada lhe pertence mas a alegria e a paz serão seu alimento".[127]

3. A solidariedade universal

A solidariedade universal é a outra face da paz. Ou talvez dizendo de outra forma: a solidariedade universal é a face militante da Paz.

---

[124] René Grousset. *Histoire de la Philosophie Orientale. Inde – Chine – Japon.* Paris, Nouvelle Librairie Nationale, 1923, p. 189 e 190.

[125] René Grousset, op. cit., p. 194.

[126] René Grousset, op. cit., p. 197.

[127] René Grousset, op. cit., p. 197 e 198.

Verificamos que a "solidariedade universal" tem uma longa história na caminhada do homem.

No século XIV, na China, o poeta Kie Hi-sseu, debruçado sobre a Cidadela de Kao-yeou, vaticinava um mundo em que as escarpas e os fossos das cidadelas, símbolo da inimizade e da desconfiança, fossem substituídas pelo trigo semeado e pelas amoreiras plantadas, símbolo de paz e cooperação.[128]

O uso de uma língua comum, como intrumento de melhor compreensão entre os homens e os povos, foi estimulada pelos incas, conforme nos informa Garcilaso de la Vega.

Para a prosperidade dos negócios sim, mas também para que houvesse um melhor entendimento entre os súditos do império, tiveram os incas o cuidado de ensinar a todos a língua geral de Cuzco.

Através dessa invenção, os incas uniram com uma amizade muito estreita um grande número de povos. Diferentes em costumes, hábitos e religião, Garcilaso de la Vega disse que era uma maravilha ver-se como viviam todos como irmãos, por saberem falar a mesma língua.[129]

Em 1790, dirigindo-se à Assembléia Nacional Francesa, Volney pregava a universalidade do gênero humano, o destino comum à felicidade e a conseqüente exigência da paz entre as Nações.[130]

---

[128] Cf. Jeanne Hersch, *Le droit d'être un homme*, cit., p. 474. O texto, na edição francesa, aparece com a seguinte tradução:
"Citadelle de Kao-yeou;
Qu'il est long ton rempart!
Sur le rempart on a semé du blé, à son pied planté des mûriers.
Autrefois tu étais plus solide que le fer;
Tu es devenue champ qu'on laboure et qu'on plante. Mon unique souhait est que, pour mille et dix mille ans,
Tout l'horizon des quatre mers soit pour nous la frontière!
Qu' ombreux sont les mûriers,
Vastes les champs de blé...
Qu'il n'y ait plus jamais ni rempart ni fossé!"

[129] Apud Jeanne Hersch e outros, *O direito de ser homem*, obra já citada, edição em português, tradução de Homero de Castro Jobim, p. 460.

[130] Cf. Jeanne Hersch, Le droit d'ètre un homme, op. cit., pp. 478 e 479. O texto original é o seguinte:
"L' Assemblée nationale déclare solennellement:
1. Qu'elle regarde l'universalité du genre humain comme ne formant qu'un seule et même société, dont l'objet est la paix et le bonheur de tous et de chacun de ses membres;

Em meados do século XIX, o programa da Legião Polonesa, redigido por Adam Mickiewicz, consagrava o princípio de ajuda fraternal da Polônia a todos os povos.[131]

Mesmo em meio à brutalidade da guerra que, por si só, nega a Civilização e remete o ser humano à barbárie, há espaço para a solidariedade e o humanismo.

Não é outro o ideal que alimenta a Cruz Vermelha Internacional. Não é outro o princípio que ilumina a construção do chamado "Direito Humanitário".

Henri Dunant, em 1862, num escrito que é considerado um dos fundamentos da Cruz Vermelha, dizia que se as guerras não podiam ser de todo evitadas era preciso quanto possível preveni-las e, no mínimo, abrandar seus horrores.[132]

Dois anos depois desse escrito, uma convenção internacional era assinada em Genebra, por soberanos e representantes dos governos europeus, instituindo a Cruz Vermelha Internacional.[133]

Numa obra publicada em 1711, o prelado e escritor francês Fénelon dizia que:

"mesmo quando se está em guerra, resta um certo direito das gentes que é o fundamento da própria humanidade".[134]

Na mesma linha de pensamento coloca-se Montesquieu ao afirmar que as Nações devem proporcionar umas às outras o maior bem possível, na paz, e o menor mal possível, na guerra.[135]

---

2. Que dans cette grande société générale, les peuples et les Etats considérés comme individus jouissent des mêmes droits naturels et sont soumis aux mêmes règles de justice que les individus des societés partielles et secondaires;

3. Que par conséquent nul peuple n'a le droit d'envahir la proprieté d'un autre peuple, ni de le priver de sa liberté et de ses avantages naturels;

4. Que toute guerre entreprise par un autre motif et pour un autre objet que la défense d'un droit juste est un acte d'oppression qu'il importe à toute la grande société de réprimer, parce que l'invasion d'un Etat par un autre Etat tend à menacer la liberté et la sûreté de tous;

Par ces motifs, l'Assemblée nationale a décreté et décrète comme articles de la Constitution française:

Que la nation française s'interdit de ce moment d'entreprendre aucune guerre tendant à accroître son territoire actuel". (Volney. France Moniteur, IV. 1790).

[131] Jeanne Hersch, *Le droit d'être un homme*, citado, pp. 167 e 168.

[132] Apud Jeanne Hersch. *Le droit d'être un homme*, citado, p. 922.

[133] Apud Jeanne Hersch, obra citada na nota anterior, pp. 470 a 472.

[134] François de Salignac de La Mothe Fénelon. Exame de consciência sobre os deveres da realeza. 1711. Apud Jeanne Hersch e outros. *O direito de ser homem*. Edição em português, já citada. Tradução de Homero de Castro Jobim, p. 920.

[135] Montesquieu. *De l'esprit des lois*. Dijon, Bibliothèque de la Pléiade, 1951, passim.

Na época contemporânea, o lingüista polonês Lejzer Ludwik Zamenhof, por razões meramente humanitárias, de busca da compreensão e da paz entre os homens, criou uma língua que pretendeu se tornasse universal: o Esperanto.[136]

---

[136] Cf. Petit Robert, já citado, p. 1943. Zamenhof nasceu em 1859 e morreu em 1917.
Bem cedo, eu me senti atraído pelo Esperanto, que estudei na infância, antes mesmo de ingressar no Ginásio. Narro este encontro com o Esperanto no artigo "Visitando um centro esperantista", que publiquei no jornal *Folha da Cidade*, de Cachoeiro de Itapemirim, edição de 8 de agosto de 1959.

Capítulo 9

O VALOR "IGUALDADE E FRATERNIDADE"

1. **O valor "igualdade": sua afirmação e a rejeição dos valores contrários**

O valor "igualdade" construiu-se através da História por meio de dois movimentos interdependentes:
 a) o da afirmação da igualdade intrínseca de todos os seres humanos;
 b) o da rejeição de desigualdades específicas, particulares.

A letra "a" conduz, na linha de um silogismo, à letra "b": quando se afirma a igualdade, rejeita-se toda e qualquer discriminação.

A letra "b" corporifica e dá conseqüência incontornável à letra "a": o repúdio das desigualdades *em ato* impede que a afirmação da igualdade *em substância* possa ser um ilusório jogo de palavras.

Foi em nome da igualdade que se combateram, através dos tempos, as discriminações contra grupos humanos os mais diversos. Foi a chama da igualdade que alimentou as lutas feministas, a condenação dos ódios e preconceitos étnicos e raciais, as discriminações religiosas e tantas outras negações de humanismo presentes na rota acidentada da História.

2. O valor "igualdade": a gênese da afirmação

Comecemos pela gênese da afirmação da igualdade de todos os seres humanos.

Na Antigüidade grega, Sólon viu a inutilidade da igualdade, meramente formal, se fatores econômicos subjugam alguns em proveito de outros. Por esta razão, aboliu as dívidas que privavam os pobres de seus direitos, sujeitando-os às ordens dos ricos.

Segundo Plutarco, a abolição de dívidas conduzia sempre a uma sedição, mas Sólon foi capaz de decretar essa medida graças às suas virtudes e a seu prestígio.[137]

Em meados do século XVIII, Rousseau colocava existirem direitos indisponíveis, tais como a vida e a liberdade. De tais direitos o homem não pode dispor sob pena de aniquilar sua própria pessoa. São direitos irrenunciáveis, segundo a natureza e a razão.[138]

No Brasil, Pimenta Bueno, no século passado, defendia a existência de direitos individuais, naturais, primitivos, absolutos, primordiais, que seriam faculdades ou prerrogativas morais que a natureza conferiu ao homem como ser inteligente, parte integrante da entidade humana.[139]

Gandhi, um profeta na luta pela dignidade humana, disse que sempre lhe pareceu muito misterioso que um homem pudesse sentir-se honrado com a humilhação de seus semelhantes.[140]

3. O valor "igualdade": a gênese do repúdio às discriminações

Vejamos agora a gênese da rejeição das discriminações.

A recusa às discriminações também tem um longo percurso na história do pensamento humano.

4. A rejeição de uma sociedade de castas

Na Índia do seu tempo, lá pelo século I antes de Cristo, o sábio budista Majihima Nikaya, — em face de uma sociedade de castas, onde se proclamava que somente os brâmanes, como integrantes da casta superior, eram herdeiros de Brama, — afirmava o primado das obras e da virtude como escala de mérito. Não importando de que casta fosse, todo aquele que tivesse idéias justas, que se abstivesse de massacrar criaturas e de praticar outros atos

---

[137] Plutarque. *Vie de Publicola*, I, 25/26. Trad. de R. Flacelière, 1re. éd., t. II. Paris, Les Belles Lettres, passim.

[138] Jean-Jacques Rousseau. *Discurso sobre a Origem e os Fundamentos da Desigualdade entre os Homens*. São Paulo, Martins Fontes, 1993, passim.

[139] Pimenta Bueno (marquês de São Vicente). *Comentários à Constituição Imperial de 1824*. Apud Jeanne Hersh. *O direito de ser homem*, obra já citada, p. 124. Tradução de Homero de Castro Jobim.

[140] *Gandhi. Tous les hommes sont frères*. Textes choisis par Krishna Kripalani, traduis en français par Guy Vogelweith. Paris, Gallimard, 1969, passim.

de injustiça alcançaria a boa estrada do Paraíso, quando o corpo se desintegrasse depois da morte.[141]

5. O protesto dos povos indígenas, contra a discriminação e o desrespeito

É muito antiga a luta dos povos indígenas contra a discriminação e o desrespeito de que foram e são vítimas.

Na América do Norte, no século XIX, Joseph, chefe da tribo Nariz Furado, dizia que a terra é de todos e todos deviam ter sobre ela direitos iguais. Um homem que nasce livre, — ponderava esse líder indígena, — não pode ser feliz se o encurralam e lhe tiram a liberdade. Pondo-se um índio num território acanhado, ele não poderá ser feliz, nem chegará ao desenvolvimento e à prosperidade. Quando penso em nossas condições de vida, — lamentava o índio Nariz Furado, — sinto o coração pesado.[142]

6. A rejeição da intolerância

Um provérbio do Burundi é uma bela lição de tolerância. Diz que não se pode exigir que todos se comportem de maneira uniforme.[143]

Numa linha semelhante, endereçado especificamente à tolerância religiosa, há um provérbio russo: "Deus é sempre o mesmo, em nossa casa e na dos outros".[144]

Um edito de Asoka, na Índia, século III-I a. C., afirmava que nenhuma religião é superior às demais. E estabelecia este sábio conselho: "não desprezes jamais a religião de outrem".[145]

---

[141] Majihima Nikaya II (Ecole de Bouddha, fixation 1er s. av. J. C., Inde, pali). Trad. angl. I. B Horner. Dans: Middle lenght sayings, vol. II, passim. Londres, Pali Text Society, 1975. Apud Jeanne Hersch. *Le droit d'être un homme*, obra já citada, pp. 548 e 549.

[142] Joseph, chefe da tribo Nariz Furado. América do Norte, século XIX. Citado por Merle Curti. *Growth of American thought*. Nova York, 1943. Tradução espanhola de S. Merener, *El desarollo del pensamiento norteamericano*. Buenos Aires, Ediciones Claridad, 1956. Apud Jeanne Hersch. O direito de ser homem, obra já citada, tradução de Homero de Castro Jobim, p. 164.

[143] Apud *O direito de ser homem*, citado na nota anterior, p. 229.

[144] Cf. *Provérbios do povo russo*. Ed. de Moscou, 1957. Apud *O direito de ser homem*, citado na nota anterior, p. 237.

[145] Edito de Asoka, s. III-I a. C. Traduzido do prácrito. Apud *O direito de ser homem*, citado na nota anterior, p. 229.

Nâgarakrtâgama, num panegírico a Buda, escrito em Java, na Indonésia, no século XIV, observava que o mesmo Deus recebia diferentes nomes, por parte de diferentes povos: Vixnu, Içvara, Kapila, Kubara, Wrhaspati, Kâma, Yama.[146]

João Amos Comenius, escritor tcheco do Século XVII, ensinava que ninguém deveria impor suas opiniões (filosóficas, teológicas ou políticas) a quem quer que fosse. Pelo contrário, cada qual permitisse aos demais fazer valer suas opiniões e desfrutar delas em paz.[147]

7. A recusa do desrespeito às minorias

Jefferson, nos Estados Unidos, afirmou, como princípio democrático, que a vontade da maioria fosse a base do poder. Mas completou que essa vontade da maioria, para ser legítima, deveria ser razoável. A minoria possui direitos iguais, também protegidos pela lei, sentenciou Jefferson. Violar esses direitos é agir como opressor.[148]

8. As lutas feministas

As lutas feministas foram e continuam sendo uma expressiva página na pregação da igualdade humana. Neste estudo, que é um estudo que se volta para o passado, não faremos referência às lutas atuais mas apenas às lutas pretéritas.

Os movimentos feministas não podem ser agrupados num rótulo único. Há tendências diferentes, a partir de concepções filosóficas também diversas.

Parece porém ser possível destacar, no conjunto dos movimentos feministas, algumas características principais que muito contribuíram para avançar os ideais da igualdade e da dignidade dos seres humanos.

---

[146] Nâgarakrtâgama. Panegírico composto no reino de Madjapahit. Java, Indonésia, 1365. H. Kern (ed.), Leiden, Koninklijk Inst. e Haia, Nijhoff, 1906-1914. Apud *O direito de ser homem,* citado na nota anterior, p. 231.

[147] João Amos Comenius. *De rerum humanarum emendatione consultatio catholica.* In: J. A. Comenius. *Pages choisies.* Paris, Unesco, 1957, passim.

[148] Thomas Jefferson. Primeiro discurso inaugural depois de sua eleição à presidência dos Estados Unidos. Apud *O direito de ser homem,* citado, p. 197.

Deve ser assinalada, em primeiro lugar, justamente essa característica fundamental: o movimento das mulheres não é um movimento contra os homens mas um movimento em favor da dignidade de todos os seres humanos.

Outra característica dos movimentos feministas, numa visão de conjunto, é a negação da idéia de inferioridade da mulher. Homens e mulheres são seres diferentes porém absolutamente iguais. A suposta inferioridade da mulher foi sempre uma das justificativas falsas para a negação de direitos: no plano político, a negação do direito ao voto e ao exercício de funções públicas; no plano intelectual, a vedação do acesso à cultura e a determinadas profissões; no plano familiar, a submissão às decisões masculinas; no campo do trabalho, as restrições ao desempenho de cargos de confiança, liderança etc.

Uma terceira característica dos movimentos feministas é a rejeição da tutela da mulher pelo homem, quer da mulher individualmente considerada, quer do conjunto das mulheres, numa sociedade determinada. As mulheres querem, a justo título, decidir sobre os problemas que lhes dizem respeito e discutir, em igualdade de tratamento, os problemas que tocam a mulheres e homens ao mesmo tempo.

Stéphane Michaud, num trabalho que se voltou sobretudo para a realidade francesa, demonstrou que o suposto culto à mulher, através da idealização da figura feminina, não serviu à causa da emancipação das mulheres mas, pelo contrário, contribuiu para a alienação do sexo feminino.[149]

Embora o estudo de Stéphane Michaud tenha se baseado em fontes francesas, as conclusões podem, a meu ver, aproveitar a outros países, inclusive ao Brasil.

9. O valor "fraternidade": itinerário de sua construção

Tentando compreender o sentido da fraternidade, segundo a percepção cristã, Jacques Gaillot afirma que os cristãos não são pessoas instaladas, mas nômades, enviados.[150]

---

[149] Cf. Stéphane Michaud. *Visages de la femme de la Révolution française aux apparitions de Lourdes*. Paris, Seuil, 1985.

[150] Mgr Gaillot, *Ma liberté dans l'Eglise. Entretiens avec Elizabeth Coquart et Philippe Huet*. Paris, Albin Michel, 1989, p. 128.

Essa missão de "enviado", isso de ser alguém sem chão próprio, cidadão do mundo, impregna de um senso de fraternidade universal a mensagem do Cristianismo.

Na verdade, tanto o Cristianismo, quanto o Judaísmo e o Islamismo estão preenchidos por um grande sentido de Fraternidade. A crença num Deus único e a idéia de filiação divina do ser humano conduzem, necessariamente, ao sentido de Fraternidade, por causa do referencial básico presente nesses três troncos religiosos: "todos os homens filhos de um mesmo Pai".

Maomé ensinava que as pessoas deviam proceder bem para com o vizinho, honrar o hóspede, dizer coisas boas e ser reconhecido.[151]

Mo-Tseu, na China, no século V a.C., pregava: que todos adotassem o amor universal, que cada um amasse o outro como a si mesmo.[152]

Da sabedoria popular russa, recolhe-se este provérbio de tão grande conteúdo: "Mesmo que seja para tua perda, salva teu camarada". (É a elegante e precisa tradução que lhe deu Homero de Castro Jobim).[153]

Na Inglaterra, em 1624, John Donne dizia que homem algum é um todo, completo em si mesmo. Cada homem é pedaço de um continente, parte de um conjunto.[154]

Numa bela página da literatura russa do século XIX, N. Leskov conta a história de Pagnka, pastor dos tártaros da estepe, que foi complacente com Khabiboula, o prisioneiro, libertando-o dos grilhões e tratando-o com fraternidade.[155]

Poética e profundamente humana a visão de Goethe sobre a necessidade do outro, na vida de todos nós:

"Para mim o maior suplício seria estar sozinho no Paraíso".[156]

Nas palavras de D. Gaillot: "Nous sommes des envoyées et non des gens installés. Nous sommes des nomades".

[151] Cf. Hadith (ditos do Profeta Maomé). Apud *O direito de ser homem*, citado, p. 35.

[152] Tseu-Mo. *Primeiro discurso*. In: Souen Yi-jan. *Mo-Tseu Kien-Kou*. Xangai, 1954. Apud *O direito de ser homem*, citado, p. 33.

[153] Cf. Provérbios do povo russo (1853). Ed. de Moscou, 1957. Apud *O direito de ser homem*, citado, p. 36.

[154] John Donne. Donnes devotions, 1624. XVI. Apud *O direito de ser homem*, citado, p. 31.

[155] N. Leskov. *Lady Macbeth au village*. Paris, Gallimard, 1939, p. 194 e segs. Trad. de B. de Scchloezer.

[156] Cf. Pensées, 1815-1832, in: Œuvres, t. I, trad. J. Porchat, Hachette, p. 343. Apud Léon-Louis Grateoup. *Dictionnaire Philosophique de Citations*. Paris, Hachette, 1990, p. 27.

Capítulo 10

O VALOR "LIBERDADE"

1. O valor "liberdade" na cultura humana

O valor "liberdade" tem um longo e profundo enraizamento na cultura humana.

Está presente na Bíblia — Velho e Novo Testamento; na antiga tradição japonesa (o sábio Nichiren é um belo exemplo de devoção à liberdade); na Polônia de Stanislaw Staszic. A liberdade foi força motriz da Revolução Francesa e da Revolução Norte-Americana.

Na América Latina, constituiu o sonho que alimentou o projeto de mundo de Tiradentes (Brasil), José Marti (Cuba) e Mariano Moreno (Argentina).

Marx criticou a concepção de liberdade que lhe pareceu estreita e falsificada e propôs uma visão alternativa.

2. A liberdade, na Bíblia

Comecemos pela Bíblia. A Liberdade está bastante presente na tradição das Escrituras: quer no Velho Testamento, reconhecido como palavra revelada de Deus pelo Cristianismo e pelo Judaísmo, quer no Novo Testamento, livro sagrado para os cristãos.

No Velho Testamento, colhe-se no "Levítico" esta passagem: "Proclamareis liberdade na terra a todos os seus moradores".[157]

---

[157] O trecho é o versículo 10 do capítulo 25. Apud "Declaração Universal dos Direitos Humanos". Folheto editado pela Coordenadoria Ecumênica de Serviço (CESE), Salvador, 1973.

A designação "Levítico", dada a esse livro da Bíblia, provém do nome Levi, a tribo de Israel que foi escolhida para exercer a função sacerdotal no meio do povo. Atribui-se a Moisés a autoria desse livro, escrito depois do exílio na Babilônia.

O profeta Isaías assim descreveu sua missão:

"O Senhor enviou-me a proclamar libertação aos cativos, e a pôr em liberdade os algemados".[158]

O "Eclesiástico" coloca a liberdade como faculdade concedida ao homem por Deus:

"Desde o princípio, Deus criou o homem e o entregou ao poder de suas próprias decisões. Se você quiser, observará os mandamentos, e sua fidelidade vai depender da boa vontade que você mesmo tiver. Ele pôs você diante do fogo e da água, e você poderá estender a mão para aquilo que quiser".[159]

O nome "Eclesiástico", dado a esse livro do Velho Testamento, provém do fato de ser ele aceito apenas por Igrejas Cristãs, enquanto a Sinagoga Judaica não o aceita como palavra revelada.

O "Eclesiástico" foi escrito entre 190-180 a.C. por Jesus Ben Sirac. Chegou até nossos tempos graças à tradução grega feita pelo neto de Sirac em 132 a.C.[160]

No Novo Testamento, o Apóstolo Paulo canta a liberdade, neste trecho de sua Carta aos Gálatas:

"Cristo nos libertou para que sejamos verdadeiramente livres. Portanto, fiquem firmes e não se submetam de novo ao jugo da escravidão".[161]

A Carta aos Gálatas foi escrita no final da permanência de Paulo em Éfeso, provavelmente no Inverno de 56/57. Essa Carta é considerada um "manifesto da liberdade cristã".

---

[158] Livro do Profeta Isaías, capítulo 61, versículo 1. Apud "Declaração Universal dos Direitos Humanos". Folheto publicado pela Coordenadoria Ecumênica de Serviço (CESE). Salvador, 1973.

[159] Eclesiástico, capítulo 15, versículos 14 a 16. Apud *Bíblia Sagrada* – Edição Pastoral. Tradução, introduções e notas de Ivo Storniolo e Euclides Martins Balancin. São Paulo, Edições Paulinas, 1990, p. 913.

[160] Cf. o comentário escrito por Ivo Storniolo e Euclides Martins Balancin, na edição da Bíblia referida na nota anterior, p. 901.

[161] Carta aos Gálatas, capítulo 5, versículo 1. Apud *Bíblia Sagrada*, edição citada na nota anterior, tradução e notas de Ivo Storniolo e Euclides Martins Balancin.

Na perspectiva de Paulo, como observam Ivo Storniolo e Euclides Martins Balancin, a liberdade consiste em eximir-se o homem de um minucioso código de regras e leis que o conservam numa atitude infantil em face da vida adulta e consciente, graças ao uso responsável que faz da liberdade.

Os mesmos autores citados notam que, na tradição bíblica, a liberdade é o maior dom de Deus porque, por meio dela, as pessoas e grupos humanos tornam-se participantes ativos na construção da Sociedade e da História.[162]

Jacques Gaillot, Bispo francês, afirma que o Espírito Santo suscita em cada pessoa uma resposta de liberdade. Nada impõe. Abre um caminho.[163]

3. Intolerância religiosa nos arraiais cristãos: um desvio do ensinamento bíblico

Não obstante a profunda fundamentação bíblica em apoio à idéia de liberdade, Igrejas cristãs, no curso da História, desconheceram a liberdade, a começar pela negação da liberdade religiosa. Isto foi, sem dúvida, uma negação do Cristianismo.

Unida ao Estado, a Igreja Católica impôs, nos países em que dominava, uma religião de Estado, impediu e restringiu a liberdade de escolha e de prática religiosa, destituiu os deuses e as crenças dos povos colonizados pelas Coroas "cristãs". Chegou ao extremo de perseguir, prender ou matar os que não comungavam com a Fé imperante.

Na França, o Edito de Nantes, assinado por Henrique IV, em 1598, a fim de apaziguar os conflitos religiosos, afirmou determinadas franquias em favor dos protestantes.

Esse edito reconheceu aos fiéis da Igreja reformada a liberdade de consciência e a liberdade de culto nos domicílios senhoriais e nas cidades e vilarejos onde a prática religiosa protestante já existia de fato.

Determinadas garantias estatuídas no Edito de Nantes preservaram essas liberdades. Entretanto, artigos secretos estabe-

---

[162] Cf. na edição da *Bíblia Sagrada*, referida na nota anterior, o comentário que aparece na p. 1493 e o verbete "liberdade", na p. 1619.

[163] Mgr. Jacques Gaillot. *Foi sans frontières*. Paris, Desclée de Brouwer, 1988, p. 21.

leceram certo número de restrições para atenuar as prevenções dos católicos.

Uma anistia restituiu aos protestantes a integralidade de seus direitos cívicos. Câmaras com participação das duas facções religiosas foram instituídas. Assegurou-se aos protestantes o acesso a todos os empregos. Reconheceu-se em favor deles o direito de apresentar reclamações ao rei.

O Edito de Nantes marcou um episódio de tolerância religiosa desconhecido na Europa de então. Mas resultou, na verdade, do fato de que os dois partidos (católico e protestante) estavam com suas forças esgotadas.

A partir de 1661, crescentes restrições foram sendo estabelecidas contra a aplicação do Edito de Nantes.

Em 1685, o Edito de Fontainebleau, assinado por Luiz XIV, suprimiu todas as garantias reconhecidas aos protestantes pelo Edito de Nantes. O culto protestante foi proibido, os Pastores foram banidos.[164]

4. A Liberdade na Revolução Francesa e na Revolução Norte-Americana

A Liberdade, como valor, constituiu um dos fundamentos da Revolução Francesa e da Revolução Norte-Americana.

Na "Declaração de Direitos do Homem e do Cidadão", afirmou-se que os direitos naturais e imprescritíveis do homem são: a liberdade, a propriedade, a segurança e a resistência à opressão.

Assim está expresso no artigo II, da famosa Declaração decretada pela Assembléia Nacional Francesa, nas sessões que se estenderam dos dias 20 a 26 de agosto de 1789.[165]

---

[164] Cf. Janine Garisson. *L'Edit de Nantes et sa révocation. Histoire d'une intolérance.* Seuil, 1985, passim. Elisabeth Labrousse. *Une foi, une loi, un roi? Essai sur la révocation de l'Edit de Nantes.* Labor et Fides/Payot, 1985, passim Jean Queniart. *La révocation de l'Edit de Nantes Protestants et catholiques en France de 1598 à 1685.* DDB, 1985, passim. Bernard Cottret. *Terre d'exil. L'Angleterre et ses réfugiés français et wallons de la Réforme à la révocation de l'Edit de Nantes, 1550-1700.* Texte introductif d'Emmanuel Le Roy Ladurie. Aubier 1985, passim.

[165] "Le but de toute association politique est la conservation des droits naturels et imprescriptibles de l'homme, ces droits sont la *liberté*, la proprieté, la sûreté et la résistance à l'opresion.' (Déclaration des Droits de l'Homme et du Citoyen. Article II.) *Apud* Le Droit d'être un homme. Anthologie mondiale de la liberté. Recueil de textes préparé sous la direction de Jeanne Hersch. Paris, Unesco/Lattès, 1990, p. 201.

Na Declaração de Independência das Colônias Americanas foi dito que todos os homens são dotados por seu Criador de certos direitos inalienáveis e que dentre estes estão a vida, a liberdade e a busca da felicidade.

Essa Declaração foi redigida por Thomas Jefferson, em 4 de julho de 1776.[166]

Contemporaneamente às duas Revoluções, Stanislaw Staszic, que viveu de 1755 a 1826, fazia judiciosa observação contra a idéia de liberdade, como valor autônomo. Disse que a liberdade, se não se funda na Justiça, é uma palavra vazia, e apenas mascara ilusões. Os maiores tiranos, arremata o escritor polonês, proferiram altos brados à liberdade.[167]

5. Profetas da liberdade na Argentina, no Brasil e em Cuba

Na Argentina, em 1810, Mariano Moreno afirmava que a igualdade era um pré-requisito para a existência de justiça e liberdade.

Numa cidade de homens livres — observava —, o magistrado não se distingue dos outros senão porque faz respeitar as leis e é árbitro entre seus concidadãos. As diferentes classes do Estado só se dirigem confiantes aos depositários da autoridade se, na vida social, a eles têm acesso com toda a franqueza.[168]

No Brasil, Tiradentes, mártir da Inconfidência Mineira, em 1789 fazia da *liberdade* o lema da Revolução de seu povo, provisoriamente derrotada com o seu enforcamento:

"*Libertas quae sera tamem*". (Liberdade ainda que tardia).

Joaquim José da Silva Xavier, o Tiradentes, foi enforcado no dia 21 de abril de 1792. Cláudio Manoel da Costa, outro conspirador, não resistiu ao sofrimento e foi levado ao suicídio, na prisão.[169]

---

[166] Apud *Le Droit d'être un homme*, obra citada na nota anterior, pp. 199 e 200.

[167] "La liberté qui n'est pas fondée sur la justice est un mot vide qui ne recouvre que des illusions. Ce sont les plus grands tyrans du genre humain qui ont poussé les plus hauts cris à la gloire de la liberté." *Le genre humain* (1780-1820). Apud *Le Droit d'être un homme*, obra citada, dirigida por Jeanne Hersch, p. 365.

[168] Mariano Moreno. *Supresión de los honores del Presidente*. Gaceta de Buenos Aires (8-12-1810). Apud *Le Droit d'être un homme*, obra citada, dirigida por Jeanne Hersch, pp. 365 e 366.

[169] Sobre a Conjuração Mineira, um estudo sumamente autorizado é a clássica monografia de J. Norberto da Silva. *História da Conjuração Mineira*. Rio de Janeiro, 1948.

No final do século passado, José Martí, escritor e patriota cubano, definia a liberdade como direito que todo homem tem de ser respeitado e de pensar e falar sem hipocrisia.

Um povo sem liberdade é um povo sem honra.

Existem homens que roubam dos povos sua liberdade, ou seja, sua honra.

Em face deste roubo da honra há os que se mantêm passivos e contentes. Outros há que sofrem mil mortes por causa dos que vivem em volta deles sem honra.

Os que se voltam contra a perda da liberdade, a perda da honra representam milhares de homens, um povo inteiro, a dignidade humana. Tais homens são sagrados.[170]

6. De um velho sábio japonês até Karl Marx

Séculos antes de todas essas Revoluções e revolucionários, um sábio japonês chamado Nichiren, que viveu de 1222 a 1282, declarava à face do rei:

"Tendo a honra de haver nascido em vosso reino, vejo meu corpo obediente a Vossa Excelência, mas minha alma jamais o será".[171]

É bastante conhecida a crítica de Marx à concepção de liberdade da Revolução Francesa.

De acordo com o grande pensador e revolucionário alemão, a visão de liberdade da Revolução Francesa é a da liberdade do homem isolado e dobrado sobre o seu próprio egoísmo. A liberdade individual, fundamento da sociedade burguesa, mostra a cada homem, em outro homem, não a realização, mas sim o limite de sua liberdade.[172]

---

[170] José Martí. *La Edad de Oro* (1889). Apud *O Direito de Ser Homem*. Seleção de textos organizada sob a direção de Jeanne Hersch. Tradução de Homero de Castro Jobim. Rio, Editora Conquista, 1972, p. 126.

[171] Nichiren. *Senji Shô* (1275). Apud *O Direito de ser Homem*. Seleção de textos organizada sob a direção de Jeanne Hersch. Tradução de Homero de Castro Jobim. Rio, Editora Conquista, 1972, p. 120.

[172] Karl Marx. *La Question Juive*. Trad. franç. de H. Lefbvre e N. Gutermann. Paris, Gallimard, 1934, p. 214 e seguintes.

7. Garantir a liberdade dentro de uma sociedade solidária

Parece que assiste razão a Marx, na sua crítica à concepção individualista de liberdade, porque esta separa os homens, em vez de uni-los.

Prevalece, entretanto, e reforça-se, na época contemporânea, a importância essencial, inafastável e irrenunciável do valor "liberdade". Ela é inerente à pessoa humana — apanágio da alma, na concepção lúcida do sábio Nichiren. A experiência histórica o está revelando.

Mas a liberdade deve conduzir à solidariedade entre os seres humanos. Não deve conduzir ao isolamento, à solidão, à competição, ao esmagamento do fraco pelo forte, ao homem-lobo-do-homem, à ruptura dos elos. Essa ruptura leva tanto à esquizofrenia individual quanto à esquizofrenia social.

Garantir a liberdade dentro de uma sociedade solidária é o desafio que se coloca. Liberdade para todos e não apenas para alguns. Liberdade que sirva aos anseios mais profundos da pessoa humana. De modo algum a liberdade que seja instrumento para qualquer espécie de opressão.

Capítulo 11

O VALOR "DIGNIDADE DA PESSOA HUMANA"

1. O valor "dignidade da pessoa humana", no Velho Testamento

No Velho Testamento, o Gênesis descreve a criação do Homem:
"Então Javé Deus modelou o homem com a argila do solo, soprou-lhe nas narinas um sopro de vida, e o homem tornou-se um ser vivente."[173]

Como observam Ivo Storniolo e Euclides Martins Balancin, a narrativa da Criação não é um tratado científico. É um poema que contempla o Universo como criatura de Deus. O ponto alto da Criação é a humanidade — homem e mulher — ambos criados à imagem e semelhança de Deus.[174]

2. A "dignidade humana" em algumas culturas ancestrais

A antiga cultura persa, como outras culturas primitivas, estendia para além do ser humano a idéia de respeito e proteção.

O pesquisador E. W. West descobriu um texto persa, localizado entre os séculos III e VII da Era Cristã, no qual se ensinava que as coisas que mereciam mais cuidado e proteção eram: um jovem servidor, uma esposa, um animal de carga e um fogo.[175]

---

[173] Gênesis, capítulo 2, versículo 7. *Bíblia Sagrada.* Tradução de Ivo Storniolo, já citada, p. 15.

[174] Ivo Storniolo e Euclides Martins Balancin. *Bíblia Sagrada,* edição já citada, nota da p. 14.

[175] Dâdistân î Mênôg î Xrad, Pérsia, século III – VI, período sassânida. Segundo E. W. West. *Sacred books of the East.* Vol. 24, Pahlavi texts, parte III. Cap. 29. Apud Jeanne Hersch e outros *Le droit d'être un homme,* obra já citada, p. 41.

O pesquisador inglês J. B. Danquah debruçou-se sobre a primitiva cultura Akan, de Gana, na África, e descobriu muitos ensinamentos interessantes sobre a condição humana advindos desse povo.

Um dos provérbios recolhidos mostra justamente a idéia da dignidade humana, com realce dos mais fracos, afirmando que: "tamanho ou força não devem servir para oprimir".[176]

A milenar Civilização Chinesa, através do Confucionismo, mandava amar o que o povo ama e detestar o que ele detesta. Primeiro vem o povo. É o que mais importa. Depois é que vem o Estado.[177]

Em diversas sociedades da África negra, o apreço das respectivas culturas, pela dignidade humana, revela-se na organização social, na qual a velhice era considerada e respeitada.

Marc Abélès assinala, em pesquisa feita na Etiópia meridional, que a velhice era uma categoria que engloba todos aqueles que tinham experiência.[178]

Nas mais diversas sociedades africanas, a idade constitui um verdadeiro princípio de organização social. A organização social pela idade tem um fundamento ritual, religioso e moral. A prevalência dos mais velhos também foi observada por Pierre Bonte em sociedades da África do leste.[179]

Na cultura grega clássica, Sófocles afirmava que há muitas maravilhas neste mundo. A maior de todas, porém, é o homem.[180]

---

[176] J. B. Danquah, *The Akan Doctrine of God. A fragment of Gold Coast Ethics and Religion*. Londres, Lutterworth Press, 1944. Apud Jeanne Hersch e outros. *O Direito de Ser Homem*, obra já citada. O provérbio aparece de acordo com a tradução que lhe deu Homero de Castro Jobim.

[177] Confucius et Ecole confucéenne. *La grande étude (Ta hio)*. Cf. S. Couvreur, Quatres livres, Hokien Fu, 1913 – 1916. Apud Jeanne Hersch, *Le droit d'être un homme*, citada p. 150.

[178] "L'ancienneté est une catégorie qui englobe tous ceux qu'on reconnaît comme des hommes d'expérience, le plus souvent en vertu de leur âge; mais parfois aussi des personnages plus jeunes ayant accédé au titre de dignataire (halaka) et faisant montre d'une réele compétence." (Cf. Marc Abélès. *Aînesse et générations à Ochollo-Ethiopie méridionale*. In: Abélès, Marc et alii. *Age, pouvoir et societé en Afrique noir*. Paris, Éditions Kathala, 1985, p. 115).

[179] Pierre Bonte. *"Structures d'âge, organisation familiale et systèmes de parenté en Afrique de l'est"*. In: Marc Abélès et alii. Age. pouvoir et societé en Afrique noir. Paris, Éditions Kathala, 1985, p. 77.

[180] *Antigone*. Sophocle. Trad. P. Mazon. Paris, Les Belles Lettres, 1955. 1ª edição, t. I, passim.

3. A "dignidade humana" em culturas européias do Século XVIII e no Japão deste século

Na Alemanha, no final do século XVIII, F. von Schiller afirmava que tudo pode ser sacrificado ao bem do Estado exceto aquelas coisas a que o Estado serve como meio.[181]

Na Polônia do final do século XVIII, H. Kollataj, dirigindo-se aos deputados, dizia que qualquer a época, quaisquer as condições, nunca seria permitido violar os direitos do homem. Sobre esses direitos nenhuma legislação deveria silenciar.[182]

Montaigne viu um direito que transcende a espécie humana e ultrapassa até mesmo os animais. Nos seus célebres *Ensaios*, esse ilustre pensador francês falou de um dever da humanidade, não só para com os animais mas também para com as árvores e plantas.[183]

No Japão moderno, em meio à conflagração da 2ª Guerra Mundial, Kiyoshi Kiyosawa escrevia que a preocupação da educação no futuro seria a de criar uma atitude de oposição à idéia de Estado como ser supremo e absoluto, a cujas razões — razões de Estado — nós todos deveríamos nos submeter.[184]

4. A "dignidade humana" em culturas da América Latina

Entre os astecas, Civilização que floresceu no México, o reconhecimento da dignidade humana integrava os valores da educação, segundo nos revela um grupo de pesquisadores da Unesco dirigidos por Jeanne Hersch.

Respeitar os outros, consagrar-se ao que era bom e justo, evitar o mal, a depravação e a cupidez, fugir da injustiça e de sua força — tais eram os preceitos da educação asteca, segundo uma tradição do século XV.[185]

---

[181] F. von Schiller – 1759-1805. *Die Gesetzgebung des Lykurgus und Solon*. Apud Jeanne Hersch. *Le droit d'être un homme*, obra já citada, pp. 130 e 132.

[182] H. Kollataj. *La loi politique de la nation polonaise. Adresse à la députation élue par la "Diète de quatre ans" (1788-1792) en vue de prèparer la constitution (1790)*. Apud Jeanne Hersch, *Le droit d'être un homme*, obra já citada, p. 148.

[183] M. Eyquem de Montaigne. Essais. Apud Jeanne Hersch, *Le droit d'être un homme*, cit., p. 44.

[184] Kiyoshi Kiyosawa. Ankoku-Nikki. *Journal, 2 décembre 1944*. Tokyo, Toyo Keisai Shinpo Sha, 1954. Apud Jeanne Hersch, *Le droit d'être un homme*, já citada, p. 1324.

[185] Tradição asteca. *Exortação a uma menina. O sentido da vida*. Apud Jeanne Hersch. *O Direito de Ser Homem*, obra já citada, traduzida para a Língua Portuguesa por Homero de Castro Jobim, pp. 34 e 561.

No Brasil, o padre franciscano Yves d'Evreux teve olhos para admirar as qualidades do povo, numa viagem que fez ao norte do país, de 1613 a 1614. Numa época em que foi tão freqüente a equívoca visão imperialista de um "Cristianismo" que se devia impor, com todo o seu contexto de idéias esteriotipadas, esse extraordinário e tão pouco conhecido frade francês escreveu, nas suas memórias de viagem, um verdadeiro poema de exaltação ao Brasil.

Yves d'Evreux soube descrever a flora e a fauna exuberantes, diante das quais se extasiou.

Mas na perspectiva da presente pesquisa, o que mais cumpre destacar é que esse frade franciscano soube *compreender a diferença*. Era um outro país, era um outro povo aquele diante do qual se debruçava o franciscano-etnólogo. Constatando a diferença de sua maneira de ver a vida, à luz dos referenciais europeus, Yves d'Evreux foi capaz de compreender que aquela cultura devia ser respeitada. Teve sensibilidade para penetrar na alma dos indivíduos e para admirar suas qualidades. Conclui por testemunhar seu encantamento por aquela Civilização diferente da sua mas, a seu modo, tão extremamente bela.

Seu livro, do qual só havia restado um exemplar, é uma expressão de respeito à dignidade humana. O exemplar remanescente foi descoberto em 1864 pelo guardião Conservador da Biblioteca de Santa Genoveva (Bibliothèque de Sainte-Geneviève), que o fez publicar. A edição que consultamos procurou, segundo diz Hélène Clastres, na apresentação, tornar o texto mais compreensível para o leitor moderno, repetindo contudo a essência do original.[186]

Em Cuba, José Martí dizia, na segunda metade do século passado, que o Estado ou se fundava no amor apaixonado da dignidade humana, ou não valia uma só gota de sangue de seus heróis, nem uma única lágrima de suas mulheres.[187]

---

[186] Yves d'Evreux. *Voyage au Nord du Brésil* (1613-1614). Présentation et notes d'Hélène Clastres. Payot, Bibliothèque Historique, 1985.

[187] José Marti. *Discurso en el Liceo Cubano*, 26 de novembro de 1891. In: Obras Completas, t. IV, p. 270; 1963. Apud Jeanne Hersch e outros. *O Direito de Ser Homem*, obra já citada. Tradução de Homero de Castro Jobim, p. 163.

A percepção da dignidade da pessoa humana, como valor impulsionador de todo o Direito, é bem visível na tradição do pensamento jurídico mexicano. Assim é que duas obras hoje clássicas, publicadas respectivamente em 1873 e 1876, dão bem a medida desse eixo humanista da meditação jurídica nesse país latino-americano: *Estudo das garantias individuais*, de Isidro Montiel y Duarte, e *Tratado dos direitos humanos*, de José Maria Lozano.[188]

---

[188] Montiel Y Duarte, Isidro. *Estudio de las garantias individuales*. Jose Maria Lozano. *Tratado de los derechos humanos*. Apud Héctor Fix Zmudio. "México". In: *Tendências do Pensamento Jurídico*. Coletânea de artigos do International Social Science Journal, v. 22, nº 3, 1970. Tradução de Ailton Benedito de Souza. Revisão técnica de Vivaldo Vieira Barbosa. Rio, Editora da Fundação Getúlio Vargas, 1976, p. 49 e seguintes.

Capítulo 12

O VALOR "PROTEÇÃO LEGAL DOS DIREITOS"

1. O valor "proteção legal dos direitos" e sua extensão

A "proteção legal dos direitos", a meu ver, deve significar:

a) a proteção da lei contra todas as violências de que possa ser vítima qualquer pessoa;
b) o acesso efetivo de todos à Justiça;
c) o primado da lei contra o regime de arbítrio;
d) a submissão de todos ao regime do Direito, com a condenação dos privilégios;
e) a proteção dos valores do Direito contra o legalismo estreito que trai a Justiça;
f) a insubmissão à tirania e à opressão, que tornam impossível a "proteção legal dos direitos".

2. A gênese da "proteção legal dos direitos". O que nos disse a Grécia antiga

O anseio de mulheres e homens, em busca da "proteção legal de direitos", tem uma longa e ampla tradição histórico-cultural.

A sabedoria de Atenas opõe ao império do tirano o império da lei, resultante da vontade do povo. Neste sentido, são expressivos os discursos de Demóstenes, apologista da democracia ateniense.[189]

---

[189] Apud Andria. N. d', *La démocratie athénienne, son origine, son évolution et sa constitution définitive au siècle de Périclès*. Paris, Montchrestien, 1935, passim.

Demóstenes viveu de 384 a 322 a.C. Segundo a tradição, teria corrigido uma gagueira, de que era portador, colocando pedras na boca para falar, na praia, suplantando o barulho das ondas do mar. Tornou-se um grande orador, um dos mais famosos da Antigüidade. Tinha a habilidade de unir grandes idéias aos assuntos de maior atualidade.[190]

Ainda na Grécia, o filósofo pré-socrático Heráclito de Éfeso ensinava ser preciso que o povo combatesse por suas leis como combatia por suas muralhas.[191]

Heráclito nasceu em 576 e morreu em 480 a.C. Misantropo, ele foi cognominado "o Obscuro", em razão do caráter hermético de seu pensamento. Foi o filósofo do *eterno vir a ser*: os contrários se opõem e se unem alternativamente; o primeiro princípio é o fogo.

Freqüentemente, aponta-se na filosofia de Heráclito a semente do que veio a ser o pensamento dialético moderno. Hegel teve por ele uma grande admiração.[192]

3. A velha China condenou o poder despótico

Na velha China, o filósofo Kouang-tseu (século IV-III antes de Cristo), sentenciava:

"Jamais modificai uma lei para satisfazer os caprichos de um príncipe; a lei está acima do príncipe."[193]

O império da lei significa a submissão das autoridades a seu jugo, condenando-se assim o poder despótico.

4. O império da lei, a repulsa ao arbítrio — na Suécia, na Polônia, na Inglaterra, no Japão

Na Suécia, o Código legislativo nacional de Magnus Erikson, redigido por volta de 1350, submetia o rei à obediência da lei. Que

---

[190] Ver *Le Petit Robert 2. Dictionnaire Universel des Noms Propres*. Sous la direction de Paul Robert. Paris, Dictionnaires Le Robert, 1991, p. 512.

[191] A. Jeanniere. *La pensée d'Héraclite d'Ephèse, avec la traduction intégrale des fragments*. Paris, Aubier-Montaigne, 1959, passim.

[192] Ver *Le Petit Robert 2. Dictionnaire Universel des Noms Propres*. Sous la direction de Paul Robert. Paris, Dictionnaires Le Robert, 1991, p. 830.

[193] Apud Jeanne Hersch, *O direito de ser homem*, já citada, tradução de Homero de Castro Jobim, p. 116.

jurasse reprimir a iniqüidade, a mentira e a injustiça, de acordo com a lei. Que jurasse não reprimir qualquer ato e privar de bens quem quer que fosse senão pela aplicação da lei e depois de um processo regular.[194]

Na Polônia, em 1551, A. F. Modrzewski estimava que a lei dominasse, quer sobre os reis, quer sobre os magistrados,

"a fim de que nela se abriguem contra as paixões da alma, e façam uma regra para se governarem a si mesmo e governar seus povos".[195]

Na Inglaterra, um tribunal, em 1638, decidia no sentido da absoluta submissão do rei ao governo das leis. No caso Hampden, firmou-se o precedente de que embora o rei da Inglaterra detivesse o poder monárquico e os *jura summa majestatis* (isto é, embora gozasse, para governar seus súditos, da confiança absoluta que foi depositada em sua coroa e em sua pessoa), nem por isso poderia deixar de governar *secundum leges regni*, isto é, segundo as leis do reino.[196]

No Japão do final do século passado, Tsukasa Okamura observava que a missão das leis é justamente corrigir a administração, fazê-la voltar à esteira da Justiça quando se desvia no excesso, quando se torna tirânica e despótica e sacrifica o direito e a liberdade do povo.[197]

5. A força limitando a força: uma lição de Karl Jaspers

Contra o despotismo, que não é coisa do passado, mas também, infelizmente, pesadelo contemporâneo, se insurgiu Karl Jaspers, psicólogo e filósofo alemão. Em passagem incisiva de um livro publicado em 1948, ele diz que, quando a própria força não se limita a si mesma, impera a violência e o terror. Dessa

---

[194] Code législatif national de Magnus Erikson (env. 1350, Suède). Serment royal. Apud Jeanne Hersch, Le droit d'être un homme, cit., p. 110.

[195] Cf. Jeanne Hersch. O direito de ser homem, obra já citada, tradução de Homero de Castro Jobim, p. 116.

[196] Affaire Hampden (1638, Angleterre). Cf. Sources of Constitutional History, p. 459 et suiv. Apud Jeanne Hersch, *Le droit d'être un homme*, cit., p. 199.

[197] T. Okamura. Précis de droit. Tokyo, Hogaku-tsuron. 1899. Apud Jeanne Hersch, *Le droit d'être un homme*, citada, p. 121.

situação advém a destruição, quer da vida, quer da alma. Filosofar, segundo Jaspers, é para o ser humano tomar consciência de sua existência na relação com o mundo, onde deverá empenhar-se pela liberdade, e na relação com o outro, onde deverá buscar os elos da comunicação.[198]
Karl Jaspers nasceu na Alemanha em 1883 e morreu na Suíça em 1969.

6. Ninguém acima da lei, portador de privilégios: Rousseau ainda atual

O império da lei significa também a submissão de todos às regras da convivência social. Neste sentido, ninguém pode considerar-se acima da lei, portador de privilégios, seja pela riqueza, pelo nascimento ou qualquer outra razão.

Rousseau transmitiu à posteridade preciosa lição, ao proclamar que dentro do Estado ninguém pretendesse estar acima da lei.[199]

Jean-Jacques Rousseau foi um escritor e filósofo suíço de língua francesa. Nasceu em Genebra, em 1712, e morreu em Ermenonville, na França, em 1778. Seus restos mortais foram transferidos para o *"Panthéon"*, de Paris, em 1794.[200]

7. O império da lei, o regime da legalidade não é legalismo farisaico, culto idólatra da lei acima da Justiça: Roma, Grécia, Índia, Inglaterra e China

O império da lei, ou o regime da legalidade não significa o culto idólatra da lei, ou o legalismo farisaico acima da Justiça.

Contra o legalismo estreito, um dos grandes ensinamentos vem da tradição romana. Um adágio latino, que chegou até nós através de Cícero, fulmina o apego irracional à lei, contra o sentimento de Justiça: "summum jus, summa injuria".[201]

---

[198] Karl Jaspers. *La culpabilité allemand*. Paris, Ed. de Minuit, 1948, passim.

[199] Cf. Jean-Jacques Rousseau. *Discurso sobre a Origem e os Fundamentos da Desigualdade entre os Homens*. São Paulo, Martins Fontes, 1993, passim.

[200] Cf. Paul Robert. *Le Petit Robert 2*, cit., p. 1564.

[201] Cicéron. De offíciis. Apud Jeanne Hersch, *Le droit d'être un homme*, citada, p. 179.

Ou seja, o excesso de legalismo conduz à injustiça exacerbada. Cícero (Marcus Tullius Cícero), escritor, orador e político da Roma antiga, nasceu em 106 e morreu em 43 a.c. Seus discursos, defesas forenses, trabalhos políticos e filosóficos são também obras literárias e modelos de arte oratória. Por essas virtudes, ainda hoje são obrigatórias no estudo do Latim.[202]

Em Atenas, o juramento dos heliastas dava normas para a interpretação das leis indicando que, quando omissas, se recorresse à opinião mais justa, sem favorecimento pessoal e sem ódio.[203]

Na mesma direção do ensinamento greco-romano, caminha a velha tradição da Índia. Um texto do Mahabárata prega o temperamento da lei através de sua aplicação racional.[204]

O Mahabárata é uma grande narrativa épica da Índia, que remonta à época védica (cerca do ano 1.000 a.C.).[205]

Na Época Moderna (1594), Richard Hooker, na Inglaterra, observava que a aplicação estrita da lei leva muitas vezes a situações que repugnam à eqüidade. Tais situações não devem conduzir

---

[202] De Cícero, devem ser citados como os mais importantes discursos políticos: *IV in Catilinam* (as célebres Catilinárias, discursos nos quais Cícero acusa o adversário de tramar contra as instituições); *VII in Verrem* (sete discursos contra o governo corrupto de Verres); *Pro Murena*; *Pro Milone*; *XIV Philippicae* (as Filípicas).

Também fez defesas forenses célebres: *Pro Archi poeta* (em defesa do poeta Árquias, acusado de desfrutar ilegalmente da cidadania romana); *Pro Caelio* (em defesa do jovem Célio, seu amigo, acusado do crime de envenenamento).

É ainda autor de importantes obras filosóficas: *De republica* (sobre a república); *De legibus* (sobre as leis, obra em que tenta interpretar a história romana à luz da teoria política grega); *Tusculanae disputationes* (discussões em Túsculo, que são diálogos sobre a dor, a virtude e a morte); *De amicitia* (sobre a amizade); *De officiis* (sobre os deveres).

(Cf. Maria Inês Duque Estrada e Otto Maria Carpeaux. Verbete "Cícero", na Enciclopédia Mirador Internacional, vol. 5, p. 2383. São Paulo, Encyclopaedia Britannica do Brasil Publicações Ltda., 1987. Ver também Paul Robert. Le Pétit Robert, obra citada, p. 411).

[203] N. d'Andria. *La démocratie athénienne, son origine, son évolution et sa constitution définitive au siècle de Périclès*. Paris, Montchrestien, 1935, passim.

[204] Mahâbhârata, XII, 200 av. J.C. – 100 apr. J. C., Inde, traduit du sanscrit. Apud Jeanne Hersch, *Le droit d'être un homme*, cit., pp. 179 e 573.

[205] Composto de 19 livros, o Mahabárata é uma obra coletiva. Continuou sendo escrito até o século VI da Era Cristã. É um poema que conta de maneira heróica e lírica a epopéia da invasão e do estabelecimento das tribos indo-européias na bacia do rio Ganges. É também uma enciclopédia de conhecimentos sagrados e profanos. O grande poema filosófico Bhagavad-gita, que faz parte do 6º livro, foi provavelmente acrescido à obra numa época posterior. (Ver *Le Petit Robert 2*, obra escrita sob a direção de Paul Robert, já citada, p. 1121).

à conclusão de que a lei seja injusta, nem que exista uma oposição entre a lei e a eqüidade. A eqüidade, contudo, é superior à lei porque apreende coisas que escapam a esta.[206]

Não obstante valorizando a boa lei, o sábio chinês Siun Tseu (século III a.C.) notava que as leis só cumprem sua função quando nas mãos de um homem reto.[207]

8. A rebelião contra a tirania, a resistência à opressão. O Corão e o Mahabárata, Rousseau e Pestalozzi, Gandhi e Thoreau

O valor "proteção legal dos direitos", decorrência do regime de legalidade, não exclui a rebelião contra a tirania e a resistência à opressão. Não exclui também a desobediência civil.

Relativamente à rebelião contra a tirania e a opressão, o terceiro considerando da Declaração Universal dos Direitos Humanos é bem claro. É essencial que os direitos humanos sejam protegidos pelo império da lei. Essa proteção pode evitar que o homem seja compelido, como último recurso, à rebelião. Assim, se a lei não protege os Direitos Humanos a Declaração autoriza, como último recurso, a via da rebelião.

Maomé ensinou que nenhuma criatura deve obedecer ao que represente desobediência ao Criador.[208]

O Corão prescreve que os oprimidos têm o direito de combater. E completa afirmando que Deus pode lhes conceder a vitória.[209]

A tradição da Índia também admite a rebelião contra o opressor, segundo um texto do Mahabárata.[210]

---

[206] Ver. Richard Hooker. The law of ecclesiastical polcy (1594). Apud Jeanne Hersch, *Le droit d'être un homme*, citada, p. 554.

[207] Biographie de Tong Tchong Chou Siun Tseu. Apud Jeanne Hersch, *Le droit d'être un homme*, cit., p. 122.

[208] Hadith (Dits du prophète Mohamed). Apud Jeanne Hersch, *Le droit d'être un homme*, citada, p. 133.

[209] Le Coran, XXII, Al-Hadj, 39. Cf. Le Coran. Traduit de l'arabe par Kasimirski. Chronologie et préface par Mohammed Arkoun. Paris, Flammarion, 1970, passim.

[210] Mahâbhârata, XIII, 60, 20. Traduit du sanscrit. Apud Jeanne Hersch, Le droit d'être un homme, citada, p. 279. Segundo a tradução em francês: "Un roi Qui, après avoir proclamé 'Je vous protégerai', ne protège pas (ses sujets) peut être tué comme un chien malade et folie, par ser sujets soulevés contre lui".

Rousseau e Pestalozzi (Suíça, século XVIII) defendem a licitude da resistência à opressão.[211]

Johann Heinrich Pestalozzi, pedagogo suíço, nasceu em Zurich (1746) e morreu em Brugg (1827). Promotor da educação popular, acreditava que uma reforma moral e social só poderia ser feita através da escola. Foi discípulo de J. J. Rousseau e de J. B. Basedow.[212]

A desobediência civil é um instrumento político eficaz para a defesa dos Direitos Humanos, freqüentemente mais eficaz do que a rebelião.

O Mahatma Gandhi, na Índia oprimida, ensinou a todos os perseguidos e massacrados da Terra — povos, minorias, raças — o caminho da Libertação através da heróica, obstinada e paciente "desobediência civil" ou "desobediência coletiva", ou "não-violência ativa".

Se um governo comete uma grave injustiça, — ensinou esse profeta do Direito, — a vítima dessa injustiça deve cessar de cooperar. Deve cessar de cooperar inteira ou parcialmente, na medida em que seja bastante para que os dirigentes renunciem à sua iniqüidade.

Advertiu Gandhi que a prática da não-violência exige intrepidez, coragem.

Testemunhando o que significava para ele esse caminho, disse Gandhi que a não-violência não era um princípio filosófico apenas. Muito mais, era a regra e o alento de sua vida.[213]

Gandhi foi um seguidor da Ahimsa, doutrina filosófica hindu que prega a não-violência para com todos os seres vivos. Fez dessa doutrina uma bandeira política.

---

[211] Cf. La voix de Pestalozi, textes choisis par O. Müller. Neuchâtel, 1946. Apud Jeanne Hersch. *Le droit d'être un homme*, citada, p. 135.

Cf. Rousseau. Do contrato social (ou Princípios do Direito Político). Tradução de José Eduardo Campos de Oliveira Faria. In: Textos clássicos de Filosofia do Direito. Coordenação: Prof. Anacleto de Oliveira Faria. São Paulo. Revista dos Tribunais, 1981, p. 98 e Seg.

[212] Cf. Le Petit Robert 2, direção de Paul Robert, citada, p. 1400.

[213] Gandhj. *Tous les hommes sont frères*. Textes choisis par Krishna Kripalani, traduis en français par Guy Vogelweith. Paris, Gallimard, 1969, passim.

A Ahimsa, que é um dos fundamentos do Budismo e do Jainismo, surgiu no Século VI.[214]

Nos Estados Unidos da América, no século passado, Henry David Thoreau pregou a desobediência à lei, revoltado com as injustiças que eram infringidas aos negros, aos mexicanos e aos índios.[215]

---

[214] O Jainismo é uma religião hindu fundada no Século VI por Vardhamana, um contemporâneo de Buda. Tem como fundamentos de seu ensino: uma vida ascética, uma fé intensa e a boa conduta. O Jainismo não reconhece nenhuma divindade suprema mas reverencia seus 24 profetas ou Tirthankara. (Cf. *Le Petit Robert* 2, preparado sob a direção de Paul Robert, citada, pp. 22 e 921).

[215] Henry David Thoreau. *La désobéissance civile*. Traduction et préface de Micheline Flak. Paris, Climats, 1992. Ver especialmente p. 60 e segs.

Capítulo 13

O VALOR "JUSTIÇA"

1. A trajetória do ser humano na busca e na afirmação do valor "Justiça"

Os grandes valores que alimentam a Declaração Universal dos Direitos Humanos interpenetram-se através dos artigos desse importante documento.

Se o valor ético-jurídico que se chama *Justiça* está presente em todos os artigos da Declaração, creio que nos artigos VIII, IX, X, XI, XIV ele grita ainda com maior força do que nos outros.

Propositadamente, sempre escrevemos, neste livro, a palavra Justiça com letra maiúscula, como deferência à grandeza desse valor ético, humano e jurídico. Só escrevemos justiça, com letra minúscula, quando nos referimos à justiça negada, à justiça amesquinhada, à justiça falsificada, à justiça que não é justiça.

2. A Justiça no Velho e no Novo Testamento

Um dos valores com presença mais forte, tanto no Velho Testamento, quanto no Novo, é justamente a Justiça.

No Velho Testamento, disseram os Profetas:

"Não oprimas teu irmão" (Levítico, livro atribuído a Moisés, capítulo 25, versículo 14).

"A Justiça seguirás, somente a Justiça, para que vivas" (Deuteronômio 16,20).

"Não desloque a divisa da terra, nem invada o campo dos órfãos" (Provérbios 23,10).

"Todos os que tramam o mal serão eliminados: os que no tribunal fazem armadilha para o juiz e, por um nada, arruínam o justo" (Isaías 29,20 e 21).

"Com gestos e palavras, os injustos invocam a morte para si mesmos. Os justos, porém, vivem para sempre, recebem do Senhor a recompensa, e o Altíssimo cuida deles" (Livro da Sabedoria 1,16 e 5,15).

"Quando se multiplicam as autoridades justas o povo se alegra" (Provérbios 29,2).[216]

"Deus aniquila os poderosos e os açoita como criminosos porque não seguiram os seus caminhos, fazendo com que o clamor dos fracos chegasse até ele" (Livro de Jó 34,24 a 28).[217]

No Novo Testamento, a exaltação da Justiça, como valor evangélico, é repetida nas mais diversas situações. Sem pretender esgotar as referências possíveis, registraremos a seguir: passagens do Sermão da Montanha, o poema de Paulo sobre a Caridade, os Evangelhos de João e Mateus.

No Sermão da Montanha, uma das mais belas páginas do Novo Testamento, o Cristo reserva duas bem-aventuranças aos que buscam apaixonadamente a Justiça:

"Felizes os que têm fome e sede de Justiça, porque serão saciados".

"Felizes os que são perseguidos por causa da Justiça, porque deles é o Reino do Céu."[218]

No "Discurso sobre a Caridade", Paulo Apóstolo diz que a Caridade, ou o Amor:

"Não se alegra com a injustiça, mas se rejubila com a verdade".[219]

---

[216] Todas essas citações aparecem aqui, ou como estão na edição na *Bíblia Sagrada*, já citada, tradução de Ivo Storniolo e Euclides Martins Balancin, ou segundo a versão apresentada no folheto "Declaração Universal dos Direitos Humanos", também já citado, publicado pela Coordenadoria Ecumênica de Serviço (CESE), Salvador, 1973.

[217] O trecho integral, que resumimos nesta citação, de acordo com a tradução já citada de Ivo Storniolo e outro, é o seguinte: "Ele (Deus) aniquila os poderosos sem muitos inquéritos e, no lugar deles, nomeia outros. Deus conhece a fundo as ações deles. Ele os derruba numa noite e são destruídos. Ele os açoita como criminosos, e os prende em público, porque se afastaram dele, e não seguiram os seus caminhos, fazendo com que o clamor dos fracos chegasse até Deus, e ele ouvisse o clamor dos pobres".

[218] Evangelho segundo Mateus, capítulo 5, versículos 6 e 10. *Bíblia Sagrada*, edição citada, de que são tradutores Ivo Storniolo e Euclides Martins Balancin, p. 1242.

[219] Primeira Epístola aos Coríntios, capítulo 13, versículo 6. Apud *Bíblia Sagrada*, edição já citada, tradução de Ivo Storniolo e outros, p. 1474.

O Evangelho de João registra este conselho de Cristo: "Não julgueis pela aparência, e, sim, pela reta justiça".[220]

No Evangelho de Mateus, Jesus adverte seus interlocutores: "Se a Justiça de vocês não superar a dos doutores da Lei e dos fariseus, vocês não entrarão no Reino do Céu".[221]

Como observam com justeza Ivo Storniolo e Euclides Martins Balancin, a Justiça, na Bíblia, é eminentemente partidária: defende a causa dos indefesos. Busca realizar o projeto de Deus. Concretiza-se na partilha e na fraternidade. Dirige a sociedade para a solidariedade e a paz. Exige, para todos, a distribuição igualitária dos bens. Impõe que todos possam participar das decisões que regem a vida e a história do povo.[222]

3. A Justiça em Santa Teresa d'Ávila e em João Huss

A paixão da Justiça foi um dos grandes pilares da mística de Santa Teresa d'Ávila, segundo procurou provar, em denso estudo, Denis Vasse. Em Teresa d'Ávila o culto da Justiça unia-se ao senso de humildade. Daí entender Denis Vasse que Santa Teresa d'Ávila tem trepidante atualidade para o mundo contemporâneo.[223]

João Huss, na epístola aos fiéis tchecos (1415), suplicava, em nome de Deus, que estes procurassem a Justiça, agissem com benevolência e administrassem com eqüidade.[224]

4. A Justiça no Islamismo

O valor Justiça está fortemente presente no Islamismo.

Com razão diz a Declaração Islâmica Universal dos Direitos do Homem, proclamada em 19 de dezembro de 1981, que o Islã

---

[220] João 7,24. Esta versão é a que aparece no folheto "Declaração Universal dos Direitos Humanos", já citado. Coordenadoria Ecumênica de Serviço (CESE) Salvador, 1973.

[221] Evangelho segundo Mateus, capítulo 5, versículo 20. Apud Bíblia Sagrada, edição pastoral já citada, tradução de Ivo Storniolo e outro.

[222] Cf. o comentário escrito sob o verbete "Justiça". In: Bíblia Sagrada. Edição Pastoral. Tradução, introduções e notas de Ivo Storniolo e Euclides Martins Balancin. São Paulo. Edição Paulinas, 1990, p. 1619.

[223] Denis Vasse. *Lire aujourd'hui Thérèse d'Avila.* Seuil, 1991, passim, especialmente p. 134 e segs.

[224] Jean Hus. *Epître aux fidèles tchèques.* Praga, Biblioteca Nacional, 4º D2 19/14. Apud "Le droit d'être un homme", direção de Jeanne Hersch, cit., p. 40.

deu à Humanidade, há 14 séculos, um código ideal dos direitos do homem.[225]

Observa com justeza Salem Azzam, Secretário Geral do Conselho Islâmico, que os ensinamentos do Profeta Maomé e dos diversos movimentos e correntes do pensamento islâmico fundam-se no propósito de conferir honra e dignidade à Humanidade, eliminados o medo, a exploração, a opressão e a injustiça.[226]

Sem dúvida, acrescenta Azzam, esses mesmos direitos que defluem do Islamismo são às vezes desrespeitados nos países muçulmanos. Mas isso infelizmente acontece, nota Salem Azzam, nos mais diversos países do mundo. (Inclusive e com extrema brutalidade nos países que se dizem cristãos, acrescentamos nós).

Na religião muçulmana sempre se entendeu que para fazer Justiça é que os Profetas foram enviados.

A judicatura, compreendida como missão de julgar com sabedoria, desde tempos ancestrais foi considerada como benefício concedido por Deus, que o homem podia legitimamente ambicionar.[227]

5. A Justiça e a cultura grega clássica

A cultura grega clássica nos legou uma das mais expressivas páginas sobre a Justiça através do poeta Sófocles (século V a.C.). Refiro-me à passagem em que Antígona enfrenta o Rei Creonte porque este pretendera negar-lhe o direito de dar sepultura a um irmão.

Interpelada pelo rei porque desobedeceu seu édito e enterrou o irmão, Antígona disse que a ordem do rei não foi ditada pela Justiça e que a lei imposta por ele não podia valer mais que as leis não escritas, as leis imutáveis dos deuses.

Compreendendo a dimensão de sua ousadia, por desobedecer o rei, Antígona disse a Creonte que, diante dele, ela poderia parecer uma louca. Louca, contudo, acrescentava, seria talvez, quem a chamasse de tal.[228]

---

[225] Cf. "*CCFD – Voyage d'Immersion en Tunisie du 22 fevrier au 3 mars 1991 – Dossier documentaire*". Paris, CCFD, 1991, p. 353 e segs.

[226] Cf. a mesma fonte citada na nota anterior, pp. 353 e 354.

[227] Al-Wansharisi. Livre des Magistrautures. Século XVI. Apud Jeanne Hersch, *Le droit d'être un homme*, obra já citada, p. 187.

[228] *Antigone*. Sophocle. Trad. Mazon. Paris, Les Belles Lettres, 1955, passim.

Ainda na Grécia antiga, no século VIII a.C., Hesíodo proclamava a Justiça como o primeiro dos bens. Recomendava a escuta da Justiça e o abandono da violência.[229]

6. A Justiça e a cultura latina clássica

Também a cultura latina nos deu preceitos lapidares sobre a Justiça, dentre os quais o de Cícero quando afirmou que "nascemos para a Justiça".[230]

No Direito Romano, há da Justiça uma definição clássica. É a de Tertuliano: *Justitia est constans et perpetua voluntas suum cuique tribuere*. (Justiça é a constante e perpétua vontade de dar o seu a seu dono).[231]

E ainda, no Direito Romano, Paulo distingue o lícito moral do lícito jurídico: *Non omme quod licet honestum est*. Esse preceito mostra a diferença entre o lícito e o honesto, dizendo que nem tudo que é lícito é, em conseqüência, honesto.[232]

Para fechar a referência ao Direito Romano, invoquemos a definição que do Direito nos dá Celso: jus est ars boni et aequi. (O Direito é a arte do bom e do justo). Interpretando essa definição de Celso, diz Miguel Reale que o Direito é a ciência do bom enquanto eqüitativo. O Direito diria respeito àquela espécie de bem que tange à eqüidade, ou seja, à igualdade entre os homens em sua proporcionalidade.[233]

7. A Justiça na antiga Babilônia

Na antiga Babilônia, uma inscrição esculpida numa placa, estimada como sendo, aproximadamente, de sete séculos antes de Cristo, mandava que a Justiça fosse feita ao inimigo. De tal forma

---

[229] 14. Cf. Hèsiode, *Les travaux e les jours*. Trad. P. Mazon. Paris, Les Belles Lettres, 1928, passim.

[230] Cf. Cicerón. *Des Lois*. Livro I, 10 e 11. Trad. de Ch. Appuhn. (De Legibus). Paris, Garnier, 1954.

[231] Apud Pedro Orlando. *Novíssimo Dicionário Jurídico Brasileiro*. São Paulo, Editora LEP, 1956, vol. II, p. 19.

[232] Apud Miguel Reale. *Filosofia do Direito*. São Paulo, Editora Saraiva, 1982, pp. 626 e 627.

[233] Id., ibid.

se realça, nessa inscrição, a "Justiça" que, em face desse valor, a inimizade deveria ceder.[234]

8. A Justiça no antigo Egito

No antigo Egito, Amenemhat, chefe do nomo de Oryx (II milênio a.c.), quis fazer inscrever, na sua tumba, virtudes de Justiça que afirmava perante a posteridade ter cultivado:

"Não fiz mal à filha do pobre; não oprimi a viúva; não enganei o camponês; não maltratei o pastor".[235]

9. A Justiça na Civilização Akan

A tradição da Civilização Akan, que floresceu em Gana, na África ocidental, transmitiu-nos a idéia de respeito ao fraco, que é inerente ao império da Justiça. Que o tamanho ou a força — recomendava um provérbio recolhido pelo pesquisador J. B. Danquah — não fossem motivo para oprimir.[236]

10. A Justiça na Cultura Zerma-Sonraí

A Cultura Zerma-Sonraí, da África negra, conserva este expressivo adágio sobre a virtude da Justiça:

"O direito de outrem é uma brasa: se o seguras, ela te queima na mão".[237]

---

[234] Apud Jeanne Hersch. (Direção da obra). *Le droit d'être un homme. Anthologie mondiale de la liberté.* Paris, Unesco/Lattés, 1990, p. 448.

Em francês, o texto recolhido por um grupo de pesquisadores da Unesco, sob a direção, como citado, de Jean Hersch, aparece com a seguinte concisa redação:

"Que justice soit rendue à ton ennemi".

[235] Túmulo de Amenemhat. XII dinastia, II milênio a.C. Tradução inglesa de P. E. Newberry-Beni Hasan. In: *Archeological Survey of Eggypt*, 1º vol., túmulo nº 2. Londres, 1893. O texto, em português, acima citado, aparece como traduzido por Homero de Castro Jobim em *O direito de ser homem*, seleção de textos organizadas sob a duração de Jeanne Hersch. Rio, Conquista, 1972, p. 88. Na versão francesa, o texto foi assim redigido: "Je n'ai pas fait de mal à la fille du pauvre. Je n'ai pas opprimé la veuve. J n'ai pas brimé le paysan. Je n' ai pas maltraité le berger". (Le droit d'être un homme, cit., p. 173).

[236] Cf. J. B. *Danquat. The Akan Doctrine of God. A fragment of Gold Coast ethics and religion*. Londres, Lutterworth Press, 1944, passim. Apud *O direito de ser homem*, obra dirigida por Jeanne Hersch e produzida por um numeroso grupo de pesquisadores da Unesco, já citada, passim.

[237] O adágio aparece da forma cuidadosamente traduzida do francês por Homero de Castro Jobim. Cf. *O direito de ser homem*, obra dirigida por Jeanne Hersch e produzida por um numeroso grupo de pesquisadores da Unesco, já citada, p. 181.

11. A Justiça na Cultura Malgache

Os pesquisadores P. de Veyrières e G. de Meritens, que se debruçaram sobre a riqueza da sabedoria de Madagascar, Estado situado a leste da África (é uma ilha do Oceano Índico), recolheram este belo ensinamento malgache:

"A justiça não pode esperar, o direito não pode ceder".[238]

12. A Justiça na antiga Pérsia

Diz-se que o rei persa Khosrô I (século VI d.C.) teria sido interpelado para responder o que os súditos têm o direito de esperar dos reis.

Teria, então, respondido: que os tratem com Justiça, que vigiem a segurança das estradas e guardem as fronteiras.[239]

13. A Justiça entre os astecas

Entre os astecas, civilização do México, manuscrito do século XV comprova que integrava o catálogo das virtudes que a educação procurava transmitir aos jovens: respeitar o próximo; consagrar-se ao bom e ao justo; fugir da injustiça; evitar o mal, a depravação e a cupidez.[240]

14. A virtude da Justiça entre os incas

A observância da justiça era rigorosamente exigida entre os incas, exemplar civilização do Peru, cujo apogeu foi alcançado no século XV e que os espanhóis barbaramente destruíram em 1532.

Segundo relato de Barnabé Cobo, na sua "História do Novo Mundo" (1653), se um governante, por corrupção ou amizade, não praticava a Justiça, era castigado.[241]

---

[238] "La justice ne peut pas attendre, le droit ne peut pas plier." Veyrieres, P. & G. de Meritens. Le Livre de la Ssgesse Malgache. Paris, Editions maritimes et d'outre-me, 1967. Apud *Le droit d'être un homme*, obra já citada, organizada sob a direção de Jeanne Hersch, p. 449.

[239] Khosrô Ier. Anôcharvân. Trad. árabe, citada em Abd. Badawi, "Al-hikma al-khalida", Cairo, Misr, 1952, p. 56. Apud *Le droit d'être un homme*, direção de Jeanne Hersch, cit., p. 100. Na tradução francesa: "Les sujets sont en droit d'attendre des rois qu'ils les traitent avec justice, leur donnent ce qui leur est dû, veillent à la sécurité de leurs routes et gardent leurs frontières."

[240] Manuscrito existente na Biblioteca do Congresso, nos Estados Unidos da América. Apud Jeanne Hersch, *Le droit d'être un homme*, cit., p. 32.

[241] Cf. Barnabé Cobo. Historia del Nuevo Mundo, t. III, livro XII, cap. XXVI. Apud Jeanne Hersch, *Le droit d'être un homme*, p. 104.

15. Os reis e o juramento da Justiça, na Suécia do século XIV

Na Suécia, segundo um código legislativo redigido por volta de 1350, estatuía-se que o rei deveria fazer o juramento de defender, amar e preservar a Justiça e a verdade, reprimindo a iniqüidade, a injustiça e a mentira.[242]

16. A repulsa à injustiça, na antiga Etiópia

Um imemorial provérbio amárico, da Etiópia, ensina que: "O gado detesta o precipício; o homem detesta a injustiça".[243]

Do imperador Cláudio, da Etiópia (século XVI), diz sua Crônica que teria praticado virtudes de Justiça, assim enumeradas: durante seu reinado, não confiscou a vaca que pertencia à viúva nem tirou o jumento que era do órfão; os filhos do indigente socorreu.[244]

17. A Justiça na cultura curda

Fuzuli, poeta curdo do século XVI, disse num poema que as lágrimas caídas dos olhos dos infortunados não podem proporcionar alegria ao rei. O povo não será feliz nem estará tranqüilo se vive sob o reinado de um monarca injusto.[245]

18. A Justiça e a sabedoria turca

O sábio turco Ziya Pacha levantava, no século passado, sua indignação contra o governante que oprimia seus administrados e contra o julgador que não observava a retidão da Justiça.

"Que vergonha e que escândalo (...) que um governador de província oprima seus administrados.

---

[242] Código legislativo nacional de Magnus Erikson. Cerca de 1350, Suécia. Juramento real. Apud *O direito de ser homem*, direção de Jeanne Hersch, edição em português de que foi tradutor Homero de Castro Jobim, já citada, p. 105.

[243] Apud *O direito de ser homem*, cit., direção de Jeanne Hersch, tradução para o português de Homero de Castro Jobim, p. 167.

[244] Chronique de l'empereur Claude (Ethiopie, langue guèze). In: Chronique de Galâwdêwos. Traduzida e anotada por W. El. Conzelman. Paris, 1895. Apud *Le droit d'être un homme*, Jeanne Hersch, p. 217.

[245] Mohamed B. Soliman Fuzuli. Poème au sultan Soliman 1er. Original em dialeto azeri. Segundo uma versão turca de 1834. Apud *Le droit d'être un homme*, Jeanne Hersch, cit., p. 102.

Como pode um ser que se diz homem pronunciar uma sentença em favor do injusto?"[246]

Abdülhamit Ziya Pacha nasceu em 1825, em Kandilli, e morreu em 1880, em Adana. Escritor e homem público, foi um dos primeiros liberais turcos.[247]

19. A Justiça e o Pensamento Francês

C. de Volney, escritor francês, numa obra publicada em 1793, afirmou que a Justiça é a virtude fundamental da sociedade. Essa virtude, segundo seu pensamento, abrange todas as outras: caridade, humanidade, probidade, amor à pátria, sinceridade, generosidade, simplicidade de costumes, modéstia.[248]

Constantin François de Chasseboeuf, conde de Volney, foi um filósofo e escritor francês. Nasceu em Craon, Anjou, em 1757, e morreu em Paris, em 1820.

Volney pode ser considerado o moralista e o sociólogo do Grupo dos Ideólogos, um grupo de filósofos do fim do século XVIII e começo do século XIX, que abandonou a Metafísica priorizando as Ciências do Homem.[249]

---

[246] I. Ziya Pacha. Citado em S. Kurgan, Ziya Pasa. Istambul, sem data. Apud Jeanne Hersch, *O direito de ser homem*, cit., tradução de Homero de Castro Jobim, p. 182.

[247] Segundo registro de *Le Petit Robert 2*, op. cit., escrito sob a direção de Paul Robert, p. 1948.

[248] C. de Volney. La loi naturelle, chap. XI, 1793. Apud Jeanne Hersch. *Le droit d'être un homme*, cit., pp. 161/163.

[249] Cf. *Le Petit Robert 2*, obra dirigida por Paul Robert, cit., pp. 877 e 1889.

Capítulo 14

O VALOR "DEMOCRACIA"

1. A idéia de democracia

Democracia, segundo o conceito tradicional, é o governo no qual o povo é o titular da soberania.

Na definição clássica, a democracia é o governo do povo, pelo povo e para o povo.

No termo "governo do povo" temos o sentido da origem popular do poder.

Na expressão "governo pelo povo", temos a idéia de povo como titular da soberania.

Finalmente, na cláusula "governo para o povo" temos a idéia de destinação do poder, ou seja, o governo exercido em benefício do povo.

Titular da soberania, o povo exerce o governo, ou diretamente (democracia direta), ou por meio de representantes (democracia representativa), ou de forma mista (por meio de representantes e também diretamente).

2. A democracia na Grécia antiga

A idéia democrática surgiu na Grécia, no século IV a.C.

Na Grécia antiga, entretanto, a participação no governo estava restrita aos proprietários de terra, uma minoria da população.

A classe trabalhadora, os assalariados, os pequenos lavradores estavam à margem da vida política. Quanto aos escravos, nenhum direito tinham.

Roland Corbisier e Francisco de Assis Barbosa registram que os pequenos lavradores entregavam aos donos da terra cinco sextos do que colhiam, num regime de extrema exploração.[250]

A Ilíada narra os laços de fraternidade que uniam Diomedes, o aqueu, e Glauco, o liciano, mesmo em meio à guerra. Hesíodo exalta a Justiça e o comedimento, virtudes que terão como conseqüência o crescimento da geração de descendentes do homem fiel a essas virtudes. Mas, nas categorias de Homero e de Hesíodo, o que se tinha em vista era o restrito número dos "homens de bem", titulares de propriedade e, conseqüentemente, de direitos.[251]

Com o paulatino processo de urbanização, na antiga Grécia, cresce o artesanato e o comércio. A classe de artesãos e comerciantes vai pouco a pouco adquirindo direitos.

A Constituição de Quio (em grego, Khios) consagra os princípios fundamentais do sistema democrático: a soberania do povo e a liberdade dos indivíduos.

A Constituição de Quio estatui que o povo elabore as leis e eleja os magistrados para governarem a cidade. Determina que o povo se reúna periodicamente em assembléia para discutir as leis, tratar dos negócios públicos e distribuir Justiça.

Cria-se um Conselho do Povo, como corte eletiva, competente para conhecer dos recursos contra decisões condenatórias e para resolver certos litígios.

A legislação de Sólon avança na definição de direitos e assegura aos cidadãos de Atenas a liberdade civil e a liberdade política.

O apogeu da democracia grega é alcançada no Século de Péricles, que assinala também o esplendor da cultura grega clássica.

Como observam Roland Corbisier e Francisco de Assis Barbosa, a vida do cidadão grego é essencialmente política, motivo pelo qual Aristóteles define o homem como "animal político".

---

[250] Roland Corbisier e Francisco de Assis Barbosa. Verbete "Democracia", na *Enciclopédia Mirador Internacional*, vol. 7, p. 3201. São Paulo, Encyclopaedia Britannica do Brasil Publicações Ltda. 1987.

[251] Cf. *Iliade*, Homère, VI, vers 212-232. Trad. P. Manzon, Paris, Les belles lettres, 1937, t. I. Cf. Hésiode. *Les travaux et les jours*. Trad. Manzon. Paris, Les belles lettres, 1928.

Para o grego, prosseguem esses autores, "há só uma vida, que se realiza na pólis, nas assembléias populares, nos debates da ágora, no exercício das funções públicas.[252]

Tanto Platão, quanto Aristóteles viram na liberdade e na igualdade os pilares do ideal democrático.

Segundo Aristóteles, na democracia, a multidão é soberana e o poder está nas mãos dos pobres, que constituem a maioria. A igualdade e a liberdade são os princípios fundamentais da vida pública na forma democrática de governo.

Também Péricles entendia que a constituição grega era democrática porque interessava à maioria e não a um pequeno número de indivíduos.[253]

Certamente, a mais grave falha da idéia democrática, na Grécia, era a de compatibilizar democracia e escravidão. Tinham os gregos a concepção de que os escravos não eram seres humanos, mas sim coisas, propriedade de seus senhores. O grêmio democrático era circunscrito aos cidadãos.

Somente os estóicos, no período pós-socrático, é que afirmam a igualdade essencial de todos os homens, inclusive os escravos.

3. O Cristianismo, o Judaísmo, o Islamismo, o Budismo, o Taoísmo, o Confucionismo e o ideal democrático

O Cristianismo deu extraordinária legitimação ao ideal democrático quando pregou a igualdade de todos os homens, como filhos de um mesmo Deus. Jean-François Collange viu nessa idéia de igualdade dos homens, pelo critério de filiação divina, a maior contribuição da mensagem cristã para o ideal de Direitos Humanos e, conseqüentemente, para a formação da democracia.[254]

Os já citados Roland Corbisier e Francisco de Assis Barbosa assinalam que os cristãos primitivos não foram perseguidos porque

---

[252] Roland Corbisier e Francisco de Assis Barbosa. Verbete "Democracia", na *Enciclopédia Mirador Internacional*, vol. 7, p. 3201. São Paulo, Encyclopaedia Britannica do Brasil Publicações Ltda., 1987.

[253] Id., ibid.

[254] Jean-François Collange. *Théologie des droits de l'homme*. Paris, Les Editions du Cerf, 1989, p. 254 e seguintes.

pregassem uma religião monoteísta. Foram perseguidos porque proclamaram a igualdade dos homens em face de Deus. Nessa proclamação, condenaram a opressão e a espoliação de um homem por outro homem, quer dizer, o estatuto da escravidão. Daí dizer-se com razão que a democracia é de essência evangélica.[255]

O Judaísmo, através da Bíblia hebraica, acolhe os princípios fundamentais da democracia. Não apenas os valores que dão embasamento a uma concepção democrática de vida (a igualdade, a Justiça, a idéia da terra e dos bens a serviço do homem, a fraternidade, a solidariedade), como também o princípio mesmo de ligação entre o povo e o poder. Tenha-se presente esta expressiva passagem do Primeiro Livro do Profeta Samuel:

"Disse o Senhor a Samuel: atende à voz do povo em tudo quanto te dizem".[256]

Também o Islamismo é coerente com a idéia democrática, sobretudo quando defende a universalidade do gênero humano e sua origem comum.[257]

Igualmente o Budismo guarda sintonia com o credo democrático, ao pregar a igualdade essencial de todos os homens.[258]

O Taoísmo não se afasta da democracia. Basta lembrar que, segundo o Taoísmo, cada ser é um prolongamento do "Princípio" (Tao). Tudo é um no Tao. O Taoísmo prega a liberdade, recusa a coação e diz que os governantes devem governar pela persuasão, que se opera no íntimo de cada pessoa.[259]

O Confucionismo, da mesma forma que as outras religiões anteriormente citadas, coere com a concepção democrática. Não

---

[255] Roland Corbisier e Francisco de Assis Barbosa, no local já citado.

[256] I Samuel 8, 7. In: CESE (Coordenadoria Ecumênica de Serviço). *Declaração Universal dos Direitos Humanos*. Salvador, CESE e Edições Paulinas, 1978, p. 18.

[257] O Corão, Al-Bagara, 177, Al-Hadj, 40, Al-Maida, 32 e 53, An-Nissa, I. Cf. *Le Coran*. Traduit de l'arabe par Kasimirski. Chronologie et préface par Mohammed Arkoun. Paris, Flammarion, 1970.

[258] Môhan Wijayratna. *Le Bouddha et ses disciples*. Préface de André Padoux. Paris, Les Editions du Cerf, 1990, p. 157.

[259] Cf. Lao-Tseu. *Tao tö-king*. Trad. franç. Liou Kia-Hway. Paris, Gallimard, 1967, especialmente p. 38 e seguintes. Cf. Jeanne Hersch e outros. *Le droit d'être un homme*, citado, pp. 67, 96, 535 e 536. Cf. René Grousset, ob. cit., pp. 296, 316 e 366. Cf. Alain Danielou. *Mythes et dieux de l'Inde – Le polythèisme hindou*. Editions du Rocher (Jean-Paul Bertrand, éditeur), 1992.

apenas pelo acendrado respeito a valores como fraternidade, humanismo, solidariedade, paz. Também porque, segundo o Confucionismo, governar é uma missão e uma missão de serviço ao povo.[260]

4. O Iluminismo e a Democracia

O ideal democrático ressurge vigorosamente no século XVIII, na França, através dos enciclopedistas (Montesquieu, Voltaire, Rousseau, Diderot e outros).

A *Encyclopédie* (Enciclopédia) ou *Dictionnaire raisonné des sciences, des arts et des métiers* (Dicionário racional das ciências, das artes e dos ofícios) foi um audacioso projeto que pretendeu transmitir, numa obra programada para ter 8 volumes, os conhecimentos que todo homem de bem (*honnête homme*) deveria ter no século XVIII.

A *Encyclopédie* situa-se no auge do grande processo de transformação cultural denominado Iluminismo. A *Encyclopédie* reflete os traços mais peculiares que o Iluminismo assumiu, na França, no século XVIII (Século das Luzes).[261]

Síntese de intransigente racionalismo, de crença na liberdade natural, no conhecimento objetivo, no progresso humano, a *Encyclopédie* fundamentou o humanismo alicerçado na razão.

O Iluminismo, de que a *Encyclopédie* foi a senha, desembocou na Revolução Francesa.

Os postulados dos enciclopedistas acabaram de dar o tom à democracia liberal, que teve na Declaração dos Direitos do Homem e do Cidadão, votada pela Assembléia Nacional Francesa, sua face solene e militante.

5. A democracia liberal

John Locke lança as bases da democracia liberal ao sustentar que a sociedade política funda-se no consentimento dos homens livres, representados pela sua maioria. Só desse consentimento

---

[260] René Grousset, ob. cit., p. 316.
[261] Mauro Gomo e Otto Maria Carpeaux. Verbete *"Encyclopédie"*. In: Enciclopédia Mirador Internacional, cit., vol. 8, pp. 3822/3.

pode resultar um governo legítimo. O poder político é atributo do ser humano, no estado de natureza. O homem transfere esse poder à sociedade política, razão pela qual o poder deve permanecer vinculado ao ser humano e deve ser exercido para o bem geral. Locke, com sua fundamentação jusnaturalista, deu alcance universal às proclamações inglesas de direitos.

Kant apresenta a doutrina do contrato social que, segundo ele, fundamentaria o aparecimento do Estado. O homem, doutrina Kant, só sacrificou sua liberdade externa e inata, ao entrar na comunidade estatal, para reaver essa liberdade, inteiramente intacta, num estado jurídico, isto é, num Estado subordinado à lei.[262] Todo Estado, segundo Kant, contém em si três poderes, isto é, contém em uma pessoa tripla vontade reunida em instância geral: o poder de dominação (soberania), na pessoa do legislador; o poder executivo, na pessoa daquele que governa de acordo com a lei; e o poder jurisdicional, na pessoa do juiz.[263]

Montesquieu, apoiado, em parte, em Locke e Kant, dá contribuição expressiva à concepção liberal da democracia através da teoria tripartida dos poderes. Segundo essa teoria, a decomposição da soberania na pluralidade dos poderes preservaria a liberdade.

Na engenhosa visão de Montesquieu, *le pouvoir arrête le pouvoir* (O poder detém o poder).[264]

Jellinek contestou Montesquieu afirmando que o poder não se divide subjetivamente, nem como atividade. O que se divide é apenas o objeto do poder. Quando muito há divisão de competências, nunca divisão de poderes.[265]

Também Hegel tem da matéria uma percepção diversa da de Montesquieu. Hegel é organicista, isto é, vê o Estado como um organismo. A separação de poderes, como preconizada pela teo-

---

[262] Kant. De ce proverbe: "Cela est bon en théorie, mais ne vaut rien en pratique." (1793). In: *La Raison Pratique*. Textes choisis par Claude Khodoss. Paris. Presses Universitaires de France. 1991, p. 181.

[263] Kant. *Métaphysique des mœurs, doctrine da droit*. Trad. de Jean-Pierre Lefebvre. In: André Tosel. Kant Révolutionnaire – *Droit et politique*. Paris, Presses Universitaires de France, 1990, p. 111.

[264] Montesquieu. *De l'Esprit des Lois*. Dijon. Bibliothèque de la Pléiade, 1951, p. 365.

[265] Cf. Paulo Bonavides. *Do Estado liberal ao Estado social*. São Paulo. Saraiva, 1961, pp. 56 e 57.

ria de Montesquieu, significa para Hegel uma quebra dos princípios da identidade e do monismo, que integram sua concepção do Estado. Os chamados poderes do Estado aparecem, no pensamento de Hegel, como totalidade e não como fragmento de uma unidade.[266]

6. A Declaração de Direitos do Homem e do Cidadão e a idéia democrática que contém

A Declaração de Direitos da Revolução Francesa (*Déclaration des droits de l'homme et du citoyen*) é a carta formal da democracia liberal. Os homens nascem e permanecem livres e iguais em direitos. A finalidade de toda associação política é a conservação dos direitos naturais do homem — a liberdade, a propriedade, a segurança e a resistência à opressão. O princípio de toda soberania reside essencialmente na nação. A lei é a expressão da vontade geral. É livre a comunicação de pensamentos e opiniões, por escrito ou verbalmente. A sociedade tem o direito de exigir de todo agente público que preste contas de sua administração. A separação dos poderes é indispensável à existência de uma constituição.

Na declaração de direitos, resultante da Revolução Francesa, está presente o sentido universal dos direitos do homem.

Os "direitos do homem e do cidadão", proclamados nessa fase histórica, tinham, entretanto, um conteúdo absolutamente individualista.

Apenas na segunda etapa da Revolução Francesa, sob a influência do pensamento de Rousseau, proclamam-se direitos sociais do homem: direitos relativos ao trabalho e a meios de existência, direito de proteção contra a indigência, direito à instrução (Constituição de 1973). A realização desses direitos, entretanto, cabia à sociedade e não ao Estado.

7. Os contornos de uma democracia social, como superação da democracia liberal

A afirmação da necessidade de satisfazer os direitos econômicos, ao lado dos direitos de liberdade, e a outorga ao Estado da

---

[266] Id., ibid., pp. 136/139.

responsabilidade de prover essas aspirações são princípios que só vieram a ser proclamados no século XX.

A Revolução Mexicana, da mais alta importância no pensamento político contemporâneo, proclamou, com pioneirismo no mundo, os direitos do trabalhador.

O México tenta realizar uma reforma agrária, através da luta dos camponeses e com apoio de brilhantes intelectuais como J. M. Morelos, um pioneiro do pensamento agrarista.

A Revolução Russa leva à declaração dos direitos do povo, dos trabalhadores e dos explorados (1918).

A Constituição de Weimar (1917) acrescentou às franquias liberais do século anterior os princípios da democracia social.

8. As diversas concepções do valor "democracia"

Numa belíssima e profunda visão panorâmica das diversas concepções da democracia, Pinto Ferreira registra que um grupo de pensadores vê a democracia como *império da maioria*. Outra corrente defende que o fundamento do ideal democrático é a *igualdade*. Outros pretendem que a democracia é o reino da *liberdade*. Neste confronto de posições, há os que timbram em que o ponto distintivo da democracia é o respeito das minorias. Finalmente, um quinto grupo vê a democracia como uma *filosofia de vida*.[267]

Seguiremos, nos cinco itens seguintes, a divisão de Pinto Ferreira, com acréscimo de alguns autores não citados no texto a que nos reportamos.

9. A democracia como império da maioria: Laun, Jellinek, Thoma e Anschuetz (Alemanha); Barthélemy, Duez e Hauriou (França); Beard e Munro (Estados Unidos); Pannunzio (Itália); Tatsui-Baba (Japão)

Os autores acima indicados entendem repousar a democracia no império da maioria. Assim, o princípio majoritário é a base da democracia.

---

[267] Luís Pinto Ferreira. *Princípios gerais do Direito Constitucional Moderno*. São Paulo, Editora Revista dos Tribunais, 1971, vol. I, p. 184.

A democracia é a dominação da maioria (Laun e Constantine Pannunzio) ou dominação do povo (Munro), é a forma de governo que estabelece a comunidade do povo como órgão público supremo (G. Jellinek), é o estado de um povo em que o poder soberano reside na universalidade dos indivíduos (Hauriou).

Democracia é o Estado que atribui o direito de eleição e voto a todas as camadas sociais e no qual o poder de dominação se assenta sobre essa base (Richard Thoma).

Na visão de Barthélemy, o princípio democrático afirma que a soberania reside no povo e só no povo, e não fora dele. (*Le principe démocratique affirme que la souveraineté réside dans le peuple et qu'elle n'aurait pas résidé ailleurs*).

Os principais agentes do Governo devem submeter-se e submeter suas ações a uma decisão popular nas urnas, se pretendem continuar nos seus postos (Charles Beard).[268]

A soberania deve residir no povo. Ela pode residir nas mãos do imperador, segundo o tempo e as circunstâncias, mas, com o progresso do conhecimento do povo e da prosperidade do país, deve, finalmente, residir no povo (Tatsui-Baba).[269]

10. A democracia como reino da igualdade: Schmitt, Max Weber, Laski e Lenine

Carl Schmitt, Max Weber, Harold Laski e Lenine fundamentam a democracia na idéia de igualdade.

Carl Schmitt rejeita a democracia como governo do povo, pelo povo. Tal definição, segundo esse autor, é apenas um efeito do princípio democrático da igualdade.

Max Weber, Laski e Lenine criticam o sentido restrito de liberdade da democracia liberal.

A igualdade jurídica formal deixa as massas exploradas e insatisfeitas (Max Weber).

Não se compreende a democracia sem o princípio da igualdade, a igualdade dos indivíduos entre si, diante da lei e da própria vida social (Harold Laski).

---

[268] Id., ibid., pp. 184 a 186.
[269] Jeanne Hersch, ob. cit., edição em português, traduzida por Homero de Castro Jobim, p. 200.

Lenine prega uma democracia igualitária, uma democracia para a vasta maioria do povo, mediante a supressão dos exploradores e opressores do povo, que formam uma minoria privilegiada.[270]

11. A democracia tendo como fundamento a liberdade: Kelsen

Hans Kelsen afirmou que o fundamento da democracia é a liberdade e que politicamente livre é aquele que está sujeito a uma ordem legal de cuja criação participa. A democracia significa que a vontade representada na ordem legal do Estado é idêntica às vontades dos cidadãos. Na democracia aqueles que estão sujeitos às regras de direito estabelecem essas mesmas regras de direito.

Todos os demais princípios democráticos (autodeterminação, igualdade, maioria, proteção ao direito das minorias) decorrem, na visão de Kelsen, do preceito da liberdade.

Na perspectiva de Kelsen, a democracia é antes de tudo um conceito jurídico, formal, normativista.[271]

Na América Latina, Simón Bolívar via como eixo da democracia a liberdade. Temia que a liberdade perigasse, se o poder permanecesse por muito tempo nas mãos de um só cidadão. [272]

12. Respeito das minorias como ponto distintivo da democracia

Diversos autores têm realçado que o respeito ao princípio minoritário constitui traço essencial e característico do sistema democrático.

A falsa democracia, ensinou Stuart Mill, é a representação da maioria apenas. A verdadeira democracia é a representação de todos, inclusive das minorias. A essência do regime democrático é um compromisso constante entre maioria e minoria.

Para Temple, o teste da democracia não é tanto o governo da maioria. É sobretudo a possibilidade da existência legal das minorias.

---

[270] Luís Pinto Ferreira. *Princípios gerais do Direito Constitucional Moderno.* São Paulo, Editora Revista dos Tribunais, 1971, vol. I, pp. 186 e 187.

[271] Id., ibid., p. 189.

[272] Jeanne Hersch, ob. cit., edição em português, trazida por Homero de Castro Jobim, pp. 159 e 160.

O jurista polonês Ladislas Konopczynski advoga a inclusão do direito das minorias políticas no catálogo de valores da democracia.

O ilustre jurista brasileiro João Mangabeira diz que a democracia é o regime constitucional de governo da maioria, assentado sobre a igualdade política e a garantia das liberdades civis. Esse regime assegura às minorias o direito de representação, fiscalização e crítica.[273]

13. O ideal democrático como filosofia de vida: Sanderson, Dewey, Hobhouse, Jaurès, David, Beyerle

Na pena de alguns escritores, o regime democrático encontra sua fundamentação numa filosofia ou conceito de vida, num conjunto de valores éticos e espirituais. (Walt Sanderson, Dewey). O sistema democrático resultaria da aplicação de princípios éticos à política (Hobhouse). Justiça, humanidade, relações internacionais subordinadas ao Direito e paz são valores intrínsecos à democracia (Jaurès). A democracia é o regime que permite e facilita toda evolução legal pacífica (David, Konrad Beyerle).

---

[273] Cf. João Mangabeira. *Em torno da Constituição*. São Paulo, 1934. Cf. Francisco Mangabeira. *João Mangabeira: República e Socialismo no Brasil*. Rio, Paz e Terra, 1979.

Capítulo 15

O VALOR "DIGNIFICAÇÃO DO TRABALHO"

1. O vocábulo "trabalho"

O verbo "trabalhar" originou-se do latim *tripaliare* que significa torturar com *tripaliu*.

Este último vocábulo provém de tripalis (tres + palus), um instrumento de tortura formado por três paus.[274]

Evaristo de Morais Filho observa que a palavra trabalho sempre significou, através dos tempos, esforço, cuidado, encargo, fadiga, enfim, sofrimentos dos quais se afastavam os mais ricos.[275]

2. O trabalho no Antigo Testamento

O trabalho é apresentado, no Antigo Testamento, como castigo que resultou da desobediência do homem:

"A terra será maldita por causa da tua obra. Tu tirarás dela o teu sustento à força de trabalho. Ela te produzirá espinho e abrolhos.

Tu comerás o teu pão do suor do teu rosto, até que te tornes à terra de que foste formado."[276]

---

[274] Cf. José Pedro Machado, *Dicionário Etimológico da Língua Portuguesa*. Lisboa, Editorial Confluência, 1959, vol. II, p. 2098.

[275] Evaristo de Moraes Filho. *Introdução ao Direito do Trabalho*. Rio, Forense, 1956, vol. I, passim.

[276] Gênesis, cap. 3, versículos 17 a 19. In: *Bíblia Sagrada*. Reedição da versão do Padre Antônio Pereira de Figueiredo. São Paulo, Editora das Américas, 1950, vol. I, p. 40.

Antes do "pecado original", o trabalho era ameno e agradável, como refere o Gênesis:

"O Senhor Deus tomou o homem e o colocou no jardim do Éden para o cultivar e guardar".[277]

No Deuteronômio, Moisés adverte para que não se abuse do assalariado pobre e necessitado, seja ele um irmão ou um estrangeiro. Manda o profeta que o salário seja pago antes do pôr-do-sol, porque o assalariado espera impacientemente sua paga.[278]

O Deuteronômio apõe o selo da sacralidade sobre os instrumentos de trabalho: não se tomarão como penhor as duas pedras do moinho, ou a junta de bois. Seria como tomar por penhor a própria vida.[279]

Ainda o Deuteronômio estabelece o direito ao repouso semanal, manda que as dívidas sejam remidas a cada sete anos e determina que não haja pobres no meio do povo.[280]

3. O direito de queixa, em juízo; o provimento das necessidades essenciais: operários e artesãos no Egito antigo

No antigo Egito, foi encontrado um marco no qual havia a inscrição de uma queixa. Trata-se de uma queixa formulada por operários e artesãos diante do Conselho da pirâmide de Quéops. Essa inscrição data do 3º milênio a.C., ao tempo da V dinastia. Prova que operários e artesãos tinham o direito de queixa em juízo, para resolver litígios.

Também foi encontrado um discurso de Ramsés II, dirigido aos operários que, nas pedreiras, trabalhavam na construção das estátuas reais. Essas estátuas estavam sendo erigidas em Heliópolis, no templo de Ptá, em Mênfis e em Pi Ramsés. É um documento do 2º milênio a.C., ao tempo da XVIII dinastia.

Nesse discurso, Ramsés II demonstrava seu reconhecimento aos operários:

---

[277] Gênesis, cap. 2, versículo 15. In: *Bíblia Sagrada*. Revista por Frei João José Pereira de Castro. Traduzida pelo Centro Bíblico de São Paulo, a partir da versão em francês feita pelos Monges de Maredsous (Bélgica). São Paulo, Editora Ave Maria, 1982, p. 50.

[278] Deuteronômio, cap. 24, versículo 14. Cf. a mesma fonte citada na nota anterior.

[279] Deuteronômio, cap. 24, versículo 6. Cf. a mesma fonte citada nas duas notas anteriores.

[280] Deuteronômio, cap. 5, versículo 12, e cap. 5, versículo 1 e segs. Cf. a mesma fonte citada nas notas acima.

"Ó trabalhadores de escol, valentes e hábeis, que talhais para mim monumentos em quantidade; ó vós, que honrais o trabalho da dura e nobre pedra, que penetrais no granito vermelho e que tendes o domínio da pedra-Bia, bravos e fortes construtores graças a quem, enquanto viverdes, posso encher todos os templos que construo".

Mais adiante registrava Ramsés as providências que tomara para assegurar aos operários a satisfação de suas necessidades:

"Diante de vós há provisões em abundância (...). Satisfiz vossas necessidades de todas as maneiras, de sorte que podeis assim trabalhar para mim com amor. Sou sempre o protetor de vossos interesses (...). Enchi para vós os armazéns de toda espécie de coisas: pão, carne, bolos, para sustentar-vos; sandálias, roupas, ungüentos vários, para que vossas cabeças sejam untadas cada dez dias, e para vestir-vos cada ano e para que tenhais sempre nos pés boas sandálias".[281]

4. O trabalho na antiga Pérsia. O Código de Hamurábi e o trabalho

Na antiga Pérsia, o Avesta Vendidad (um conjunto de textos sagrados) reverenciava todo aquele que fazia Justiça aos trabalhadores da terra.

Segundo o Avesta Vendidad o homem que dava à terra a maior das alegrias era aquele que fazia a caridade ao fiel que trabalhava a terra.

Em sentido contrário, aquele que não pagava o devido ao fiel que trabalhava a terra, esse seria precipitado nas trevas.[282]

Entre os babilônios, por volta do ano 2000 a.C., o Código de Hamurábi, ao disciplinar as atividades obreiras, seja no campo, seja na cidade, estabelecia valores mínimos de retribuição para algumas modalidades de trabalho. Essa disposição legislativa leva a concluir que o Código de Hamurábi foi precursor do que depois viria a ser o salário mínimo.[283]

---

[281] Jeanne Hersch, ob. cit., edição em português, traduzida por Homero de Castro Jobim, pp. 275 e 276.

[282] Id. Ibid., pp. 276 e 277.

[283] Cf. Walter Vieira do Nascimento, *Lições de História do Direito*. Rio, Zahar Editores, 1981, p. 74.

5. O trabalho na Índia antiga

As Leis de Manu (Manusmriti), na Índia antiga (200 a.C. a 100 d.C.), ensinam que o fruto do trabalho deve pertencer a quem trabalhou: o campo àquele que foi o primeiro a limpá-lo das árvores, para cultivá-lo; o cervo àquele cuja flecha foi a primeira a atingi-lo.[284]

Também na Índia, o Mahabárata, um livro sagrado (200 a.C. a 100 d.C.), adverte o rei para que não oprima os cultivadores.[285]

6. O trabalho na tradição asteca

Ao trabalho livre, criador, integrador, certamente a esse tipo de trabalho é que se referem estes belos versos da tradição asteca:

"Trabalha! Corta a lenha e lavra a terra
planta o cacto e semeia o agave.
Assim poderás andar de cabeça erguida.
Poderás viver, e ser estimado e louvado.
Assim te apresentarás a teus parentes e a teus próximos.
Um dia unirás tua sorte à de uma mulher.
Que há de ela comer? Que há de ela beber?
Viverá da brisa do tempo?
Tu és seu sustento, seu conforto.
És a águia e és o tigre!"

Os versos aparecem aqui na primorosa tradução para o português que lhes deu Homero de Castro Jobim.[286]

7. A dignidade do trabalho na sabedoria do Japão

Belo ensinamento sobre a dignidade do trabalho nos dá o filósofo japonês Sontoku Ninomiya, que viveu de 1787 a 1856:

"Aquele que, tendo arroz ao alcance da mão, quer apanhá-lo para si sem perda de tempo, é semelhante ao ladrão e ao animal. Para sermos dignos de chamar-nos homens, devemos apanhá-lo depois de ter semeado os grãos. Aquele que, tendo ao alcance das

---

[284] Id., ibid., p. 277.
[285] Id., ibid., p. 278.
[286] Jeanne Hersch, ob. cit., ed. em português, passim.

mãos bens e riquezas, quiser apanhá-los sem perda de tempo é semelhante ao ladrão e ao animal. Para sermos dignos de chamarnos homens devemos obtê-los após havermos trabalhado".[287]

8. O dever de trabalhar, como comum a todos: no Novo Testamento, na sabedoria etíope, entre os incas

No Novo Testamento, o Apóstolo Paulo determina:
"Quem não quer trabalhar, não coma" (II Carta aos Tessalonicenses).

Na mesma direção de Paulo Apóstolo, caminha a sabedoria da Etiópia, através de um provérbio amárico:
"Sem trabalho, nada de pão para comer".[288]

Entre os incas, todos eram obrigados a trabalhar, inclusive os dirigentes, para dar o bom exemplo.[289]

9. Fases da história do trabalho

Conforme coloca Segadas Vianna, o homem sempre trabalhou. Primeiro para simplesmente obter alimentos, em face do primitivismo de sua vida. Depois se iniciou na fabricação de armas e instrumentos de defesa, para se proteger de animais ferozes e mesmo do ataque de outros homens.[290]

Os povos não evoluíram de forma homogênea, no tratamento dado ao labor humano. Assim não é possível estabelecer fases rígidas na história do trabalho.

Esquematicamente, creio que poderíamos fixar como fases no desenvolvimento do trabalho:

a) a do homem nômade, dedicado à caça e à pesca e depois, subsidiariamente, à agricultura;
b) a da escravidão;
c) a da servidão de gleba;
d) a do artesanato;

---

[287] Id, ib.
[288] Jeanne Hersch, ob. cit., edição em português, traduzida por Homero de Castro Jobim, p. 282.
[289] Jeanne Hersch, ob. cit., edição em português traduzida por Homero de Castro Jobim, p. 281.
[290] José de Segadas Vianna, Arnaldo Sussekind e outros. *Instituições de Direito do Trabalho*. Rio de Janeiro, Freitas Bastos, 1961, vol. I, passim.

e) a das corporações de ofício;
f) a do trabalho livre;
g) a do trabalho tutelado pelo Estado;
h) a que se abre contemporaneamente, prenunciando uma nova concepção do trabalho.

Neste livro, cabe a revisão de toda essa história do trabalho e do valor "dignificação do trabalho", como produto da cultura humana.

Apenas o futuro do trabalho, referido na letra "h" do esquema acima, não será estudado. Isto porque a presente obra coloca-se na perspectiva histórica, na perspectiva do legado que as sucessivas gerações transmitiram, na construção dos valores que fundamentam os Direitos Humanos.

10. O homem nômade dos tempos primitivos: a caça e a pesca como trabalho

Nos primeiros períodos da Pré- história (Paleolítico inferior, Paleolítico médio, Paleolítico superior e Mesolítico), vigorava apenas a Economia predatória (caça e pesca). Caçador e pescador, o homem trabalhava para o próprio sustento. Esse longo período vai do ano 265.000 ao ano 9.000 a.C.[291]

Os homens, que dependiam da caça, tinham uma vida predominantemente nômade. Seguindo os rebanhos, os caçadores instalavam seus acampamentos nas gargantas das montanhas. Era por onde os animais tinham de passar.

As margens dos lagos e dos rios constituíam-se em local privilegiado para morada permanente, uma vez que, nessas paragens, os animais vinham beber água.

A subsistência do homem paleolítico baseou-se fundamentalmente na caça.

Sabe-se pouco a respeito da pesca no período paleolítico. Segundo Emanuel Oliveira de Araújo e Sônia Maria Siqueira de Lacerda, é improvável que as culturas dessa fase, mais afeitas à caça, tivessem uma grande variedade de apetrechos adequados para

---

[291] O Paleolítico inferior vai de 265.000 a 125.000 a.C. O Paleolítico médio estende-se de 125.000 a 65.000 a.C. Segue-se o Paleolítico superior (de 65.000 a 10.000 a.C.). Finalmente, o Mesolítico abrange o período de 10.000 a 9.000 a.C. Cf. Emanuel Oliveira de Araújo e Sônia Maria Siqueira de Lacerda. Verbete "Pré-história". In: *Enciclopédia Mirador Internacional*, citada, p. 9283.

pescar. As trutas eram possivelmente capturadas à mão. Para pescar o salmão utilizavam-se anzóis e zarpões. Na caverna de Césares, na Espanha, há o desenho de um homem mergulhando, ao encalço de peixes. Na costa de Bohuslã, na Suécia, foram encontrados ossos de bacalhau, pichelim e eglefim, ao lado de anzóis de osso, de tamanhos variados.[292]

11. O aparecimento da agricultura, como atividade subsidiária, nos grupos nômades

No período da Pré-história denominado Protoneolítico (9.000 a 7.000 a.C.), ocorre a Revolução Agrícola, com a economia baseada na produção.

Acredita-se que os primeiros animais domesticados foram a cabra, o carneiro, o porco, entre o 10º e o 7º milênios. Posteriormente, completado o processo de sedentarização, foram domesticados o cão, os bovinos e animais de tração como o cavalo e o burro.

Provavelmente, a domesticação e as primeiras práticas agrícolas não foram realizadas por povos sedentários. Teriam sido levadas a efeito por grupos nômades que as difundiram por regiões muito afastadas entre si.

O cultivo de plantas e a criação de animais começaram como simples atividades suplementares da coleta, da pesca e da caça.

12. O homem sedentário: a revolução agrícola

O cultivo permanente e organizado só aparece nas comunidades sedentárias. Estas recebem dos nômades vários tipos de gramíneas selvagens, de cujo cruzamento resultou a maioria dos cereais comestíveis conhecidos atualmente.

Foi a agricultura que tornou o homem sedentário. Durante muitos milênios, a vida econômica dos aglomerados sedentários dependeu da agricultura. Não obstante esse fato, a caça e a pesca, como atividades subsidiárias, continuaram desempenhando um papel muito importante.[293]

---

[292] Emanuel Oliveira de Araújo e Sônia Maria de Lacerda. Verbete "Pré-história." In: *Enciclopédia Mirador Internacional*, citada, p. 9283 e seguintes.

[293] Id., ibid., p. 9288.

As primeiras aglomerações estáveis (cerca de 8.000 a 6.500 a.C.) situavam-se nas encostas férteis das montanhas, às margens de rios e lagos, e em pequenos oásis. Os núcleos sedentários espalhavam-se por todo o Oriente Próximo. Expandiram-se depois para os Balcãs. Em Jericó, foi encontrado um tipo especializado de moinho de mão com o qual se trituravam cereais. Também aí foram descobertas casas, usadas como celeiro.

Ao Protoneolítico segue-se o período pré-histórico chamado Neolítico (7.000 a 5.000 a.C.).

No Neolítico ocorre uma sensível concentração demográfica, que torna mais complexas as relações sociais. Observa-se uma autêntica divisão do trabalho e a especialização integral de certas funções. Em Beidha, o fato pode ser comprovado desde o 7º milênio a.C. pela escavação de numerosas oficinas. Nestas havia variadas ferramentas (mós, acha de basalto, martelos esferoidais), além de matéria-prima e objetos inacabados. A presença, em Beidha, de ofícios especializados constata-se pela existência, em cada uma das oficinas apensas às casas, de um mesmo tipo de matéria-prima e ferramentas. Havia grupos dedicados, exclusivamente, ao trabalho com osso, pedra, conchas etc. Era relevante o trabalho da mulher, na agricultura.

Finalmente, ocorre a Revolução Urbana, que começa no período pré-histórico chamado Calcolítico e continua na Idade do Bronze. Estas mudanças começam em 5.000 a.C. Aparece uma autoridade central para regular o excedente produtivo. Surge a economia urbana e a sociedade de classes sob organização estatal.

A sociedade humana não evoluiu de forma homogênea por toda a parte. Os períodos não são rígidos. As etapas sociais não se excluem, mas se superam umas às outras, como demonstraram os estudos de Verc Gordon Childe.[294]

13. A escravidão

Com a agricultura, surgiu o sistema de trocas e o regime de utilização, em proveito próprio, do trabalho alheio. A escravidão resultou do domínio do fraco pelo forte.

---

[294] Id., ibid., p. 9283 e segs.

A escravidão foi defendida, na Antigüidade, por filósofos e sábios gregos (Platão, Aristóteles) e romanos (Cícero, Sêneca).

Platão dividia os homens em livres e escravos. Livres eram os sábios, os magistrados, os guerreiros e a multidão. Escravos eram seres humanos sem personalidade, mérito ou valor.

Aristóteles afirmou que para adquirir cultura era necessário ser rico e ocioso e isso não seria possível sem a escravidão.

Dois princípios informavam o pensamento da Antigüidade a respeito do trabalho: o desprezo pelo trabalho manual e a legitimidade da escravidão.

Na Idade Média a escravidão também foi praticada. Os senhores feudais aprisionavam "bárbaros" e "infiéis", vendendo-os como escravos.

A Idade Moderna assistiu ao cativeiro de índios e negros. Mesmo a Igreja Católica avalizou o instituto da escravidão. No contexto histórico em que o aval foi dado, a Igreja estava comprometida com reis e imperadores, com Estados e culturas, com filosofias e teologias, como assinala Frei Boaventura Kloppenburg.[295]

O papa Nicolau, em 1452, autorizou o rei de Portugal a combater e reduzir à servidão os mulçumanos. Inocêncio VIII aceitou do rei Fernando, o Católico, como presente, dez escravos que distribuiu entre os cardeais.[296]

14. Servidão de gleba

O feudalismo foi o sistema político, social e econômico característico da Idade Média. Tinha como unidade básica o feudo, território concedido pelo rei a seus vassalos, em caráter vitalício e hereditário.

Como resume o padre Fernando Bastos de Ávila, cada feudo constituía-se numa unidade política e econômica autárquica, sob a autoridade absoluta do senhor feudal. Essa autoridade era hierarquizada em castas, tendo como estrato ínfimo os servos da gleba.[297]

---

[295] Frei Boaventura Kloppenburg. *O Cristão Secularizado*. Petrópolis, Vozes, 1970, p. 37.

[296] José de Segadas Vianna, Arnaldo Sussekind e outros. *Instituições de Direito do Trabalho*. Rio de Janeiro, Freitas Bastos, 1961, vol. I, p. 14.

[297] Fernando Bastos de Ávila. *Pequena Enciclopédia de Moral e de Civismo*. Rio de Janeiro, Ministério da Educação e Cultura, 1967.

O servo pagava ao senhor taxa altíssima pela utilização do solo. Esse pagamento era feito quase sempre *in natura*, ou seja, em mercadoria. Essa taxa quase sempre superava a metade da colheita. Do senhor feudal o servo dependia para quase tudo. Quando se casava, a primeira noite pertencia ao castelão (direito às primícias). Os filhos continuavam no feudo. O servo devia ao senhor fidelidade na paz e na guerra.

Como ensina Edward MacNall Burns, raramente era possível a alguém conseguir promoção no sistema, pelo próprio esforço e inteligência. Pelo conjunto das condições vigentes, conclui o mesmo historiador que a situação do camponês medieval não era nada boa. Pelo menos durante as estações de plantio e colheita, o servo trabalhava do nascer ao pôr-do-sol. Eram poucas as recompensas do seu trabalho. Seu lar era uma cabana miserável, construída com varas trançadas e recoberta de barro.[298]

15. Artesanato

O artesanato é a fase que se caracteriza pelo trabalho do indivíduo, pessoal, doméstico e isolado.

O trabalho do artesão surgiu em meio aos pequenos aglomerados humanos que se formaram em torno do castelo.

Como observa João Régis Fassbender Teixeira, as necessidades do cotidiano levaram a que aparecessem os primeiros artesãos da época – marceneiro, ferreiro, curtidor, tecelão. Eles preenchiam a demanda de um incipiente mercado local. A princípio esses trabalhadores foram servos, mas já não eram servos da gleba. Contudo, estavam ligados ao senhor feudal mais próximo. A esses pagavam tributos e taxas. Sustentavam as guerras e o luxo do dono do castelo. Estavam subordinados às mesmas determinações costumeiras que prendiam os servos de gleba.[299]

Entretanto, a situação representava um avanço na condição do trabalhador. Este não tinha um vínculo tão pessoal e estreito como aquele que aprisionava o servo da gleba.

---

[298] Edward Mac-Nall Burns. *História da Civilização Ocidental*. Porto Alegre, Editora Globo, 1965, vol. I, pp. 324 a 329.

[299] João Régis Fassbender Teixeira. *Direito do Trabalho*. São Paulo, Sugestões Literárias, 1968, tomo I, p. 20.

16. Corporações de Ofício

As corporações de ofício resultaram da união dos artesãos. Não teve por finalidade, inicialmente, a libertação dos artesãos à face do senhor feudal. Porém, com o correr dos anos, o resultado veio a ser este.

A inspiração das corporações foi a luta contra os estranhos, contra os artesãos vindos de fora.

As corporações de ofício surgiram a partir do século IX. Desapareceram com a Revolução Francesa, em nome da liberdade de trabalho. O credo liberal da Revolução Francesa opôs-se às corporações de ofício porque, na prática, o sistema impedia a ascensão de aprendizes e companheiros (categorias iniciais das corporações) à condição de mestres. Os mestres asseguravam os privilégios das mestrias aos seus filhos e sucessores.

17. Trabalho livre

O trabalho livre, isto é, prestado sem subordinação pessoal, foi uma conquista da Revolução Francesa, preparada pelo humanismo do Renascimento.

Graças à Revolução Francesa, nas suas conseqüências históricas — doutrina Mozart Victor Russomano, — o trabalho tornou-se livre. Foi possível admitir sua prestação, em proveito de terceiro, mediante contrato, ou seja, sem nenhuma subordinação pessoal. Este trabalho sem subordinação pessoal, de acordo com Mozart Victor Russomano, seria aquele prestado pelo trabalhador, sem nenhuma outra subordinação senão aquela resultante das obrigações espontaneamente assumidas, dentro do esquema hierárquico da empresa de que participa.[300]

O Renascimento contribuiu para o advento do trabalho livre porque valorizou o homem, como centro do universo, a partir de uma radical transformação na arte e na vida em todas as suas expressões.

Relacionando os frutos positivos da Revolução Francesa, afirma Edward MacNall Burns que esse movimento fez desaparecer

---

[300] Mozart Victor Russomano. *Curso de Direito do Trabalho*. Rio de Janeiro, José Konfino, 1972, p. 15.

quase todos os remanescentes do feudalismo decadente, inclusive a escravidão e os privilégios feudais dos nobres. "Todas as corporações foram abolidas, para nunca mais reviver."[301]

18. Trabalho tutelado pelo Estado

O trabalho livre representou um progresso na evolução do labor humano. Entretanto, por trabalho "livre" deve-se entender apenas que o trabalhador deixou de ficar vinculado a outrem por uma dependência pessoal, como nas fases históricas anteriores.

Entregue à própria fraqueza, o operário não passava de simples objeto na engrenagem da produção. De nenhuma valia efetiva para o trabalhador foi o Estado simplesmente afirmar que ele era livre, se o relegou à própria sorte.

O acirramento da luta entre trabalhadores e patrões, com episódios inclusive sangrentos registrados pela heróica história do sindicalismo operário, tornou impossível continuar atribuindo ao Estado o papel de mero espectador que lhe fora destinado pelo liberalismo.

Os socialistas utópicos, como Saint-Simon, Fourrier e Owen, há muitos anos já pregavam a reorganização da sociedade capitalista com a entrega ao Estado de função amplamente intervencionista. Nos seus escritos convocavam as massas operárias para esse projeto transformador.

O manifesto de Karl Marx e toda sua obra mudam a História ao desmascarar, cientificamente, os mecanismos de apropriação da mais-valia pelo capitalista. As idéias marxistas irrompem por todo o mundo.

A Igreja Católica também ingressa no debate, especialmente através de encíclicas de grande repercussão, a começar pela pioneira *Rerum Novarum*. Seguem-se outras encíclicas, outros pronunciamentos e ações, não apenas da Igreja Católica, mas também de outras Igrejas cristãs e mesmo de outras vertentes religiosas.

A partir do momento em que, de uma forma ou de outra, o Estado interveio no processo econômico e nas relações trabalhistas, abriu-se nova fase da história do trabalho.

---

[301] Edward MacNall Burns. *História da Civilização Ocidental.* Porto Alegre, Editora Globo, 1965, vol. II, p. 620.

19. O futuro do trabalho

Colocam-se, em nossos dias, diversas alternativas para a solução do problema do trabalho. Esta é, sem dúvida, uma das questões fundamentais do mundo contemporâneo. Mas foge aos objetivos deste livro debruçar-se sobre o futuro dos "direitos do trabalho" e dos Direitos Humanos em geral. Cingimo-nos, nesta obra, à primeira hipótese de nossa pesquisa. Esta hipótese volta-se para o passado, para a história — a gênese dos Direitos Humanos.

QUESTÕES SUGERIDAS PARA DEBATE, PESQUISA E REVISÃO RELACIONADAS COM A TERCEIRA PARTE DESTA OBRA (INDIVIDUAIS E/OU EM GRUPO):

1. Tentar elaborar um quadro no qual apareça a correlação entre os artigos da Declaração Universal dos Direitos Humanos e os oitos valores que colocamos como inspiradores da mesma Declaração.

2. Fazer um resumo de qualquer dos capítulos desta Terceira Parte ou redigir um texto paralelo em aditamento a um dos capítulos.

3. Entrevistar ministros de diversas confissões religiosas a respeito da idéia geral de Direitos Humanos ou a respeito de Direitos Humanos específicos. Propor a questão da existência ou inexistência de relação entre a idéia de Direitos Humanos e o corpo de doutrinas da respectiva religião. Fazer uma síntese e uma crítica do conjunto das entrevistas.

4. Reunir recortes de jornal que complementem e enriqueçam as questões tratadas nesta Terceira Parte do livro.

5. Algum grande valor teria sido omitido pelo autor, no inventário que fez dos valores orientadores da Declaração Universal dos Direitos Humanos? Justificar cabalmente a resposta.

6. Teriam razão aqueles pensadores que afirmam que a guerra seria o preço que a humanidade paga pelo seu próprio desenvolvimento?

7. O que seria essa "cultura da paz" a que se refere o autor no início do Capítulo 8? Acha que essa "cultura da paz" tem sido promovida no Brasil? Se a proposta do autor é acertada, que deveria ser feito para implementar em nossa sociedade e mesmo no mundo uma "cultura da paz"?

8. Fénelon disse: "Mesmo quando se está em guerra, resta um certo direito das gentes que é o fundamento da própria humanidade". Esse "fundamento da própria humanidade", que deveria ser preservado mesmo no "estado de guerra", tem sido respeitado nas guerras contemporâneas? Discutir a questão e opinar.

9. Maomé ensinava que as pessoas deviam proceder bem para com o vizinho, honrar o hóspede, dizer coisas boas e ser reconhecido. Esta passagem foi citada no Capítulo 9. Tal ensinamento guarda sintonia com a mensagem do Cristianismo? Justificar.

10. Dissemos no Capítulo 10 que a liberdade constituiu o sonho que, na América Latina, alimentou o projeto de mundo de Tiradentes (Brasil), José Martí (Cuba) e Mariano Moreno (Argentina). Fazer uma pesquisa para aprofundar o pensamento desses três grandes libertadores. Tentar identificar similitudes nos credos de Tiradentes, José Martí e Mariano Moreno.

11. Elaborar um texto tentando examinar as diversas idéias expressas no Capítulo II, os diversos pensamentos e tradições citados, e fazendo a ligação de tudo com a colocação de Sófocles quando afirmou que há muitas maravilhas neste mundo, porém que a maior de todas é o homem.

12. Logo no início do Capítulo 12 diz o autor:

"A *proteção legal dos direitos*, a meu ver, deve significar: a) a proteção da lei contra todas as violências de que possa ser vítima qualquer pessoa; b) o acesso efetivo de todos à Justiça; c) o primado da lei contra o regime de arbítrio; d) a submissão de todos ao regime do Direito, com a condenação dos privilégios; e) a proteção dos valores do Direito contra o legalismo estreito que trai a Justiça; f) a insubmissão à tirania e à opressão, que tornam impossível a "proteção legal dos direitos".

Discutir essa opinião. Concordar com a mesma ou discordar dela. Eventualmente, completar o pensamento ou fazer observações paralelas.

Quarta Parte

CONCLUSÃO

Capítulo 16

O CAMINHO PERCORRIDO POR ESTE LIVRO. SÍNTESE DO QUE PESQUISAMOS. A CONCLUSÃO

1. A gênese universal dos Direitos Humanos: hipótese comprovada

Ao chegarmos ao final deste livro, parece-nos ter ficado inteiramente provada a primeira hipótese que formulamos para a nossa pesquisa:

"O que hoje se entende por Direitos Humanos não foi obra exclusiva de um grupo restrito de povos e culturas, especialmente, como se propala com vigor, fruto do pensamento norte-americano e europeu. A maioria dos artigos da Declaração Universal dos Direitos Humanos foi verdadeira construção da Humanidade, de uma imensa multiplicidade de culturas, inclusive aquelas que não integram o bloco hegemônico do mundo".

Através de alentada pesquisa bibliográfica, tentamos adentrar pelas mais diversas culturas humanas.

Assim, na segunda parte do livro, vimos a comunhão existente entre as maiores religiões e sistemas filosóficos da Humanidade e a idéia de Direitos Humanos (Capítulo 4). Fizemos também, nessa segunda parte, um histórico dos Direitos Humanos, desde os seus primórdios até os dias atuais (Capítulo 5). Ainda nessa segunda parte, tentamos elaborar uma tábua dos grandes valores ético-jurídicos que inspiram a Declaração Universal (Capítulo 3).

Na terceira parte da obra, procuramos pesquisar a gênese dos oito grandes valores ético-jurídicos que havíamos arrolado na segunda parte, capítulo 3. Estes valores são os seguintes: a) o valor "paz e solidariedade universal"; b) o valor "igualdade e fraternidade";

c) o valor "liberdade'; d) o valor "dignidade da pessoa humana"; e) o valor "proteção legal dos direitos"; f) o valor "Justiça"; g) o valor "democracia"; h) o valor "dignificação do trabalho".

Ou seja, tentamos ver o desenho da construção desses valores através dos tempos e das mais diversas culturas e civilizações humanas.

2. As fontes de que nos utilizamos: visão geral

Consultamos e citamos, nesta obra, 151 livros. Consultamos e citamos 25 artigos publicados em jornais, revistas ou obras coletivas. Os livros e artigos citados totalizam 176 fontes.

Todas as referências das fontes foram feitas em notas de rodapé, a propósito de cada citação, de modo a possibilitar a conferência pelos interessados e a conseqüente concordância ou discordância com a interpretação que demos às passagens citadas.

As 176 fontes citadas abrangem 4 línguas: francês (108 fontes), português (63), inglês (2), espanhol (1) e italiano (2).

O fato de haver maior número de citações em francês do que em português decorre da circunstância de ter ocorrido na França a realização da pesquisa, na sua fase fundamental.

As fontes originais alcançariam um número muito maior de idiomas, porém diversas citações foram feitas a partir de referências às fontes originais, extraídas de obras em francês principalmente.

O número de livros e artigos lidos suplanta o número de livros e artigos que vieram a ser citados. Isto porque, na seleção final do material, escolhi os textos mais relevantes, deixando muitos outros de lado.

No conjunto de toda a pesquisa, as fontes são muito mais numerosas do que as que estão sendo referidas nesta conclusão. No presente momento estamos fazendo alusão apenas às fontes utilizadas neste livro, isto é, às fontes relacionadas com a primeira hipótese de nosso itinerário de busca científica.

3. A partir de um núcleo universal, expressões diferenciadas dos Direitos Humanos nas diversas culturas

Tudo visto, lido, examinado, analisado e ponderado, chegamos a uma conclusão. Existe um núcleo universal de Direitos

Humanos à semelhança dos "universais lingüísticos" descobertos por Chomsky.[302] Os Direitos Humanos expressam-se de forma diferente, no evolver da História. Os Direitos Humanos localizam-se em tempos históricos certos e em culturas determinadas. Aspectos particulares diferenciam-se. Porém, com o espírito desarmado, sem preconceitos, chegamos à maravilhosa e bela conclusão de que há um núcleo comum de Direitos Humanos, há divergências na aparência e identidade na essência.

4. Um futuro de esperança: condições históricas, psicológicas e culturais para uma Civilização dos Direitos Humanos

A constatação dessa gênese universal dos Direitos Humanos aponta para um futuro em que será possível haver respeito entre todos os seres humanos, entre todos os Povos e Nações da Terra. Existem condições históricas, psicológicas e culturais para que isso se realize. Creio que a pesquisa contribui para deixar clara esta conclusão.

Essa conclusão permite um desdobramento lógico: há requisitos objetivos para que os homens um dia ainda possam viver sob o signo da Paz, sob a luz da Justiça. Para que tal perspectiva histórica se concretize será necessário que as relações entre homens e povos sejam guiadas pela tolerância e pela compreensão.

Como supomos possível que a tolerância e a compreensão possam marcar a rota da Civilização futura, formulamos como hipótese alternativa que a Paz, os Direitos Humanos, a Justiça possam tornar-se realidade efetiva no mundo do amanhã.

Os Direitos Humanos — construção universal de uma utopia, muitas vezes expressando uma só idéia — podem tornar-se realidade concreta para toda a Humanidade.

---

[302] Avram Noam Chomsky. Language and Mind. New York, Harcourt, Brace & World, 1968.

APÊNDICE

Nota atualizadora. — O presente projeto de educação popular para os Direitos Humanos foi apresentado à Universidade Federal do Espírito Santo, em 1992, quando seu autor ainda era professor em atividade, na mesma Universidade.

Desde a propositura, a proposta foi oferecida a toda a comunidade acadêmica brasileira, como está expresso no parágrafo final deste documento.

O autor mantém fidelidade à redação original do texto, em homenagem à preservação histórica e porque, em substância, nada, a seu ver, teria de ser alterado.

Crê o autor que este projeto mantém absoluta atualidade. Esta "nota atualizadora" é menos nota que atualiza e mais nota que justifica a permanência de vitalidade da idéia original. A educação para a Cidadania e os Direitos Humanos continua sendo uma urgência brasileira.

Gostaria o autor de ver retomado o tema na Universidade Federal do Espírito Santo, com o enfrentamento da empreitada pelos novos professores, muitos deles ex-alunos do autor.

Quem projetou este trabalho, com tanta dedicação e idealismo, ficaria feliz de ter notícia de que, por toda a extensão deste Brasil, universidades, igrejas, organizações da sociedade civil, inspiradas neste trabalho, levaram a efeito projetos similares, complementares ou aperfeiçoados, com o objetivo de lutar pela educação popular para a Cidadania e os Direitos Humanos.

PROJETO DE EDUCAÇÃO POPULAR PARA OS DIREITOS HUMANOS PELO RÁDIO E/ OU TELEVISÃO

1. Histórico

O autor do presente projeto é professor da Universidade Federal do Espírito Santo. Nesta condição, obteve uma bolsa do CNPq para cumprir um programa de pós-doutoramento na França.

Ao apresentar sua candidatura, disse o pretendente que eram objetivos do pós-doutoramento:

a) fazer uma pesquisa, na Europa, a partir de duas hipóteses fundamentais:

— a de que os "Direitos Humanos" constituem criação universal da Civilização, inclusive de culturas rotuladas como periféricas;

— a de que os Direitos Humanos são dinâmicos, estão num constante vir-a-ser, na dialética do processo histórico;

b) buscar elementos para sugerir, quando de sua volta ao país, o projeto de uma Educação para os Direitos Humanos, a partir de sua Universidade;

c) manter contato com intelectuais e militantes, no campo dos Direitos Humanos; buscar vivências e experiências nesta matéria.

Através do presente projeto, o professor signatário inicia o cumprimento do previsto na letra "b" de sua proposta de estudos no Exterior.

2. Fundamentação teórica

Os Direitos Humanos constituem uma conquista na longa e muitas vezes penosa caminhada da Humanidade.

A Declaração Universal dos Direitos Humanos é documento fundamental, como expressão desta caminhada. Mas não foi uma obra instantânea, nem foi produto de um círculo reduzido de pensadores europeus e norte-americanos. Filósofos, profetas, líderes religiosos, gente anônima do povo, de todos os Continentes, de épocas as mais recuadas, contribuíram para a formação deste patrimônio da cultura humana, que a Declaração tentou corporificar. Além disso, os Direitos Humanos não se estabilizaram na Declaração formulada em 1946. Acréscimos e enriquecimentos posteriores foram feitos. Por outro lado, expressões anteriores de Humanismo não foram plenamente ouvidas pelo documento que a ONU aprovou.

De tudo se conclui que a Declaração Universal dos Direitos Humanos é um texto de mais alta relevância. Entretanto, essa Proclamação não monopoliza os ideais de Direitos Humanos presentes na História e no grito de Justiça dos homens e mulheres, sobretudo daqueles que, por qualquer circunstância, se encontrem numa situação de opressão.

A idéia de Direitos Humanos é fundamental para a vida brasileira de hoje. Negações de humanismo estão presentes no nosso cotidiano: desde as grandes negações, como aquelas que marginalizam parcela ponderável do povo, até negações a varejo como, por exemplo, fazer olho cego à cena de uma pessoa atropelada numa estrada.

Entendemos que sejam princípios cardeais de Direitos Humanos aqueles estatuídos pela Declaração Universal aprovada pela ONU e aqueles que constam de proclamações complementares. Dentre estas devem ser citadas a Carta Universal dos Direitos dos Povos, a Carta Africana dos Direitos e Deveres do Homem, a Declaração Islâmica Universal dos Direitos do Homem, a Declaração Solene dos Povos Indígenas do Mundo. Essa enumeração não exclui outros documentos que busquem, nas mais diferentes situações e lugares, afirmar o princípio fundamental da dignidade da pessoa humana.

Desse conjunto de documentos colhemos certas idéias que podem ser definidas como Direitos Humanas fundamentais. Dentre outros arrolamos como Direitos fundamentais da pessoa humana os seguintes:

a) a dignidade de todos os seres humanos, sem exceção;

b) o sentido de igualdade de todas as pessoas e a recusa aos privilégios;

c) a exigência de condições sociais concretas que efetivem a igualdade, de modo que não seja uma promessa vã;

d) a proscrição de todos os preconceitos e exclusões;

e) a proscrição de todas as marginalizações sociais;

f) a proscrição da tortura e a afirmação dos direitos do preso;

g) a repulsa a todas as formas de escravidão;

h) o sentido de Justiça, na sua maior amplitude;

i) o direito de todos à proteção da lei, o direito de asilo, a condenação da prisão arbitrária e o reconhecimento do direito de acesso amplo aos tribunais;

j) o direito à privacidade e à inviolabilidade da correspondência, da honra, da família e da casa ou do lugar onde alguém se abrigue;

k) os valores democráticos;

l) a defesa da vida;

m) a liberdade de consciência, crença, expressão do pensamento, difusão de idéias sem sujeição à censura e todas as demais liberdades;

n) o direito dos povos a relações de Justiça, no campo internacional, com eliminação de todas as formas de opressão e colonialismo, inclusive colonialismo econômico;

o) os direitos das mais diversas minorias, no seio das sociedades globais;

p) o direito à educação e à cultura;

q) a dignidade do trabalhador e a primazia do trabalho como fator criador da riqueza;

r) a paz e a solidariedade internacional;

s) a fraternidade.

3. A Educação Popular para os Direitos Humanos

A Educação Popular para os Direitos Humanos pode jogar um papel decisivo no crescimento da cidadania, na formação da consciência da dignidade inerente a todo ser nascido de mulher e mesmo, num estágio mais avançado, na consciência da grandeza de todos os seres, como expressão cósmica da Criação.

O presente projeto, na sua ambição mais ampla e futura, pretende propor um Programa de Educação Popular para os Direitos Humanos, através dos diversos recursos de comunicação social: rádio, televisão, produção de vídeos, produção de fitas gravadas, livros, folhetos.

Para este esforço pretenderia sensibilizar nossa Universidade, em vista de seu dever de inserção na comunidade capixaba e brasileira.

Como primeiro passo, contenta-se o proponente em que se comece com a produção de programas de rádio, a partir de nossa Rádio Universitária FM.

Uma vez produzidos os programas, a Rádio Universitária FM colocaria as gravações à disposição de outras emissoras de rádio do Estado ou de fora. Em cada emissora onde o programa fosse reproduzido, ele deveria, sempre que possível, ser acrescido de uma contribuição local.

Num estágio futuro, o programa poderia estender-se a uma Televisão Educativa ou mesmo a uma TV Universitária, que viéssemos a ter, bem como a horários educativos de televisões comerciais. Também no caso de programas de televisão, as fitas seriam colocadas à disposição de outras emissoras, exatamente como na hipótese dos programas de rádio.

4. A Filosofia da Educação Popular para os Direitos Humanos

Supomos que um projeto de Educação Popular para os Direitos Humanos deva orientar-se dentro de uma linha de educação libertadora

A propósito, sem deixar de reconhecer o valor das contribuições mais recentes, cremos que permanece absolutamente válida a reflexão de Paulo Freire.[303]

A educação não é uma doação dos que julgam saber aos que se supõem nada saibam. O educador não é a antinomia do educando.

---

[303] Cf. Paulo Freire. *Educação como Prática da Liberdade*. Rio de Janeiro, Paz e Terra, 1960, passim. Cf. Paulo Freire. *Pedagogia do Oprimido*. Rio, Paz e Terra, 1977, passim.

Deve ser recusada, como acanhada, a concepção que vê o educando como arquivista de dados fornecidos pelo educador.

Rejeite-se, por imprestável, a passividade do educando, na dinâmica do processo educacional.

Diga-se "não" à educação paternalista. "Não" ao programa imposto e ao ritmo pré-estabelecido. "Não" à auto-suficiência do educador. Tenha-se presente, como absolutamente atual, o anátema de Paulo Freire à visão da palavra como amuleto, independente do ser que a pronuncia. Esteja-se atento ao seu libelo contra a sonoridade das frases, quando se esquece que a força da palavra está na sua capacidade transformadora.[304]

A educação libertadora vê o educando como sujeito da História. Vê na comunicação "educador-educando-educador-educando" uma relação horizontal. O diálogo é um traço essencial da educação libertadora. Todo esforço de conscientização baseia-se no diálogo, na troca, nas discussões.

A humildade é um pré-requisito ético do educador que se propõe a ajudar no processo de libertação pela educação.

A educação libertadora busca desenvolver a consciência crítica de que já são portadores os educandos. Parte da convicção de que há uma riqueza de idéias, de dons e de carismas na alma e no cotidiano dos interlocutores.

O projeto final da educação libertadora é contribuir para que as pessoas sejam agentes de transformação do mundo, inserindo-se na História. Para isto é preciso que as pessoas decifrem os aparentes enigmas da sociedade. Os marginalizados devem refletir sobre sua situação miserável e anti-humana. Devem identificar os mecanismos sócio-econômicos responsáveis pela marginalização e pela negação de humanidade. Devem buscar os caminhos para mudar as situações de opressão.

O mundo não é uma realidade estática, mas uma realidade em transformação. Somos os arquitetos do mundo. O fatalismo é uma posição cômoda, mas falsa.

Educandos e educadores, na perspectiva da educação libertadora, vão buscar juntos as chaves para transformar o mundo.

Como aplicar essas idéias num projeto de educação pelo rádio e/ou pela televisão?

---

[304] Cf. Christian Rudel. "Paulo Freire, libérateur des analphabètes." In: *Les combattants de la liberté*. Paris, Les Éditions Ouvrières, 1991.

O diálogo, a troca, a discussão, a educação participada parece-me mais simples e natural na situação de sala de aula e em situações semelhantes nas quais educando e educador mantêm comunicação face a face.

Suponho que a educação libertadora através do rádio e/ou através da televisão ofereça desafios transponíveis e altamente estimuladores.

5. A Fundação Ceciliano Abel de Almeida, como instituição vocacionada para executar o projeto

Vejo a Fundação Ceciliano, que tantos serviços tem prestado à UFES e à cultura capixaba, como a instituição que deva assumir a execução do presente projeto. Dinâmica, móvel, ágil, a Fundação Ceciliano Abel de Almeida tem, a meu ver, todos os requisitos para levar a bom termo a presente proposta.

6. A contribuição que o proponente oferece. A necessidade do concurso de um comunicador social

O proponente tem sua carga horária preenchida, na Universidade, com atividades de ensino e pesquisa. Não obstante esse fato, prontifica-se o signatário a dar um esforço extra, dedicando algumas horas semanais ao presente programa de extensão universitária.

O signatário oferece seus préstimos para dar ao Programa de Educação Popular para os Direitos Humanos o conteúdo de que precisa. Esse conteúdo seria justamente a substância do programa. Dar o conteúdo do programa equivale, em termos práticos, a exercer a Coordenação Didática.

Na fase inicial (produção de programas de rádio), a ajuda do signatário (Coordenação Didática) consistiria na tentativa de oferecer, através da palavra, uma reflexão breve, a cada programa, sobre um tema de Direitos Humanos.

Dentro da metodologia inspirada em Paulo Freire, o professor signatário buscaria fazer essa reflexão a partir de demandas ou colocações dos ouvintes.

Em qualquer hipótese, a produção dos programas teria de ficar a cargo de um profissional da comunicação.

Não pretendo que a Educação para os Direitos Humanos seja feita apenas através de reflexões dialogadas com os ouvintes. Uma orientação assim restrita empobreceria o projeto. As reflexões dialogadas sobre Direitos Humanos seriam, entretanto, a espinha estrutural do projeto.

Deveria haver toda uma série de recursos complementares como:
a) música, poesia e produções artísticas ligadas aos Direitos Humanos;

b) entrevistas e reportagens atinentes ao mesmo assunto;
c) debate sobre colocações feitas pelo Coordenador Didático, nas suas reflexões dialogadas;
d) noticiário das entidades de Direitos Humanos do país ou do Estado;
e) o mais que a criatividade de um comunicador social possa imaginar.

Igualmente, numa futura ampliação do projeto (produção de vídeos etc.), seria indispensável usar todos os modernos recursos de comunicação.

De acordo com o desenvolvimento do Programa, o mesmo poderia reclamar a colaboração de outros Departamentos e órgãos da Universidade, bem como de outros agentes da comunidade.

7. A dinâmica do próprio Programa indicará os caminhos

Não cabe imaginar desde logo todos os desdobramentos de um programa como o pretendido. Tudo vai depender do êxito que seja alcançado. Entretanto, por mais modesto que seja o resultado, creio que será compensador levar avante a empreitada.

8. Supervisão geral do Programa

A proposta que faço é a de que o Programa de Educação Popular para os Direitos Humanos seja um programa da Universidade Federal do Espírito Santo. O desdobramento ulterior desse programa exigirá certamente sua Supervisão Geral por um Conselho. Este deveria ser presidido pelo Pró-Reitor de Extensão Universitária. Deste Conselho teria de fazer parte um representante do Departamento de Direito, onde a idéia está germinando. Vejo também integrando este Conselho um representante da Fundação Ceciliano (órgão gestor), representantes dos órgãos de comunicação da Capital e representantes de instituições de Direitos Humanos da Grande Vitória.

Seriam direitos e deveres desse futuro Conselho:
— impulsionar e apoiar o projeto sugerindo o que for devido para melhor cumprimento de seus objetivos;
— inspecionar a execução;
— providenciar para que os rumos sejam retificados se vier a fugir de sua finalidade.

9. Continuação do Programa

O programa proposto não é um programa pessoal do signatário. Nem é também um programa por tempo determinado.

Em decorrência dessas duas premissas, o signatário entrega este programa à UFES e à Fundação Ceciliano Abel de Almeida.

Se o programa vier a ser acolhido e implementado, sua continuação não dependerá da presença do proponente, seja na sua Coordenação Didática, ou seja mesmo como integrante de seu quadro de colaboradores.

Por outro lado, não vê o signatário o presente projeto como um projeto temporário. A Educação Popular para os Direitos Humanos planta-se no presente, mas endereça-se ao futuro. Inserir-se na Educação Popular, promover os Direitos Humanos, é missão permanente da Universidade, é missão de existência tão permanente, quão permanente é a existência da própria Universidade.

10. Uso do Programa por outras Universidades

O signatário não pretende exercer qualquer direito de reserva no presente programa. Seu propósito maior é servir à causa da Educação do povo brasileiro, no caminho da formação das consciências para o respeito dos Direitos Humanos. Assim qualquer Universidade ou instituição educativa pode fazer uso deste projeto para repetir ou aperfeiçoar a experiência, onde se julgue adequado.

Observação:

A via original do projeto é acompanhada de longa bibliografia.

BIBLIOGRAFIA

ABÉLES, Marc. "Aînesse et générations à Ochollo-Ethiopie méridionale". In: Marc Abélès et alii. *Age, Pouvoir et Sociétè en Afrique Noir.* Paris, Éditions Karthala, 1985.

ABOU, Selim. *Droits de l'homme et relativité de cultures.* Paris, Collège de France, 5-1990.

ANDRIA, N. d'. *La démocratie athénienne, son origine, son évolution et sa constitution définitive au siècle de Périclès.* Paris, Montchrestien, 1935.

ARAÚJO, Emanuel Oliveira de & Sônia Maria Siqueira de Lacerda. Verbete "Pré-História". In: *Enciclopédia Mirador Internacional.*

ARCINIEGAS, German. *L'Amérique ensevelie.* Tradução para o francês feita por Pierre Guillaumin. In: *Magazine Littéraire.* Paris, n° 296, edição de fevereiro de 1992.

ARKOUN, Mohammed (Choronologie et préface). *Le Coran.* Traduit de l'arabe par Kasimirski. Paris, Flammarion, 1970.

AUBERT, Jean-Marie. *Droits de l' homme et libération évangélique.* Paris. Le Centurion, 1987.

ÁVILA, Fernando Bastos de. *Pequena Enciclopédia de Moral e de Civismo.* Rio de Janeiro. Ministério da Educação e Cultura, 1967.

ARISTOTE (Aristóteles). *Constitution d'Athènes.* Trad. G. Mathieu e B. Houssaullier. Paris, Les Belles Lettres, 1958.

ASSEMBLÉIA NACIONAL CONSTITUINTE — Comissão de Sistematização. Emendas Populares — volumes 1 e 2. Brasília, Centro Gráfico do Senado Federal, 1987.

BAECHLER, Jean. *Démocraties.* Paris, Calmann-Lévy, 1985.

BARBOSA, Vivaldo Vieira & outros. *Tendências do Pensamento Jurídico.* Coletânea de artigos do "International Social Science Journal", v. 22, n° 3, 1970. Trad. de Ailton Benedito de Souza. Rio, Fundação Getúlio Vargas, 1976.

BARRETO, Vicente, *A ideologia liberal no processo da independência do Brasil (1789/1924)*. Brasília, Câmara dos Deputados, 1973.

BARY, Wm. Theodore de (ed.) *Sources of Chinese Tradition*. New York, Columbia University Press,1960.

BERQUE, Jacques et alii. *L'Islam, Ia philosophie et les sciences*. Paris, Unesco,1986.

BIRKET-SMITH, Kaj. *História da Cultura*. Tradução de Oscar Mendes. São Paulo, Edições Melhoramentos, 3ª edição, s/ano.

BLACHÈRE, Régis. *Le Coran*. Paris, Presses Universitaires de France, 1992.

BLANC, L. *Catéchisme des socialistes*. Paris, 1849.

BONAVIDES, Paulo. *Do Estado liberal ao Estado social*. São Paulo, Saraiva, 1961.

BONAVIDES, Paulo & Paes de Andrade. *História Constitucional do Brasil*. São Paulo, Editora Paz e Terra, 1991.

BONTE, Pierre. "*Structures d'àge, organisation familiale et systèmes de parenté en Afrique de l'est*". In: Marc Abélès et alii. *Age, pouvoir et societé en Afrique noir.* Paris, Éditions Kathala, 1985.

BOULARES, H. *La peur et l'espérance*. La Hès, 1985.

BOUTHOUL, Gaston. *Les guerres, élémentes de polémologie*. Paris, 1951.

BRESSAN, Monseigneur L. "Projet de convention et déclaration des Nations Unies contre l'intolérance religieuse." In: *La Semaine Juridique*. Paris, nº 32, 7 de agosto de 1991.

BURNS, Edward MacNall. *História da Civilização Ocidental*. Porto Alegre, Editora Globo, 1965, vols. I e II.

CAMUS, A. *Essais*. Paris, Gallimard, 1965.

——————. *Les justes*. Paris, Gallimard, 1950.

CASTORIADIS, Cornelius. *Le délabrement de l'Occident.* Entretien avec Cornelius Castoriadis. Propos recueillis par Olivier Mongin, Joël Roman et Ramin Jahanbegloo. In: *Esprit*. Revue Internationale. Paris, nº 177, 12-1991.

CASTRO, Frei João José Pedreira de (revisão). *Bíblia Sagrada*. Traduzida pelo Centro Bíblico de São Paulo, a partir da versão em francês feita pelos Monges de Maredsous (Bélgica). São Paulo, Editoria Ave Maria, 1982.

CCFD (Comité Catholique contre la Faim et pour le Développement). *Voyage d'Immersion en Tunisie du 22 février au 3 mars 1991 — Dossier documentaire*. Paris, CCFD, 1991.

CESE (Coordenadoria Ecumênica de Serviço). *Declaração Universal dos Direitos Humanos*. Salvador, CESE e Edições Paulinas, 1978.

CHARLES, Raymond, *Le Droit Musulman*. Paris, Presses Universitaires de France, 1982.

——————. *L'âme musulmane*. Paris, Flammarion, 1958.

——————. *La miséricorde d'Allah*. In: *L'Évangile de la miséricorde*. Ouvrage collectif, hommage au Dr. Schweitzer. Paris, Ed. du Cerf, 1965.

CHOMSKY, AVRAM NOAM. *Language and Mind*. New York, Harcout, Brace & World, 1968.

CHOURAQUI, André. *Histoire du Judaïsme*. Paris, Presses Universitaires de France, 1987.

CICÉRON. *De la République, Des Lois*. Trad. Ch. Appunhn. Paris, Garnier, 1954.

COLAS, Dominique. *Lénine et le léninisme*. Paris, Presses Universitaires de France, 1987.

COLLANGE, Jean-François. *Théologie des droits de l'homme*. Paris, Les Editions du Cerf, 1989.

COMENIUS, Jean Amos. *Pages choisies*. Paris, Unesco, 1957.

COMISSÃO PONTIFÍCIA "JUSTIÇA E PAZ". *Justiça no Mundo*. Rio de Janeiro, Civilização Brasileira, 1977.

COMUNIDADE DE TAIZÉ (edição ecumênica da). *Novo Testamento*. São Paulo. Herder, 1970.

COMTE, Fernand. *Les livres sacrés*. Bordas, coll. Compacts, 1990.

CORBISIER, Roland & Francisco de Assis Barbosa. Verbete *"Democracia"*, na Enciclopédia Mirador Internacional, vol. 7. São Paulo, Encyclopaedia Britannica do Brasil Publicações Ltda., 1987.

CORNELIS, Étienne. *Valeurs chrétiennes des religions non chrétiennes; histoire du salut et histoire des religions; Christianisme et bouddhisme*. Paris, 1965.

COSTA, Álvaro Mayrink da. *Direito Penal*. Rio, Forense, 1991, volume I, tomo II – parte geral.

COTTRET, Bernard. *Terre d'exil. L'Angleterre et ses réfugiés français et wallons de la Réforme à la révocation de l'Edit de Nantes*, 1550-1700, Texte introductif d'Emmanuel Le Roy Ladurie. Aubier, 1985.

DANIELOU, Alain *Mythes et dieux de l'Inde – Le polythéisme hindu*. Editions du Rocher (Jean-Paul Bertrand, éditeur), 1992.

DELCAMBRE, Anne-Marie. *L'Islam*. Paris, Éditions La Découverte, 1991.

DUQUOC, Christian. *Essai d'ecclésiologie oecuménique*. Paris, Cerf, coll. Théologies, 1985.

ENGELS, Friedrich. *Situation des classes laborieuses em Anglaterre.* Trad. francesa J. Molitor. Paris, Costes, 1933.

──────────. *A Origem da Família, da Propriedade Privada e do Estado.* Rio, Alba, s/ data.

ESTRADA, Maria Inês Duque & Otto Maria Carpeaux. Verbete "Cícero", na Enciclopédia Mirador Internacional. Vol. 5. São Paulo, Encyclopaedia Britannica do Brasil Publicações Ltda., 1987.

ETIENNE, B. *L'Islamisme radical.* Paris, Hachette, 1985.

EVREUX, Yves d'. *Voyage au Nord du Brésil (1613–1614).* Présentation et notes d'Hélène Clastres. Payot. Bibliothèque Historique, 1985.

FARIA, José Eduardo. *Justiça e Conflito: Os Juízes diante dos Novos Movimentos Sociais.* São Paulo, Editora Revista dos Tribunais, 1991.

──────────. *A Reforma do Ensino Jurídico.* Porto Alegre, Sérgio Antônio Fabris, 1987.

FERREIRA, Luis Pinto. *Princípios gerais do Direito Constitucional Moderno.* São Paulo, Editora Revista dos Tribunais, 1971, vol. I.

FERJANI, Mohammed Chérif. *L'islam, une religion radicalement différente des autres monothéismes?* In: *Esprit. Revue internationale.* Paris, nº 172, junho de 1991.

FIGUEIREDO, Padre Antônio Pereira de. *Bíblia Sagrada.* Reedição de sua versão. São Paulo, Editora das Américas, 1950, vol. I.

FILLIOZAT, Jean. *Les Philosophies de l'Inde.* Paris. Presses Universitaires de France, 1987.

FRAGOSO, Heleno Cláudio. *Direito Penal e Direitos Humanos.* Rio de Janeiro, Forense, 1977.

FRANCO, Afonso Arinos de Melo. *O Pensamento Constitucional Brasileiro.* Brasília, Câmara dos Deputados, 1978.

──────────. *Curso de Direito Constitucional Brasileiro.* Rio, Forense, 1960, volumes I e II.

FREIRE, Paulo. *Educação como Prática da Liberdade.* Rio, Paz e Terra, 1975.

──────────. *Pedagogia do Oprimido.* Rio, Paz e Terra, 1977.

FROSSARD, André. *Les grands bergers – d'Abraham à Karl Marx.* Paris. Desclée de Brouwer, 1992.

GAILLOT, Mgr. *Ma liberté dans l'Eglise. Entretiens avec Elizabeth Coquart et Philippe Huet.* Paris, Albin Michel, 1989.

──────────. *Foi sans frontières.* Paris. Desclée de Brouwer, 1988.

GAMA, Mauro & Otto Maria Carpeaux. Verbete "Encyclopédie". In: *Enciclopédia Mirador Internacional*, cit., vol. 8.

GANDHI. *Tous les hommes sont frères*. Textes choisis par Krishna Kripalani, traduis en français par Guy Vogelweith. Paris, Gallimard, 1969.

GARDET, L. *La cité musulmane*. Vrin. 1954.

GAUDEFROY–DEMOMBYNES, Mahomet. *Les institutions musulmanes*. Flammarion, 1946.

GARRISSON, Janine. *L'Edit de Nantes et sa révocation. Histoire d'une intolérance*. Seuil, 1985.

GAUTIER, E. F. *Mœurs et coutumes des Musulmans*. Payot, 1931.

GENDROP, Paul, *Les Mayas*. Paris, Presses Universitaires de France, 1992.

GONÇALVES, Ricardo Mário & MOTA, Jorge César. Verbete "Budismo" da *Enciclopédia Mirador Internacional*. São Paulo. Encyclopaedia Britannica do Brasil Publicações Ltda., 1987, vol. 4.

GORIELY, B. *Les poètes dans la Révolutions Russe*. Paris, Gallimard, 1934.

GRATELOUP, Léon-Louis. *Dictionnaire Philosophique de Citations*. Paris, Hachette, 1990.

GROUSSET, René. *Histoire de la Philosophie Orientale Inde-Chine-Japon*. Paris, Nouvelle Librairie Nationale, 1923.

GUTIERREZ, Gustavo. *Boire à son propre puits, ou l'itinéraire spirituel d'un peuple*. Trad. de l'espagnol par E. Brauns. Paris, Cerf, coll. Apologique, 1985.

HERÁCLITO DE ÉFESO. *Fragmentos*. In: *Textos de Filosofia Geral e Filosofia do Direito*. Coletânea organizada por Aloysio Ferraz Pereira. São Paulo. Revista dos Tribunais, 1980. Tradutor do excerto: José Cavalcante de Souza.

HERSCH, Jeanne, organizadora. *O direito de ser homem*. Rio, Editora Conquista, 1972. Tradução de Homero de Castro Jobim.

—————————— . (Recueil de textes préparé sous la direction de). *Le droit d'ètre un homme. Anthologie mondiale de la liberté*. Paris, J. C. Lattès/Unesco, 1990.

HERZOG, J. Silva. *El Agrarismo Mexicano y la Reforma Agraria*. México, Cuadernos Americanos, 1959.

HÉSIODE. *Les travaux e les jours*. Trad. P. Mazon. Paris, Les Belles Lettres, 1928.

HIRSCH, E. *Judaïsme et Droits de l'homme*. Paris, Librairie des libertés, 1984.

HIRSCH, E. *Islam et Droits de l'homme*. Paris, Librairie des libertés, 1984.

——————— et alii. *Christianisme et Droits de l'homme*. Paris, Librairie des Libertés, 1984.

HOBBES, Thomas. *Leviatã: Das leis civis*. Tradução de Elival da Silva Ramos. In: *Textos clássicos de Filosofia do Direito*. Coordenação: Prof. Anacleto de Oliveira Faria. São Paulo, Revista dos Tribunais, 1981.

———————. *De Cive – Elementos filosóficos a respeito do cidadão*. Tradução de Ingeborg Soler. Introdução de Denis L. Rosenfield. Posfácio de Milton Moreira do Nascimento. Petrópolis, Vozes,1993.

HOMÉRE. *Iliade*, VI, versículo 212-232. Trad. P. Manzon. Paris, Les belles lettres, 1937, tomo I.

JASPERS, K. *La Culpabilité Allemande*. Paris, Édition de Minuit, 1948.

JEANNIÈRE, A. *La pensée d'Héraclite d' Éphèse, avec la traduction intégrale des fragments*. Paris, Aubier-Montaigne, 1959.

KANT, *Métaphysique des Mœurs, doctrine du droit*. Trad. de Jean-Pierre Lefebvre. In: TOSEI, André. Kant Révolutionnaire – Droit et politique.

———————. *La raison pratique*. Textes choisis par Claude Khodoss. Paris, Presses Universitaires de France, 1991.

KHAWAM, René. *Le Coran*. Paris, Maisonneuve/Larose, 1990. (Texto integral, tradução da vulgata árabe).

KLOPPENBURG, Frei Boaventura. *O Cristão Secularizado*. Petrópolis, Vozes, 1970.

LABROUSSE, Elisabeth. *Une foi, une loi, un roi? Essai sur la révocation de l'Edit de Nantes*. Labor et Fides/Payot, 1985.

LAFON, Michel. *Prière et fêtes mulsulmanes. Suggestions aux chrétiens*. Préface de Jean Chabbert, archevêque de Rabat. Paris, Les Editions du Cerf, 1982.

LAO-TSEU. *Tao tö-king*. Trad. franç. Liou Kia-Hway. Paris. Gallimard, 1967.

LAS CASAS, Bartolomé de. *De l'unique manière d'évangéliser le monde entier*. Paris, Les Editions du Cerf, 1990.

LAS CASAS, Bartolomé de. *Très brève relation de la destruction des Indes*. Paris, Éditions La Découverte, 1991.

LEAL, Aurelino. *História Constitucional do Brasil*. Rio de Janeiro. Imprensa Nacional, 1915.

LEPARGNEUR, Padre Hubert. *A conquista dos Direitos Humanos: esboço histórico*. In: *Direitos Humanos*. Padre Hubert Lepargneur e outros. São Paulo, Edições Paulinas, 1978.

LÉNINE, Vladimir Ilitch Oulianov, dit. *L'Etat et la Révolution*. Paris, Editions sociales, 1966.

——————. *Que faire?* Paris, Editions sociales, 1965.

LESKOV, N. *Lady Macbeth au village*. Paris, Gallimard, 1939. Trad. de B. de Schloezer.

LEWIS, B. *Le Retour de l'Islam*. Gallimard, 1983.

LIMA, João Batista de Souza. *As mais antigas normas de Direito*. Rio, Forense, 1983.

LOCKE, John. *The second treatise of Civil government*, 1690.

——————. *Segundo tratado sobre o governo*. São Paulo, Ibrasa, 1963.

LUBAC, Henri. *Le rencontre du Bouddhisme et de l' Occident*. Paris, 1952.

MACBRIDE, Sean. *Voix multiples, un seul monde*. Paris, Unesco, 1986.

MACHADO, José Pedro. *Dicionário Etimológico da Língua Portuguesa*. Lisboa, Editorial Confluência, 1959, vol. II.

MAHN-LOT, Marianne *Bartolomé de Las Casas*. Paris. Desclée de Brower. 1991.

MAÏLA, Joseph, *Les droits de l'homme sont-ils impensables dans le monde arabe*. In: Esprit -Revue internationale. Paris, n° 172, juin 1991.

MANGABEIRA, Francisco. *João Mangabeira: República e Socialismo no Brasil*, Rio, Paz e Terra, 1979.

MANGABEIRA, João. *Em torno da Constituição*. São Paulo, 1934.

MARITAIN, Jacques. *Les droits de l'homme*. Textes présentés par René Mongel. Paris, Desclée de Brouwer, 1989.

MARTY, François. *La Bénédiction de Babel*. Paris, Editions du Cerf/La Nuit Surveillé, 1990.

MARX, Karl. *La Question Juive*. Trad. H. Lefebvre e N. Gutermann. Paris, Gallimard, 1934.

——————. *La guerre civile en France*. Paris, Editions sociales, 1953.

——————. *Critique de la philosophie du droit de Hegel*. Paris, Aubier Montaigne, 1971.

—————— & ENGELS, Friedrich. *Manifeste du Parti Communiste*. En annexe: Principes du communisme d'Engels. Projet de profession de foi communiste. Introduction de Jean Bruhat. Paris, Éditions Sociales, 1972.

MASSE, Henri. *L'Islam*. Colin, 1948.

MICHAUD, Stéphane. *Visages de la femme de la Révolution française aux apparitions de Lourdes*. Paris, Seuil, 1985.

MIRANDA, Pontes de. *Comentários à Constituição de 1946*. Rio de Janeiro, Editor Borsoi, 1960, tomo V.

MONTESQUIEU. *De l'Esprit des Lois*. Dijon, Bibliothèque de la Pléiade, 1951.

MORAIS FILHO, Evaristo de. *Introdução ao Direito do Trabalho*. Rio, Forense, 1956, vol. I.

NABUCO, Joaquim. *Um Estadista do Império – Nabuco de Araújo*, Rio de Janeiro, s/ data, tomo I.

NASCIMENTO, Walter Vieira do. *Lições de História do Direito*. Rio, Zahar Editores, 1981.

OLIVEIRA FILHO, João de. *Origem Cristã dos Direitos Fundamentais do Homem*. Rio, Forense, 1968.

ORLANDO, Pedro, *Novíssimo Dicionário Brasileiro*. São Paulo, Editora LEP, 1956, vol. II.

PACHECO, Cláudio. *Tratado das Constituições Brasileiras*. Rio, Freitas Bastos, 1958, vol. I.

PAPISCA, Antonio. *Democrazia Internazionale, via di Pace*. Milano, Ed. Franco Angeli, 1990.

——————— & Marco Mascia. *Le Relazioni Internazionali nell'era della interdipendenza e dei Diritti Umani*. Padova, Cedam, 1991.

PYTHON, Père Pierre. *L'ethique bouddhique*. In: Lumière et Vie. Lyon, Août 1989, tome XXXVIII, N° 193.

PLUTARQUE. *Vie de Publicola*, I, 25/26, Trad. de R. Flacelière, Ire éd. , t. II. Paris, Les Belles Lettres, 1961.

POLIGNAC, François de. *La naissance de la cité grecque*. Paris, La Découverte, coll. Textes à l'appui, 1984.

POUPARD, Paul. *Les Religions*. Paris, Presses Universitaires de France, 1987.

QUENIART, Jean. *La révocation de l'Edit de Nantes. Protestants et catholiques en France de 1598 à 1685*. DDB, 1985.

REALE, Miguel. *Filosofia do Direito*. São Paulo, Editora Saraiva, 1982.

REIS, Antônio Marques dos. *Constituição Federal Brasileira de 1934*. Rio de Janeiro, 1934.

ROBERT, Paul. (Sous la direction de). *Le Petit Robert 2. Dictionnaire Universel des Noms Propres*. Paris, Dictionnaires Le Robert, 1991.

RODRIGUES, José Honório. *A Assembléia Constituinte de 1823*. Petrópolis, Editora Vozes, 1974.

ROSA, Alcides. *Manual de Direito Constitucional.* Rio, Gráfica Editora Aurora 1956.

ROUSSEAU. *Économie Politique* (1755). Textes choisis par Yves Vargas. Paris, Presses Universitaires de France, 1986.

——————————. *Do contrato social (ou Princípios do Direito Político).* Tradução de José Eduardo Campos de Oliveira Faria. In: *Textos clássicos de Filosofia do Direito.* Coordenação. Prof. Anacleto de Oliveira Faria. São Paulo, Revista dos Tribunais, 1981.

——————————. *Discurso sobre a Origem e os Fundamentos da Desigualdade entre os Homens.* São Paulo, Martins Fontes, 1993.

RUDEL, Christian. *Les combattants de la liberté.* Paris, Les Éditions Ouvrières, 1991.

RUSSOMANO, Victor. *História Constitucional do Rio Grande do Sul.* Porto Alegre, edição da Assembléia Legislativa do Rio Grande do Sul. 1976.

RUSSOMANO, Mozart Victor. *Curso de Direito do Trabalho.* Rio de Janeiro, José Konfino, 1972.

SAND, Shlomo. *Georges Sorel et le débat intellectuel 1900.* Paris, La Découverte, 1985.

SANTONI, Eric. *Les Religions.* Alleur (Belgique), Marabout, 1989.

SILVA, J. Norberto da. *História da Conjuração Mineira.* Rio de Janeiro, 1948.

SOPHOCLE, *Antigone.* Trad. P. Mazon. Paris, Les Belles Lettres, 1955, 1ª edição. Paris, Presses Universitaires de France, 1990.

SOURDEL, D. *L' Islam.* Paris, Presses Universitaires de France, coll. "Que sais-je", 1956.

SOUSTELLE, Jacques. *Les Aztèques.* Paris, Presses Universitaires de France. 1991.

STORNIOLO, Ivo & Euclides Martins Balancin. (Introduções, notas e tradução). *Bíblia Sagrada* - Edição Pastoral. São Paulo, Edições Paulinas, 1990.

TEIXEIRA, João Régis Fassbender. *Direito do Trabalho.* São Paulo, Sugestões Literárias, 1968, tomo I.

TEUNDROUP, Lama Denis. *Bouddhisme, voie d'ouverture et de libération.* In: *Lumière e Vie.* Lyon. Août 1989, tome XXXVIII, N° 193.

TERRA S. J., J. E. Martins. *Direitos de Deus e Direitos Humanos.* São Paulo, Edições Paulinas, 1979.

THOREAU, Henry David. *La désobéissance civile.* Traduction et préface de Micheline Flak. Paris, Climats, 1992.

TOSEL, André. *Kant Révolutionnaire. Droit et politique.* Suivi de textes choisis de la "Doctrine du Droit" traduits par J.–P. Lefebvre. Paris, Presses Universitaires de France, 1990.

TRASÍMACO, *Fala na República, de Platão.* In: *Textos de Filosofia Geral e Filosofia do Direito.* Coletânea organizada por Aloysio Ferraz Pereira. São Paulo, Revista dos Tribunais, 1980. Tradutor do excerto: José Cavalcante de Souza.

VASAK, Karel. *A Longa Luta pelos Direitos Humanos.* In: O Correio da Unesco. Rio de Janeiro, janeiro de 1978, ano 6, Nº 1.

VASSE, Denis. *Lire aujourd'hui Thérèse d'Avila.* Seuil, 1991.

VEYRIERES, P & G. de Meritens. *Le Livre de la Sagesse Malgache.* Paris, Editions maritimes et d'outre-mer, 1967.

VIANNA, José de Segadas, Arnaldo Sussekind e outros. *Instituições de Direito do Trabalho.* Rio de Janeiro, Freitas Bastos, 1961, vol. I .

VIEILLE, Paul & Farhad Khosrokhavar. *Le discours populaire de la Révolution Iranienne.* Editions Contemporanéité. Vol. I – Commentaires. Vol. 2 – Entretiens.

VOLTAIRE, F. M. Arouet de. *Candide.* 1759.

WALTER, G. *Lénine.* Paris, Julliard, 1950.

WIJAYARATNA, Môhan, *Le Christianisme vu par le Bouddhisme.* Paris. Les Editions du Cerf, 1982.

————————. *Le Bouddha et ses disciples.* Préface de André Padoux. Paris, Les Editions du Cerf, 1990.

————————. *Sermons du Bouddha.* Préface de Michel Hulin. Paris, Les Editions du Cerf, 1988.

WING-TSIT, Chan. *A source book of Chinese Philosophy.* New York, Columbia University Press, 1963.

ZAMUDIO, Héctor Fix. "México". In: *Tendências do Pensamento Jurídico.* (Coletânea de artigos do "International Social Science Journal", v. 22, nº 3, 1970). Trad. de Ailton Benedito de Souza. Revisão técnica de Vivaldo Vieira Barbosa. Rio. Editora da Fundação Getúlio Vargas, 1976.

DADOS DO AUTOR

1. Principais títulos do Autor

- Livre-Docente da Universidade Federal do Espírito Santo.
- Mestre em Direito pela PUC do Rio de Janeiro.
- Pós-doutoramento na Universidade de Wisconsin (EE. UU.) e na Universidade de Rouen (França).
- Participante de congressos internacionais: no México (Congresso de Sociologia); nos Estados Unidos: Colóquio Internacional sobre a Língua Portuguesa; na França: 21ª Sessão do Instituto Internacional de Direitos do Homem e 2º Colóquio Internacional Islâmico-Cristão; no Brasil: 2º e 3º Encontro Internacional de Direito Alternativo (Florianópolis)..
- Advogado, Promotor de Justiça, Juiz do Trabalho, Juiz de Direito e novamente Advogado.
- Um dos fundadores (1976), primeiro presidente e membro atual da Comissão "Justiça e Paz", da Arquidiocese de Vitória.
- Um dos fundadores (1977), primeiro presidente e atual membro da Associação de Docentes da UFES.
- Membro da Academia Espírito-Santense de Letras, da Academia Cachoeirense de Letras, da Academia de Letras Humberto de Campos (de Vila Velha) e da Academia Calçadense de Letras.
- Membro do Instituto dos Advogados do Espírito Santo e do Instituto dos Advogados Brasileiros.
- Membro do Centro "Heleno Fragoso" pelos Direitos Humanos, de Curitiba, Paraná, e da Associação "Padre Gabriel Maire" em Defesa da Vida, de Vitória.
- Membro da Associação "Juízes para a Democracia", de São Paulo, da Associação dos Magistrados Brasileiros, da Associação dos Magistrados do Espírito Santo, do Instituto dos Magistrados Brasileiros e do Instituto dos Magistrados do Ceará.
- Professor Fundador e Emérito da Faculdade de Filosofia, Ciências e Letras "Madre Gertrudes de São José", de Cachoeiro de Itapemirim.
- Um dos fundadores da Faculdade de Direito de Cachoeiro de Itapemirim.
- Ex-professor da Faculdade de Ciências Econômicas e da Faculdade de Direito de Colatina, ES.
- Professor palestrante no Centro de Ciências Sociais de Vila Velha (UVV), no Centro de Ensino Superior de Vitória (CESV) e na FAESA (Vitória).
- Professor Visitante de diversas Universidades brasileiras e estrangeiras.
- Membro da Associação Internacional de Direito Penal (França).
- Autor de 30 livros e de numerosos trabalhos publicados em revistas e jornais, no Brasil e no Exterior.

2. Livros publicados

1. O ensino de Organização Social e Política Brasileira. Cachoeiro de Itapemirim, edição mimeografada, 1963. Esgotado.
2. Na Tribuna do Ministério Público. Cachoeiro de Itapemirim, Editora Marjo, 1965. Esgotado.
3. Pela Justiça, em São José do Calçado. São José do Calçado/ES, 1971. Impresso na Escola de Artes Gráficas da União dos Lavradores de Vala do Souza. Esgotado.
4. Considerações sobre o Novo Código de Processo Civil. Porto Alegre, Ajuris, 1974 (Prêmio André da Rocha, ano de 1973, conferido pela Associação de Juízes do Rio Grande do Sul — 1º lugar em Concurso Nacional de Monografias). Esgotado.
5. A Função Judiciária no Interior. São Paulo, Resenha Universitária, 1977. Esgotado.
6. Como Aplicar o Direito (à Luz de uma Perspectiva Axiológica, Fenomenológica e Sociológico-Política). Rio, Forense, 1999 (5ª edição), 1986 (2ª edição, revista, ampliada e atualizada), 1994 (3ª edição, novamente revista, ampliada e atualizada), 1997 (4ª edição, mais uma vez revista e atualizada), 1999 (5ª edição, 6ª edição), 2001 (7ª edição) e 2002 (8ª edição).
7. Uma Porta para o Homem no Direito Criminal. Rio, Forense, 1980 (1ª edição), 1988 (2ª edição, corrigida e acrescida), 1999 (3ª edição) e 2001 (4ª edição).
8. 1.000 Perguntas: Introdução à Ciência do Direito. Rio, Editora Rio, 1982. Esgotado.
9. Como Participar da Constituinte. Petrópolis, Editora Vozes, 1985 (1ª e 2ª edições), 1986 (3ª edição atualizada, 4ª, 5ª e 6ª edições). Esgotado.
10. Introdução ao Estudo do Direito (a partir de perguntas e respostas). Campinas, Julex Livros, 1987. Esgotado.
11. Constituinte e Educação. Petrópolis, Editora Vozes, 1987. Esgotado.
12. Crime, Tratamento sem Prisão. Petrópolis, Editora Vozes, 1987 (1ª edição). Porto Alegre, Livraria do Advogado Editora, 1995 (2ª edição, revista e acrescida) e 1998 (3ª edição, revista e ampliada).
13. Dilemas da Educação — dos Apelos Populares à Constituição. São Paulo, Cortez Editora/Autores Associados, 1989.
14. Direito e Utopia. São Paulo, Editora Acadêmica, 1990 (1ª edição) e 1993 (2ª edição). Porto Alegre, Livraria do Advogado Editora, 1999 (3ª edição revista e atualizada) e 2001 (4ª edição).
15. Instituições de Direito Público e Privado. São Paulo, Editora Acadêmica, 1992. Esgotado.
16. O Direito dos Códigos e o Direito da Vida. Porto Alegre, Sérgio Antônio Fabris — Editor, 1993.
17. Para gostar do Direito — Carta de iniciação para gostar do Direito. São Paulo, Editora Acadêmica, 1994 (1ª edição), 1995 (2ª edição). Porto Alegre, Livraria do Advogado Editora, 2000 (3ª edição revista e atualizada) e 2001 (4ª edição).
18. Gênese dos Direitos Humanos. São Paulo, Editora Acadêmica, 1994 (1ª edição). Aparecida (SP), Editora Santuário, 2002 (2ª edição).
19. Para onde vai o Direito? Porto Alegre, Livraria do Advogado Editora, 1996 (1ª edição), 1997 (2ª edição) e 2001 (3ª edição).
20. 1000 Perguntas - Introdução ao Direito. Rio, Thex Editora - Biblioteca da Universidade Estácio de Sá, 1996 (1ª edição) e 2000 (2ª edição revista).
21. Ética, Educação e Cidadania. Porto Alegre, Livraria do Advogado Editora, 1996 (1ª edição) e 2001 (2ª edição).
22. ABC da Cidadania. Vitória, Secretaria de Cidadania da Prefeitura Municipal de Vitória, 1996, 1ª edição, e 1997 (2ª edição). Em ambas as edições: 10 mil exemplares, distribuição gratuita. Esgotado.

23. Direitos Humanos — a construção universal de uma utopia. Aparecida (SP), Editora Santuário, 1997 (1ª edição) e 2001 (2ª edição).
24. O Direito Processual e o Resgate do Humanismo. Rio de Janeiro, Thex Editora, 1997 (1ª edição) e 2001 (2ª edição).
25. Direitos Humanos — uma idéia, muitas vozes. Aparecida (SP), Editora Santuário, 1998 (1ª edição), 2000 (2ª edição) e 2001 (3ª edição).
26. Agenda da Cidadania (concebida pela Secretaria Municipal de Cidadania da Prefeitura Municipal de Vitória). Redação dos comentários à Declaração Universal dos Direitos Humanos. Seleção, com Vera Viana, de frases sobre Cidadania e Direitos Humanos, para a reflexão diária. Esgotado.
27. Justiça, direito do povo. Rio de Janeiro, Thex Editora, 1999 (1ª edição) e 2001 (2ª edição revista e ampliada).
28. Fundamentos de Direito. Rio de Janeiro, Forense, 2000 (1ª edição) e 2001 (2ª edição).
29. Como funciona a Cidadania. Manaus, Editora Valer (Coleção "Como funciona"), 2000 (1ª edição) e 2001 (2ª edição).
30. Ética para um mundo melhor — Vivências, experiências, testemunhos. Rio, Thex Editora, 2001.

3. Principais trabalhos inseridos em obras ou publicações coletivas

1. *A Função Judiciária no Interior: Pesquisa Sócio-Jurídica Empírica*. In: Sociologia e Direito – Leituras Básicas de Sociologia Jurídica. Organizadores: Cláudio Souto e Joaquim Falcão. São Paulo, Livraria Pioneira Editora, 1980.
2. *Juiz, Jurisprudência, Justiça*. In: Conceitos sobre Advocacia, Magistratura, Justiça e Direito. Organizador: B. Calheiros Bomfim, Rio, Edições Trabalhistas, 1983.
3. *Constituinte*. In: A Universidade Santa Úrsula debate os grandes temas da Nova República. Coordenador: Herbert José de Souza. Rio, Serviço Gráfico da Universidade Santa Úrsula, 1985.
4. *Depoimento*. In: O Direito Achado na Rua. Organizador: José Geraldo de Souza Júnior. Brasília, Editora Universidade de Brasília, 1987.
5. Verbete *"Sentença"*. In: Digesto de Processo, volume 5. Direção geral: Jacy de Assis. Rio, Companhia Editora Forense, 1988.
6. *Crise na Formação do Jurista e na Ciência do Direito*. In: Ensino Jurídico – OAB: Diagnóstico, Perspectivas e Propostas. Comissão de Ciência e Ensino Jurídico da OAB (Paulo Luiz Neto Lôbo, coordenador; José Geraldo de Souza Júnior e Roberto A. R. de Aguiar, relatores). Brasília, Conselho Federal da OAB, 1992.
7. *A formação dos operadores jurídicos no Brasil*. In: Ética, Justiça e Direito. Reflexões sobre a reforma do Judiciário. Organizadores: Padre José Ernanne Pinheiro & outros. Petrópolis, Editora Vozes/ CNBB, 1996.
8. *CEBs como movimento social transformador*. In: Movimentos Sociais. (Escritos de Vitória; 16). Vitória, Prefeitura Municipal, Secretaria de Cultura e Turismo, 1996.
9. *Comentário ao artigo 22 da Declaração Universal dos Direitos Humanos*. In: 50 Anos da Declaração Universal dos Direitos Humanos: Conquistas e Desafios. Conselho Federal da Ordem dos Advogados do Brasil – Comissão Nacional de Direitos Humanos. Brasília, Conselho Federal da OAB, 1998 (1ª edição). Conselho Federal da OAB e Letraviva Editorial Ltda., 1999 (2ª edição, com prefácio de Kofi A. Annan, Secretário-Geral da ONU).
10. *Para o debate sobre o Poder Judiciário*. In: Coletânea Jurídica – estudos em homenagem ao Professor Érito Francisco Machado. Coordenador: Carlos Valder do Nascimento. Ilhéus (Bahia), Editus (Editora da Universidade Estadual de Santa Cruz), 1999.

11. *Direitos Humanos: uma idéia, muitas vozes.* In: Almanaque de Nossa Senhora Aparecida. Aparecida (SP), Editora Santuário, 1999.
12. *A Missão do Advogado.* In: A Importância do Advogado para o Direito, a Justiça e a Sociedade. Coordenador: Mário Antônio Lobato de Paiva. Rio, Editora Forense, 2000.
13. *Jaime Wright, Profeta da Justiça e do Ecumenismo.* In: Almanaque de Nossa Senhora Aparecida. Aparecida (SP), Editora Santuário, 2000.
14. *Peregrino, seu destino é caminhar.* In: Jubileu de Luz, publicação comemorativa dos 50 anos de sacerdócio de D. Luís Gonzaga Fernandes. Campina Grande (Paraíba), Diocese de Campina Grande, dezembro de 2000.
15. *Geir, o amigo.* In: A profissão do poeta – 13 pequenos ensaios e depoimentos em homenagem a Geir Campos. Niterói, Imprensa Oficial do Estado do Rio de Janeiro, 2002.

4. Prefácios, orelhas e apresentação de livros

1. *Anistia – Caminho e Solução,* de José Ignacio Ferreira. Vitória, Janc Editora e Publicidade Ltda., 1979.
2. *Fantasia,* poemas de Gustavo Haddad. Vitória, edição do autor, 1979.
3. *Joca Pivete – O Menor Violentado,* de Helvécio de Siqueira e Silva. São Paulo, Ícone Editora, 1987.
4. *Flor do Agreste,* de Luzia Pascoal Cordeiro. Vitória, edição da autora, 1990.
5. *Olhos de espanto,* de Regina Herkenhoff Coelho. Vitória, Departamento Estadual de Cultura, 1993.
6. *Era uma vez...,* de Ariette Moulin. Cachoeiro de Itapemirim, Gracal, 1995.
7. *As Faces de Proteu,* de Magda Lugon e Evandro Moreira. Vitória, Imprinta Gráfica e Editora Ltda., 1995.
8. *Mergulho,* de Cyro Marcos da Silva. Juiz de Fora, Gráfica Floresta, 1995.
9. *Rosa e Azul (traços de nossa terra),* de Débora Brasil e Edson Lobo. Vitória, Gráfica Espírito Santo, 2001.
10. *Rock, Contracultura e a Reinvenção da América,* de Gustavo Haddad. No prelo.
11. *Sistema de Nulidades Processuais e sua Interferência na Celeridade Processual,* de Luiz Antônio Soares. No prelo.
12. *O Direito e seu compromisso social,* de Paulo Maria de Aragão. No prelo.

5. Principais trabalhos publicados em revistas, fora do Estado

1. Da Necessidade de Regulamentar o Trabalho do Preso das Cadeias do Interior, no Futuro "Código das Execuções Penais". Revista do Conselho Penitenciário Federal. Brasília, Conselho Penitenciário Federal, ano X, n° 30, julho a dezembro de 1973.
2. Sobre o Novo Código do Processo Civil. *Revista Ajuris.* Porto Alegre, ano I, n° I, julho de 1974; ano III, n° 7, julho de 1976.
3. Pela Instituição da Justiça Agrária. *Revista da Ordem dos Advogados do Brasil,* Rio, ano VI, n° 15, janeiro-abril de 1975.
4. Por uma Visão Sociológica do Direito. *Revista Litis.* Rio, ano I, vol. III, junho de 1975.
5. A Correção Monetária nos Processos Judiciais, independentemente de Leis Específicas. *Revista Ajuris.* Porto Alegre, ano II, n° 4, julho de 1975.
6. A Polícia das Construções e os Direitos da Criança. *Revista de Informação Legislativa.* Brasília, ano 13, n° 49, janeiro-março de 1976.
7. Considerações sobre o novo Código de Processo Civil. *Revista Forense.* Rio, ano 72, vol. 254, abril-maio-junho de 1976.

8. Aspectos sociológicos da função judiciária, nas comunidades interioranas. *Arquivos do Ministério da Justiça*. Rio, ano 34, n° 141, janeiro-março de 1977.
9. O Poder Político do Judiciário. *Revista da Ordem dos Advogados do Brasil*. Rio, ano IX, vol. IX, n° 24, janeiro-abril de 1978.
10. Os Direitos Humanos e a Paz. *Revista de Informação Legislativa*. Brasília, ano 15, n° 60, outubro-dezembro de 1978.
11. Os Direitos Humanos e sua Proteção Jurisdicional. *Coleção Encontros com a Civilização Brasileira*. Rio, n° 7, janeiro de 1979.
12. Lei Orgânica da Magistratura: uma Visão Crítica. *Revista Ajuris*. Porto Alegre, ano VI, n° 16, julho de 1979.
13. Direitos do Homem. Direitos do Índio. Direitos da Família. *Revista da OAB, Seccional do Rio de Janeiro*. Rio, ano VII, vol. XX, n° 15, I° quadrimestre de 1981.
14. Magistrados do Interior – O Papel do Juiz na Sociedade Brasileira. Interiorana. In: *Revista da OAB, Seccional do Rio de Janeiro*. Rio, n° 16, 2° quadrimestre de 1981.
15. Reforma dos Códigos e Reforma do Poder Judiciário. *Revista Forense*. Rio, ano 77, vol. 275, julho-agosto-setembro de 1981.
16. A Nova Constituição e a Educação. *Revista de Cultura Vozes*. Petrópolis, ano 82, volume LXXXII, n° 2, julho-dezembro de 1988.
17. Ensino Jurídico e Direito Alternativo. Reflexões para um Debate. *Revista de Direito Alternativo*. São Paulo, Editora Acadêmica, n° 2, 1993.
18. Juizado para causas simples e infrações penais menos ofensivas. *Revista dos Tribunais*. São Paulo, Editora Revista dos Tribunais, ano 83, vol. 708, outubro de 1994.
19. Missão ética da universidade. In: *Interface – Revista de Ciências Humanas*. Vitória, Centro de Ciências Jurídicas e Econômicas da Universidade Federal do Espírito Santo, ano I, n. 1, março de 1996.
20. A questão do Direito e da Justiça, Igreja e Sociedade. *RHEMA – Revista de Teologia e Filosofia*. Juiz de Fora (MG), Instituto Teológico Arquidiocesano Santo Antônio, n. 8, 1997.
21. 50 Anos da Declaração Universal dos Direitos Humanos – Reflexões e desafios. *Revista Direitos Humanos GAJOP*. Recife, Gabinete de Assessoria Jurídica às Organizações Populares, Edição especial, novembro/dezembro de 1998.

6. Principais trabalhos publicados em revistas, no Estado do Espírito Santo

1. Franquia Universal da Escola Média. *Revista da Academia Cachoeirense de Letras*. Cachoeiro de Itapemirim, ano I, n° 1, dezembro de 1964.
2. Trabalho do Preso, no Futuro Código das Execuções Penais. *Informativo Semestral da Associação dos Magistrados do Espírito Santo*. Vitória, ano I, n° 1, 8 de dezembro de 1972.
3. Procedimento Sumaríssimo no novo Código de Processo Civil. Alcance Social. Simplificação Maior do que a Prevista. Repercussões na Organização Judiciária. *Informativo Semestral da Associação dos Magistrados do Espírito Santo*. Vitória, ano 2, n° 3, 8 de dezembro de 1973.
4. Correção Monetária nos Processos Judiciais. *Revista da Associação dos Magistrados do Espírito Santo*. Vitória, ano 3, n° 4 e 5. 1974.
5. Visão Sociológica do Direito. *Revista da Associação dos Magistrados do Espírito Santo*. Vitória, ano 5, n° 6 e 7, 1975.
6. Perfil de um Magistrado. *Revista da Associação dos Magistrados do Espírito Santo*. Vitória, ano 6, n° 8 e 9, 1976.
7. Conceito de Educação. *Guia Fiscal, Legislativo, Educativo*. Vitória, ano II, n° 15, março de 1976.

8. Os Fins da Educação Brasileira, *Guia Fiscal, Legislativo, Educativo*. Vitória, ano II, nº 17, maio de 1976.
9. As Instituições Extra-Escolares e a Formação Político-Social do Educando. *Guia Fiscal, Legislativo, Educativo*. Vitória, ano II, nº 18, junho de 1976.
10. Sentença de habeas-corpus para fazer cessar irregularidades na execução de prisão. *Revista do Tribunal de Justiça do Espírito Santo*. Ano XXIV, volumes I a IV, 1978.
11. Violência, Lei e Direito. *Revista de Cultura da Universidade Federal do Espírito Santo*. Vitória, ano VI, nº 18, outubro-novembro de 1980.
12. A Importância da Constituição na Perspectiva das Classes Oprimidas e de seus Aliados. *Revista da Adufes*. Vitória, ano I, nº 2. Julho de 1985.
13. Sobre o Tratamento do Crime. *Revista Agora*. Vitória, setembro de 1987.
14. O Ofício de Jurista a Serviço de um Projeto Popular de Transformação Social. *Revista do Instituto dos Advogados do Espírito Santo*. Vitória, ano I, nº 1, 1990.
15. Direitos Humanos como aspiração popular. *Revista da Academia Espírito-Santense de Letras*. Vitória, edição comemorativa dos 70 anos de fundação da Academia, 1991.
16. A Hermenêutica Jurídica no Direito do Trabalho. *Labor et Justitia – Revista do TRT – 17ª Região*. Vitória, Tribunal Regional do Trabalho da 17ª Região, vol. I, n. 1, julho/dezembro de 1997.
17. O Trabalho em tempos de Neoliberalismo. *Labor et Justitia – Revista do TRT – 17ª Região*. Vitória, Tribunal Regional do Trabalho da 17ª. Região, vol. I, n. 2, 1998.
18. José Moysés, artesão da fraternidade. *Revista da Academia Cachoeirense de Letras*. Cachoeiro de Itapemirim, ano XXXVIII, nº 13, dezembro de 2000.
19. O Direito como poesia. *Signum – Revista de Direito do Centro de Ensino Superior de Vitória*. Vitória, ano II, número 2, janeiro/junho de 2001.

7. Principais trabalhos publicados em jornais, fora do Espírito Santo

1. O Municipalismo. *Intercâmbio Municipalista*. São Paulo, março/abril de 1960.
2. Reflexões após um período de férias. *O Norte Fluminense*, Bom Jesus do Itabapoana (RJ), 11/8/1968.
3. O trabalho do preso das cadeias do interior. *Tribuna da Justiça*. São Paulo, 10/7/1974.
4. Crítica à Lei Orgânica da Magistratura. *O Advogado* (jornal da OAB do Piauí). Teresina, maio de 1979.
5. Uma experiência de justiça criminal alternativa. *Diário do Sul*. Porto Alegre, 27/8/1987.
6. Constituintes estaduais e participação popular. *A Tarde*. Salvador, 14/4/1989.
7. Possibilidades e limites das Constituintes dos Estados. *Gazeta do Povo*, Curitiba, 14/4/1989.
8. Alternativas para a prisão podem dar bom resultado. *O Estado de São Paulo*. São Paulo, 30/1/1991.
9. Nunca é tarde para buscar a paz. *Gazeta do Povo (suplemento "Viver Bem")*. Curitiba, 17/3/1991.
10. Dignidade do trabalho. *Jornal do Brasil*. Rio, 11/5/1991.
11. O papel do jurista numa perspectiva de História. *O Rio Branco*. Rio Branco, 22/5/1991.
12. A pena de morte deve ser adotada? *O Nacional*. Passo Fundo (RS), 23/5/1991.
13. A proposta de um Direito da libertação. *Tribuna do Ceará*. Fortaleza, 1/6/1991.
14. Compromisso social do jurista. *O Estado do Maranhão*. São Luís, 9/6/1991.
15. Direito e realidade social. *A União*. João Pessoa, 25/8/1991.
16. Direitos constitucionais – Hora de o Poder Judiciário se manifestar. *Gazeta do Povo (suplemento "Viver Bem")*. Curitiba, 25/8/1991.
17. Rejuvenescimento do Poder Judiciário. *Jornal da Manhã*. Teresina, 6/9/1991.

18. Pagar estudo com trabalho: mecanismo de Justiça social? *O Estado do Maranhão*. São Luís, 22/9/1991.
19. Os interlocutores do Papa. *O Nacional*. Passo Fundo (RS), 18/10/1991.
20. Um desafio para a Justiça. *Jornal de Opinião*. Belo Horizonte, 11/1/1992.
21. Direitos Humanos e luta pela Justiça. *O Estado do Maranhão*. São Luís, 15/1/1992.
22. Solidários na dignidade do trabalho. *Jornal de Opinião*. Belo Horizonte, 22/4/1992.
23. O jurista e os desafios da crise brasileira. *A Gazeta*. Rio Branco, 13/5/1992.
24. Um filho de Barretos no coração da Normandia. *O Diário de Barretos*. Barretos (SP), 6/6/1992.
25. Aborto, uma questão de consciência. *Gazeta do Povo (suplemento "Viver Bem")*. Curitiba, 7/6/1992.
26. Relevância social como critério de validação da norma penal. O Estado do Maranhão. São Luís, 7/6/1992.
27. Educação para os Direitos Humanos como Projeto Político. *O Estado do Maranhão*. São Luís, 4/10/1992.
28. O direito de voto no Brasil. *Gazeta do Povo (suplemento "Viver Bem")*, Curitiba, 4/10/1992.
29. A tortura como negação do mínimo ético. *A Gazeta*. Rio Branco, 8/10/1992.
30. A questão penitenciária. *A União*. João Pessoa, 24/11/1992.
31. Os Direitos Humanos como patrimônio da cultura universal. *O Diário de Barretos*. Barretos (SP), 5/12/1992.
32. O direito de continuar a ser "gente". *Gazeta do Povo (suplemento "Viver Bem")*. Curitiba, 13/12/1992.
33. A pena de morte. *A União*. João Pessoa, 27/4/1993.
34. Serviço do júri e vereança gratuita. *O Estado do Maranhão*. São Luís, 30/4/1993.
35. Sinfonia da vida. *A Notícia*. Joinville (SC), 3/7/1993.
36. O rádio, a TV e os Direitos Humanos. *O Estado de Roraima*. Boa Vista, 31/8/1993.
37. Contra a revisão constitucional. *O Estado do Maranhão*. São Luís, 12/9/1993.
38. Prisão e segurança pública. *Jornal do Dia*. Macapá, 23/9/1993.
39. O jurista e a democracia. *Correio Braziliense* (Caderno "Direito e Justiça"). Brasília, 25/10/1993.
40. Lei e Direito. *A Tarde*. Salvador, 12/12/1993.
41. A Ética e o exercício das profissões. *O Liberal*. Belém, 5/6/1995.
42. Lei injusta e outras questões. *O Povo*. Fortaleza, 29/8/1995.
43. Anistia para os nossos remorsos. *Gazeta do Povo*. Curitiba, 10/10/1995.
44. A Utopia dos Direitos Humanos. *Gazeta do Povo (suplemento "Viver Bem")*. Curitiba, 31/12/1995.
45. Caminhos novos para o Direito. *Códice* (jornal informativo do Curso de Direito da Universidade Federal de Sergipe). Aracaju, dezembro de 1995/janeiro de 1996.
46. A luta nacional e universal contra a tortura. *Tortura Nunca Mais* (jornal do Grupo Tortura Nunca Mais de São Paulo). São Paulo, janeiro/fevereiro de 1996.
47. Crime organizado: questão política. *Diário da Manhã*. Goiânia, 11/06/1997.
48. A Justiça e os eternos dramas humanos. O Povo. Fortaleza, 29/06/1997.
49. Desafio para a sociedade. *O Tempo*. Contagem (MG), 23/07/1997.
50. A ética e os aposentados. *Correio Braziliense*. Brasília, 18/08/1997.
51. De algumas questões éticas. *A Gazeta*. Rio Branco, 20/08/1997.
52. Vocação libertária do Direito. *Diário da Região*. São José do Rio Preto (SP), 23/08/1997.
53. Aposentados, inimigos da Pátria. *Jornal do Aposentado*. Rio de Janeiro, 15 a 30/09/1997.
54. A Justiça e os dramas humanos. *Gazeta do Povo*. Curitiba, 23/01/1998.
55. Direito com rosto humano, com alma e com emoção. *Tribuna da Imprensa*. Rio de Janeiro, 21 e 22/03/98.

56. Condenação e direitos políticos. *Jornal do Brasil*. Rio de Janeiro, 10/04/98.
57. Súmulas vinculantes – uma boa idéia? *Gazeta Mercantil*. São Paulo, 1º/06/1998.
58. Os Direitos Humanos e a libertação pela educação. *Tribuna da Imprensa*. Rio de Janeiro, 6 e 7/06/98.
59. Direito Alternativo a quê? *Correio Braziliense*. Brasília, 12/06/98.
60. Justiça, uma questão existencial? *A Notícia*. Joinville (SC), 16/06/98.
61. Voto e cidadania. *Correio Braziliense*. Brasília, 12/09/1998.
62. A consagração da falsa maioria absoluta. *Tribuna da Imprensa*. Rio de Janeiro, 12/11/98.
63. Sentenças com alma e paixão. *Folha de Pernambuco*. Recife, 12/11/1998.
64. Direitos Humanos – uma idéia, muitas vozes. *O Estado do Maranhão*. São Luís, 14/11/1998.
65. Direitos humanos e alma brasileira. *Gazeta do Povo*. Curitiba, 16/11/98.
66. Uma questão existencial. *Tribuna de Alagoas*. Maceió, 19/11/1998.
67. Direitos humanos e cultura brasileira. *A Tarde*. Salvador, 08/12/1998.
68. História da imprensa em Joinville. *A Notícia*. Joinville (SC), 19/3/1999.
69. Justiça no banco dos réus. *O Liberal*. Belém, 21/05/1999.
70. De circunstâncias que excluem o crime. *Tribuna de Minas*. Juiz de Fora (MG), 26/05/1999.
71. O que é Justiça? *O Liberal*. Belém, 16/07/1999.
72. As variadas formas de participação política. *Correio da Cidadania*, São Paulo, 9 a 16/10/1999.
73. Lei Orgânica Municipal. *Correio da Cidadania*, São Paulo, 4 a 11/12/1999.
74. Sociedade civil e crime organizado. *Jornal do Brasil*. Rio, 13/12/1999.
75. 500 anos de Brasil? *O Liberal*. Belém, 17/04/2000.
76. Às mães com carinho. *A Gazeta*. Rio Branco, 13/05/2000.
77. A permanente busca do Direito. *O Liberal*. Belém, 13/05/2000.
78. Liberta porque será mãe. *Jornal do Brasil*. Rio, 14/05/2000.
79. Aborto – o legal e o existencial. *Diário da Manhã*. Goiânia, 11/06/2000.
80. Rebeliões e falência dos presídios. *Jornal do Brasil,* Rio de Janeiro, 4/3/2001.
81. Muçulmanos, nossos irmãos. *A Notícia*. Joinville (SC), 14/10/2001.
82. No Dia Nacional da Família. *Correio Braziliense*. Brasília, 10/12/2001.
83. Natal de minha infância. *Tribuna de Minas*. Juiz de Fora, 23/12/2001.
84. Quando o Natal não for um dia. *Folha de Boa Vista*. Boa Vista, 27/12/2001.
85. De direitos do nascituro. *Diário de Cuiabá*. Cuiabá, 28/12/2001.
86. Humanismo judicial. *A Notícia*. Joinville (SC), 29/12/01.
87. Direitos que transpõem condições e fronteiras. *O Liberal*. Belém, 2/1/2002.
88. Libertação de Glória Trevi. *O Estado do Maranhão*. São Luís, 3/01/2002.
89. Guarda do filho de Cássia Eller. *A Tarde*. Salvador, 11/01/2002.
90. Respeito ao Aposentado. *Tribuna da Imprensa*. Rio de Janeiro, 21/01/2002.
91. Cidadania e Carnaval. *A Notícia*. Joinville (SC), 9/02/2002.
92. Privatizações. *A Notícia*. Joinville (SC), 27/04/2002.
93. Trabalho e retrocessos. *Jornal do Brasil*. Rio de Janeiro, 30/04/2002.

8. Artigos publicados e outras produções havidas, fora do Brasil

A- *Trabalhos publicados em jornais e revistas:*

1. La voix du peuple devant le Pape. *Église de Rouen et du Havre*. Revue bi-mensuelle de la vie diocésaine. Rouen, nº 20, 22/11/1991.
2. Une stratégie populaire en faveur des droits de l'homme. *Les Informations Dieppoises*. Dieppe, nº 4.902, 17/3/1992.

3. Brésil: défi pour la Justice. *La Croix*. Paris, 5/5/1992.
4. Brésil: l'affaire Gabriel Maire. *DIAL – Diffusion de l'information sur l'Amérique Latine*. Paris, 2/6/1994.

B – Comunicações apresentadas em congressos:

5. Apresentação da comunicação. Os Direitos Humanos e a Paz, perante o XX Congresso de Sociologia promovido pela Associação Mexicana de Sociologia, na Cidade do México (junho de 1978), tendo como tema a questão da Paz.
6. Apresentação da comunicação *O papel da Língua e da Cultura de Língua Portuguesa, no mundo contemporâneo*, em Encontro Internacional sobre a Língua Portuguesa, promovido pela Universidade da Califórnia (Los Angeles, abril de 1984).
7. Redação da *Carta do Terceiro Mundo* (a respeito da Dívida Externa dos países do Terceiro Mundo), e proposta à subscrição de participantes da 26ª Sessão do Instituto Internacional de Direitos Humanos (Strasbourg, junho/julho de 1990).
8. *Comunicação a participantes de Sessão do Instituto Internacional de Direitos Humanos, a respeito do assassinato de líderes populares no Brasil*, com conseqüente pedido de pressão internacional que ajudasse as forças democráticas empenhadas em instaurar, plenamente, no país, o Estado de Direito (Strasbourg, por ocasião da 26ª Sessão do Instituto Internacional de Direitos Humanos, junho/julho de 1990).

C – Palestras feitas (datas; país e cidades; entidade promotora; tema):

9. 14/4/1984 – Estados Unidos da América, Madison (Wisconsin) – Peace and Justice Commitee – *A luta pela Justiça no Brasil, as esperanças de um povo.*
10. 28/4/1984 - Estados Unidos da América, Madison (Wisconsin) – Universidade de Wisconsin (Seminário sobre Lei e Modernização no Terceiro Mundo) – As novas demandas apresentadas ao Poder Judiciário: a coletivização dos conflitos.
11. 25/5/1984 – Estados Unidos da América, Madison (Wisconsin) – Peace and Justice Commitee – *Um entendimento radical da mensagem evangélica de Justiça: a propósito das comunidades eclesiais de base, no Brasil.*
12. 16/6/1984 – Estados Unidos da América, Madison (Wisconsin) – Peace and Justice Commitee – *Contribuição à análise ética da dívida do Terceiro Mundo: quando mecanismos de injustiça geram e mantêm uma situação de dependência.*
13. 25/5/1991 – França, Port Lesnay – Associação dos Amigos de Gabriel Maire – *O compromisso de Gabriel Maire, em defesa da vida e pela dignidade do ser humano.*
14. 11/10/1991 – França, Le Havre – ACAT – *A tortura como negação de humanidade.*
15. 29/11/1991 - França, Yvetot – ACAT – *A luta pelos Direitos Humanos no Brasil.*
16. 10/11/1991 – (Dia Internacional dos Direitos Humanos) – França Rouen – ACAT e outras entidades - Respeito aos Direitos da Pessoa Humana: o limite entre a Civilização e a barbárie.
17. 18/1/1992 - França, Evreux – CCFD – *A situação agrária no Brasil.*
18. 7/2/1992 - França, Saint Etienne de Rouvray – Comitê França–América Latina – *Aspectos éticos e jurídicos da Dívida Externa Brasileira.*
19. 26/2/1992 - França, Rouen – Anistia Internacional – *A contribuição universal na construção da idéia de Direitos Humanos.*
20. 6/3/1992 - França, Auquemesnil – CCFD – *A dívida externa e a situação agrária no Brasil.*
21. 16/3/1992 – França, Vernon – Liceu local – *Direito e Lei.*
22. 16/3/1992 – França, Vernon – *Professores e outros profissionais intelectuais – Situação agrária e dívida externa do Brasil.*

23. 20/3/1992 – França, Evreux – Militantes de Direitos Humanos – *Os problemas do Terceiro Mundo em geral e da América Latina em particular.*
24. 27/3/1992 - França, Caudebec En Caux – CCFD – A condição da criança no Brasil.
25. 1/4/1992 - França, Rouen – Comitê de Solidariedade à Guatemala – *Testemunho sobre a América Latina, a propósito dos 500 anos da "conquista".*
26. 2/4/1992 - França, Mont Saint Aignan – Faculdade de Letras da Universidade de Rouen – *Brasil: alma e cultura de um povo.*
27. 14/5/1992 - França, Bernay – Grupo de militantes solidários com o Terceiro Mundo – *A luta pela Justiça no Brasil.*
28. 29/5/1992 - França, Saint Etienne de Rouvray – Comitê França – América Latina – *Onde irá o Brasil?*

D – *Intervenções em debate e atos (datas; país e cidade; tema do debate ou objeto do ato; tópico da intervenção):*

29. 21/6/1978 – México, Cidade do México – Reunião de militantes cristãos comprometidos com a ação social, sob a coordenação do Bispo de Cuernavaca, D. Sérgio Mendez, tendo em vista a então próxima realização, no México, da Conferência Episcopal de Puebla – *Depoimento sobre a Teologia da Libertação no Brasil.*
30. 15/8/1984 - Estados Unidos, New York – Encontro informal com militantes de Igrejas cristãs (Pastor Richard Shaull, dentre outros), envolvidos em lutas pela Justiça, com enfrentamento da lei, dos tribunais e dos poderes estabelecidos (solidariedade ao Terceiro Mundo, asilo a refugiados de Salvador, Honduras e Guatemala etc.) – *Testemunho sobre as lutas da Igreja no Brasil.*
31. 2/9/1984 – Nicarágua, Manágua - Missa celebrada pelo sacerdote franciscano Frei Uriel Molina – Palavra, a convite do celebrante, na reflexão do Evangelho: *"O compromisso cristão de construir uma nova sociedade de Justiça, com a conseqüente quebra de todas as estruturas de opressão".*
32. 4/9/1984 - Nicarágua, Manágua – Encontro informal no Centro Ecumênico Antônio Valdivieso – *Palavra de simpatia para com a Nicarágua, na luta pela autodeterminação, e no esforço de seu povo pela construção de um novo país.*
33. 5/4/1991 – França, Rouen – Comemoração do 11º aniversário do assassinato de Monsenhor Oscar Romero – Breve reflexão: O que representa D. Oscar Romero para a América Latina.
34. 25/6/1991 – França, Rouen – Palestra do Padre Jacques Roller sobre a Encíclica Centesimus Annus – Intervenção: *"Pontos relacionados com a questão ética da dívida externa dos países do Terceiro Mundo".*
35. 8/12/1991 – França, Mesnières-en-Bray – O CCFD e a solidariedade internacional – *Breve informação sobre a pesquisa que então estava sendo levada a efeito na França.*
36. 22/12/1991 – França, Dôle – Comemoração do 2º aniversário da morte do Pe. Gabriel Maire – *Depoimento sobre a ação social do Pe. Gabriel Maire no Brasil.*
37. 11/1/1992 – França, Rouen – 2º Colóquio Internacional Islâmico- Cristão – Intervenções informais para bem compreender os caminhos para o diálogo e o entendimento entre muçulmanos e cristãos.
38. 21/1/1992 – França, Rouen – Palestra de Valdênia Aparecida Paulino – Intervenção sobre o problema do menor no Brasil, a pedido da palestrante.
39. 11/2/1992 – França, Mont Saint Aignan – Debate sobre o problema indígena na Guatemala, promovido pela Anistia Internacional e Federação Internacional dos Direitos do Homem, na Faculdade de Letras da Universidade de Rouen, com a participação do juiz Antoine Garapon – Intervenção sobre aspectos da exposição feita e também para esclarecer a questão da participação dos juízes franceses nos debates nacionais.

40. 28/3/1992 – França, Rouen – Manifestação popular em defesa do direito de asilo e contra o racismo – Testemunho, a convite dos organizadores, na condição de professor brasileiro, em atividade de pesquisa sobre Direitos Humanos na França: *A generosidade na concessão do asilo, o culto da liberdade e a abertura ao universal como os grandes traços da Civilização Francesa.*

41. 17/4/1992 – França, Rouen – Celebração de solidariedade para com todos os oprimidos do mundo, a propósito da Sexta-Feira Santa (Église de Saint Eloi) - *Testemunho sobre a situação dos camponeses no Brasil.*

42. 2/6/1992 – França , Rouen – Manifestação popular de apoio à concessão de asilo a refugiado curdos, que faziam greve de fome para sensibilizar as autoridades francesas – Testemunho, a pedido dos organizadores do ato: *Como vejo, enquanto brasileiro, a França como Pátria de asilo.*

43. 3/6/1992 – França, Rouen – Manifestação popular a propósito dos 500 anos de descobrimento da América – *Testemunho de apoio à campanha pela atribuição do Prêmio Nobel da Paz a Rigoberta Menchu.*

44. 5/6/1992 – França, Paris – Grande manifestação popular em prol do engajamento na luta pela Justiça nas relações internacionais, promovida pelo CCFD (Terre d'Avenir) – *Depoimentos informais junto aos "stands" sobre o Brasil.*

45. 10 e 11/9/2000 – Noruega, Oslo – Encontros informais com militantes de Direitos Humanos no Centro de Direitos Humanos da Noruega, Anistia Internacional e outras entidades – *Depoimentos a respeito do Brasil e dos avanços que têm sido alcançados pela sociedade civil organizada. Depoimentos a respeito da necessidade de Justiça para com o Brasil, nas relações econômicas internacionais, com supressão dos mecanismos que eternizam a dívida externa brasileira.*

E – Entrevistas concedidas (data, veículo de comunicação e tema):

46. 10/12/1991 – Entrevista ao jornalista Patrick Streiff, da Rádio "Parabole", de Rouen – *A propósito do Dia Internacional dos Direitos Humanos.*

47. 6/1/1992 – Entrevista à Rádio "Fourvière", de Lyon – *A luta universal pelos Direitos Humanos.*

48. 14/1/1992 – Entrevista concedida à jornalista Chantale Joly, da revista "Panorama", de Paris, publicada no nº 16 'fora de série', p. 9. Tema principal: *Aspectos antropológicos do religioso no ser humano.*

49. 25/3/1992 – Entrevista à Rádio "Fourvière", de Lyon – *Sobre o Brasil, a luta do seu povo, suas angústias e esperanças.*

50. 29/3/1992 – Entrevista a um grupo de emissoras de rádio da França – Sobre problemas do Brasil, levantados pelo entrevistador: *Direitos Humanos, dívida externa, reforma agrária, menores, lutas do povo etc.*

51. 14/5/1992 – Entrevista à Rádio de Bernay – *Sobre questões contemporâneas do Brasil.*

BREVES TRECHOS DE ALGUNS COMENTÁRIOS PUBLICADOS NA IMPRENSA, OU INSERIDOS EM LIVROS, A RESPEITO DE OBRAS DO AUTOR

Sobre "Na Tribuna do Ministério Público":

"Obra digna de ser lida até por pessoas que não se dediquem, especificamente, às profissões jurídicas." (*Arauto*, de Cachoeiro de Itapemirim, ES, 29/06/65).

Sobre "Pela Justiça, em São José do Calçado":

"Publicação que retrata a vida do juiz João Baptista Herkenhoff em prol da Justiça de nossa terra." (*A Gazeta*, de Vitória, 21/11/71).
"O juiz João Herkenhoff acaba de lançar o livro *Pela Justiça, em São José do Calçado*." (Heraldo Mello, *O Jornal*, do Rio de Janeiro, 24/11/71).
"A Assembléia Legislativa do Espírito Santo aprovou, por unanimidade, voto de aplauso pela publicação do livro *Pela Justiça, em São José do Calçado*, a requerimento do Deputado Antônio Jacques Soares, subscrito pelos Deputados Hugo Borges e Verdeval Ferreira." (*A Ordem*, de São José do Calçado, 12/12/71).
"Só agora se nos oferece a oportunidade de registrar o aparecimento do trabalho *Pela Justiça em São José do Calçado*. É sempre com satisfação que noticiamos os fatos relacionados com as atividades do Juizado de São José do Calçado, onde existe um Juiz que trabalha e faz os que o cercam trabalharem com satisfação pelo bem-estar social da comunidade." (Mesquita Neto, Seção Noticiosa do *Diário Oficial*, Vitória, 18/01/72).

Sobre "Considerações sobre o Novo Código de Processo Civil":

"O trabalho de Herkenhoff é uma visão larga, haurida na sua experiência de juiz e nos seus estudos, que ele visa canalizar para o processo. Uma justiça liberta da rotina, dos clichês, saudável, renovada." (Desembargador Homero Mafra, *Revista da Associação dos Magistrados do Espírito Santo*, números 4/5, 1974).

Sobre "A Função Judiciária no Interior":

"O autor distingue três direitos no interior do país. Haveria o direito formal, ou seja, as leis e os códigos oficialmente em vigor; um direito dos proprietários de terra, que tentam moldar a sociedade interiorana à sua feição; e um direito popular, as normas e valores das camadas mais humildes da população." (*Revista Veja*, reportagem de capa, 30/03/77).
"É um trabalho técnico, dentro do melhor rigor científico." (*Revista da Ordem dos Advogados do Brasil*, maio/agosto de 1977).
"É pesquisa empírica, no campo da Sociologia do Direito, focalizando o juiz, com a tipicidade que lhe é própria, nas comunidades interioranas." (Carlos Menezes. *O Globo*, 29/06/77).
"*A Função Judiciária no Interior* é um estudo pioneiro sobre a função do juiz na sociedade brasileira, valorizado por forte conteúdo de experiência pessoal, sem abstrair a pesquisa científica." (João Faria Neto, *Jornal do Brasil*, 23/07/77).
"Algumas indagações básicas são respondidas nessa bela edição do juiz Herkenhoff: a representação que as comunidades interioranas fazem do juiz e da Justiça; quem são os juízes; qual o acervo de suas idéias e valores fundamentais." (*A Tribuna*, de Vitória, 27/07/77).
"É obra de vivência, já que o autor, que ingressou na magistratura em 1966, percorreu, como juiz, 16 comarcas do interior, passando a juiz da Capital em 1975." (*A Gazeta*, de Vitória, 4/08/77).
"Pesquisa aplicada, com base sobretudo em entrevistas, que realizou no Espírito Santo, e cujo objeto é fundamentalmente a representação que as comunidades interioranas fazem do juiz e da Justiça, bem como as idéias e valores fundamentais dos juízes, inclusive quanto ao problema da adaptação do Direito Nacional à realidade da vida interiorana." (Cláudio Souto e Solange Souto. *Sociologia do Direito*. São Paulo, Livros Técnicos e Científicos e Editora da Universidade de São Paulo, 1981).

"Os resultados desta pesquisa permitem-nos ver claramente duas coisas: os juízes são associados pela própria comunidade, em seu imaginário social, ao poder político e são percebidos como autoridade estatal; os juízes desempenham um papel de mediação entre as comunidades em que servem e o Estado." (José Reinaldo de Lima Lopes. "A função política do Poder Judiciário." In: *Direito e Justiça – A função social do Judiciário*. São Paulo, Editora Atlas, 1989).

"Entre as investigações empíricas sobre o juiz, sobressai, sem dúvida, a pesquisa desenvolvida por João Baptista Herkenhoff, juiz de direito no Estado do Espírito Santo. A partir da aplicação de questionários a juízes e a 'pessoas do povo', Herkenhoff analisou 'a representação que as comunidades interioranas (no caso, cidades do interior do Estado do Espírito Santo) fazem do juiz e da Justiça; quem os juízes são, qual o acervo de suas idéias e valores fundamentais. Em suma, a pesquisa procurou analisar o perfil do juiz, sua ideologia e a opinião do povo sobre a justiça." (Eliane Botelho Junqueira. *A Sociologia do Direito no Brasil*. Rio, Editora Lumen Juris, 1993).

Sobre "Como Aplicar o Direito":

"O cachoeirense João Baptista Herkenhoff, filho de meus antigos mestres dona Aurora e professor Alfredo Herkenhoff, irmão de Paulo e Pedrinho, é uma das cabeças lúcidas da magistratura capixaba e dele somente se pode esperar coisa boa. (A propósito do livro *Como Aplicar o Direito*)." (Elimar Guimarães, *Jornal da Cidade*, de Vitória, 15/09/1979).
"Um dos mais cultos juízes do Espírito Santo, além de profissional hábil e corretíssimo, o juiz Herkenhoff enriquece a estante jurídica capixaba com uma visão cultural do Direito." (*O Diário*, de Vitória, 16/09/1979).
"O livro *Como Aplicar o Direito* faz uma análise da aplicação do direito no Brasil. Defende um posicionamento teórico no exercício da magistratura. Interessa não só a magistrados, advogados, mas aos estudiosos das Ciências Humanas." (*A Tribuna*, de Vitória, 18/09/1979).
"Objetiva o distinto magistrado ensinar a aplicar o direito à luz de uma multiperspectiva, tanto valorativa, quanto existencial, social e política." (Renato Pacheco. "Livros capixabas". *A Gazeta*, de Vitória, 4/10/1979).
"Uma pesquisa teórica, que trata de problemas relacionados com a hermenêutica, a interpretação e a aplicação do Direito, sai em edição da Forense: *Como Aplicar o Direito*." (*Jornal do Brasil*, 20/10/1979).
"Não obstante outras obras, no Brasil e no Exterior, já tenham tratado longamente da matéria, o enfoque deste livro *Como Aplicar o Direito* é original, como originais são algumas de suas contribuições." (*O Dia*, Rio de Janeiro, 4/11/1979).
"Em *Como Aplicar o Direito*, Herkenhoff coloca o jurista e o juiz diante da realidade do tempo." (*A Gazeta*, de Vitória, 4/11/1979).
"O autor não se perde em sonhos de conseguir a justiça pura, mas acredita que, dentro das contingências estratificadas de nosso País, muito se poderá fazer para mitigar a injustiça social imperante." (*Desembargador Osny Duarte Pereira. Encontros com a Civilização Brasileira*, Rio, fevereiro de 1980).
"A importância de *Como Aplicar o Direito* resulta, quer de aspectos teóricos eminentes na Teoria Geral do Direito, quer de aspectos práticos ligados ao exercício das profissões jurídicas." (Arlon José de Oliveira. *Ordem Jurídica*, jornal da OAB do Espírito Santo, fevereiro - março de 1980).
"*Como Aplicar o Direito* contém perquirições que se elevam ao campo da Teoria Geral do Direito, num enfoque original." (*Boletim de Informação Fiscal*, de João Pessoa, março de 1980).
"O Dr. João Baptista Herkenhoff, que já exerceu a judicatura em São José do Calçado, acaba de escrever duas excelentes obras: *Uma Porta para o Homem no Direito Criminal* e *Como Aplicar o Direito*." (*A Voz do Povo*, de Bom Jesus do Itabapoana, RJ, 21/02/1981).
"*Como Aplicar o Direito* convoca juízes e juristas para a tarefa de desmistificação do pretenso papel de harmonia social da Justiça numa sociedade desarmônica e visceralmente opressora." (Walter Ceneviva, *Folha de São Paulo*, São Paulo, SP, 19/10/1986).

"O autor erigiu esta absorvente e importante obra à luz de sua perspectiva axiológica, fenomenológica e sociológico-política." (Jornal de Letras, do Rio de Janeiro, janeiro de 1987).

"O livro *Como Aplicar o Direito* tenciona contribuir na construção de uma teoria da aplicação do Direito, com a experiência de magistrado e pesquisador de seu autor, com a consciência do teor político inerente a toda sentença." (O Norte, de João Pessoa, 30/10/1987).

"A criatividade do juiz não exclui ou afasta a segurança jurídica. A este respeito pode-se perceber o acerto da perspectiva apontada por João Baptista Herkenhoff, propugnando por uma aplicação sociológico-política do direito. (Plauto Faraco de Azevedo, *Crítica à Dogmática e Hermenêutica Jurídica*, Porto Alegre, Sérgio Antônio Fabris Editor, 1989).

"*Como Aplicar o Direito* é uma pesquisa no campo da Teoria Geral do Direito que aborda os principais problemas da hermenêutica jurídica, tratados numa perspectiva universal." (*Inter América*, Boletim da Organização Universitária Interamericana, publicado em francês, inglês, espanhol e português. Quebec, Canadá, janeiro-março de 1991).

"Tendo em vista a ideologia da ordem jurídica e acautelando-se de falsificar uns ou outros dentre os interesses em litígio, necessita o juiz saber pôr-se na situação dos jurisdicionados, buscando compreender-lhes as razões, dificuldades, problemas, frustrações, bem como sua formação ou deformação decorrente da situação sócio-econômica em que vivem e atuam. Notadamente, no crime, precisa sentir o mundo e as circunstâncias da vida do delinqüente, apreender-lhes as motivações, sendo certo que 'será injusta a sentença que não considerar o mundo do réu' (João Baptista Herkenhoff)." (Plauto Faraco de Azevedo, *Aplicação do Direito e contexto social*. São Paulo, Editora Revista dos Tribunais, 1996).

"Entendemos (...) que somente (...) na visão profética do capixaba João Baptista Herkenhoff estará o Brasil dotado de 'juízes e juristas aceitando a provocação de uma nova leitura da lei'. Só assim (...) poderemos viver contentes e satisfeitos, ao ver o sonho da mocidade concretizar-se no arrebol da idade." (Discurso do Des. Plínio Leite Fontes, na abertura do Encontro do Colégio Permanente de Presidentes de Tribunais de Justiça. João Pessoa, 17-8-1995. Cf. *Diário da Justiça do Espírito Santo*, 25-8-1995, p. 47 e segs.)

"Anota João Baptista Herkenhoff, em *Direito e Utopia*, que a palavra *utopia*, em grego, significa '*que não existe em lugar nenhum*'. Ressalta, no entanto, que *utopia*, em seu sentido mais genérico, se identifica com a antevisão de um projeto." (Discurso de posse do Des. Márcio Puggina, no Tribunal de Justiça do Rio Grande do Sul, em 7-4-1997. "*Boletim da Ajuris*", Porto Alegre, abril de 1997, p. 3 e segs.)

Sobre "Uma Porta para o Homem no Direito Criminal":

"O jurista encontrará neste livro a sustentação de uma filosofia na arte de julgar. O estudante verá como pode ser ameno o estudo da Ciência do Direito. O leigo vai sensibilizar-se com histórias do dia-a-dia da justiça, onde a marca é sempre a compreensão das misérias do homem." (*O Globo*, 26/10/80).

"Obra inteligente e cheia de sensibilidade. Um verdadeiro libelo contra as injustiças. Raro e belo." (*A Tribuna*, de Vitória, 31/10 e 5/11/80).

"A grande importância do livro está no fato de que traz à discussão a função do jurista. Cabe a ele o papel de mecanicamente aplicar o texto legal ou é função sua, lançando a luz sobre o texto, decidir com os valores que traz o réu?" (Homero Junger Mafra, advogado e professor da UFES, *Revista de Cultura da Universidade Federal do Espírito Santo*, outubro / novembro de 1980).

"É bom saber que, quem sabe um dia, se possa ter um homem como Herkenhoff julgando a gente, com digna coragem." (Marien Calixte, jornalista e poeta, *A Tribuna*, de Vitória, 09/11/80) .

"Inteligência, seriedade e poder de reflexão." (Antônio Carlos Borlott, *Correio Popular*, de Cariacica, 14 a 20/11/80).

"É livro que apresenta, a um só tempo, interesse jurídico e quase romanesco e poético." (*Folha de São Paulo*, 15/11/800).

"Sustentação de uma filosofia na arte de julgar, baseada no entendimento de que o juiz tem uma grande cota de arbítrio, sem sair do sistema legal." (*Diário Popular*, São Paulo, 4/12/80).

"O estudante de Direito verá, neste livro, como pode ser ameno o estudo da Ciência em que se inicia." (*Diário de Pernambuco*, 21/12/80).

"Obra baseada na primazia dos valores humanos." (*O Norte*, de João Pessoa, 21/12/80).

"Uma obra que revela, no autor, além de amplo conhecimento teórico, profundo sentimento psicológico e consciência do ofício." (*Jornal de Letras*, Rio de Janeiro, janeiro de 1981).

"*Como Aplicar o Direito* defende uma posição teórica na arte de julgar. *Uma Porta para o Homem no Direito Criminal* é a prática dessa teoria." (Abdias Lima, *Tribuna do Ceará*, 2/01/81).

"Histórias humanas, desde a primeira, da mulher que foi posta em liberdade porque ia ser mãe, passando por tantas outras." (*Folha de Londrina*, Londrina, Paraná, 7/01/81).

"Prática que sustenta uma posição teórica na arte de julgar." (*Jornal do Povo*, de Fortaleza, 11/01/81).

"O estudante gostará destes casos, ao mesmo tempo em que aprenderá conceitos de utilidade para sua formação." (*O Prelo*, São Paulo, 19 a 25 de janeiro de 1981).

"Nas sentenças prolatadas, há a preocupação com a readaptação do preso ao convívio social. Seu sentido é antes de reeducação do que de condenação." (Rachel Miranda Moscozo, *Jornal Mural do Curso de Direito* da Universidade Federal do Espírito Santo, maio de 1981).

"Pela décima segunda vez, o professor João Baptista Herkenhoff transforma em livro os conhecimentos jurídicos e as idéias humanistas que lhe valeram pela vida reconhecimento público, solidão, tristeza, gratificação e um sem número de outros sentimentos absorvidos com resignação." (Pupa Gatti, *A Tribuna*, 28/02/88).

"No livro, o autor tenta descobrir o perene e o universal, na fugacidade da sentença." (*A Gazeta*, de Vitória, 6/03/88).

"*Uma Porta para o Homem no Direito Criminal*, agora em segunda edição, reúne sentenças e despachos proferidos pelo professor João Baptista Herkenhoff, quando na militância, como juiz, em comarcas do interior do Espírito Santo e também em Vitória. É o lado humano do Direito." (*Ordem Jurídica*, jornal da OAB/ES, Vitória, abril de 1988).

"Coletânea de decisões de um juiz preocupado com o homem acima da fria letra da lei penal. Uma visão humanística da difícil tarefa de julgar." (*Tribuna do Advogado*, Rio, junho de 1988).

"O autor justifica e comenta sentenças e despachos criminais por ele proferidos, principalmente seus fundamentos teóricos e sua função sociológica." (*Defesa*, órgão oficial da OAB de Mato Grosso, junho de 1989).

Sobre "1.000 Perguntas: Introdução à Ciência do Direito":

"Obra que se deve ao talento e espírito de observação do autor, em seu contato diário com os alunos." (*Jornal da Cidade*, de Vitória, 4/04/1982).

"Trabalho estruturado em linguagem simples e acessível, é útil a qualquer pessoa." (*A Tribuna*, de Vitória, 7/04/1982).

"Livro de um dos juristas mais combativos e progressistas do país, tem por objetivo auxiliar os estudantes de Direito e mesmo os profissionais que desejam ter uma visão panorâmica da disciplina." (*A Gazeta*, de Vitória, 11/04/1982).

"Livro todo escrito em forma de questionário, abrange os temas fundamentais da matéria." (Carlos Menezes, *O Globo*, 12/04/1982).
"Didático, com perguntas meditadas e respostas diretas, o livro é indicado para estudantes e profissionais de Direito." (*O Estado de São Paulo*, 13/04/1982).
"Valioso auxiliar para professores e estudantes de Direito, mesmo para advogados que desejem fazer uma revisão de conhecimentos específicos no campo das ciências jurídicas." (*Jornal de Letras*, Rio, maio de 1982).
"O livro é muito bom, não apenas para os estudantes de Direito, mas também para o próprio profissional da advocacia." (*Jornal do Espírito Santo*, Vitória, 12 a 19 de maio de 1982).
"Obra de juiz que jamais se resignou a ser um autômato na aplicação da lei, essa *Introdução à Ciência do Direito* é extremamente rica em informações e sugestões, não só para os estudantes, mas principalmente para os que prelecionam a disciplina." (Lenine Nequete, magistrado e professor, *Revista da Associação dos Juízes do Rio Grande do Sul*, julho de 1982).
"À primeira vista, Direito é aquela coisa complicada, que só os doutores entendem. Com esta obra, o autor desmistifica essa imagem e leva ao leitor a necessidade de procurar entender o Direito." (*Jornal do Comércio*, Manaus, 09/08/1987).

Sobre "Como Participar da Constituinte":

"O livro contém três propostas: uma proposta política, na qual o autor tenta mostrar ao povo que ele pode e deve participar da Constituinte; uma proposta didática (de fato, o livro começa definindo de forma simples, sem pretensões, o que é uma Constituição); e uma proposta ideológica (o livro tem um compromisso, na medida em que parte da perspectiva das classes populares). (*A Gazeta*, de Vitória, 28/08/1985).
"Chega-nos às mãos dois trabalhos, de dois irmãos, sobre a Constituinte: um de João Baptista Herkenhoff, outro de Paulo Estellita Herkenhoff. É uma família que se uniu pela educação, com sucesso, e marcha unida pela Constituinte. Tomara que com o mesmo sucesso." (*Jornal Capixaba*, de Cachoeiro de Itapemirim, ES, 13/09/1985).
"Obra oportuna, no momento histórico em que o país tenta assumir uma feição política definitiva." (Washington Oliveira Araújo, *Revista Manchete*, 16/11/1985).
"Um livro para que façamos do processo constituinte um processo popular que contribua para melhorar a condição do povo brasileiro." (*Jornal da LBV*, Rio, janeiro de 1986).
"Um livro pequeno, escrito numa linguagem didática, que explica o que é uma Constituinte, as finalidades de uma Constituição e a história das Constituintes brasileiras." (*Revista do Ministério do Interior*, março–junho de 1986).
"Acreditamos ser importante que todos leiam este pequeno livro e possam participar deste processo que é importante para todos nós. Herkenhoff é, no nosso entender, uma das grandes inteligências humanísticas que nosso Estado já gerou." (*Expressão*, jornal da Associação dos Funcionários da Caixa Econômica Federal, Vitória, abril de 1986).
"Não é um livro neutro, mas não é também um livro dogmático e excludente que pretenda defender, em favor de um só partido ou de uma só visão filosófica, a possibilidade de estar ao lado das grandes maiorias esmagadas pela opressão. A Constituinte é vista como um processo histórico do qual devem participar ativamente as classes populares." (*Jornal da Manhã*, de Teresina, 12/07/1987).
"Nesta obra, o autor não transforma em popular apenas a linguagem, mas sobretudo o debate do que precisa ser a Assembléia Nacional Constituinte. Procura desmantelar a concepção autoritária de que as leis são eternas, imparciais e que a autoridade que as exerce detém a verdade." (*Jornal do Comércio*, Manaus, 09/08/1987).

Sobre "Introdução ao Estudo do Direito":

"O livro valoriza o aspecto didático, por se apresentar em forma de perguntas e respostas. Com esse método, pretende o autor estimular os alunos a novos estudos e pesquisas." (A.

César de Araújo Santos e Afonso José Simões de Lima, *Diário do Povo*, de Campinas, 26/01/1987).

"Uma boa dica para os estudantes e profissionais ligados à área do Direito." (*Jornal do Comércio*, de Manaus, 31/05/1987).

"Guia inicial para reflexões sobre o Direito, buscando atender a duas propostas ao mesmo tempo: por um lado, revelar o pensamento dos mais diversos autores; por outro lado, uma contribuição pessoal do autor, presente em todas as páginas. O Direito a serviço do homem." (*A Gazeta*, de Vitória, 13/12/1986).

Sobre "Constituinte e Educação":

"O livro mostra que a Educação por si não vai fazer a revolução social mas através dela será possível estabelecer contradições dentro da sociedade de classes em que vivemos, contradições que contribuiriam para as mudanças necessárias. Estímulo à reflexão, o livro propõe sugestões para a melhoria do ensino no país." (*A Tribuna*, de Vitória, 7 e 11/07/1987).

"Livro para ser lido com toda a atenção, pela seriedade com que o autor aborda este assunto, como de resto, tudo que faz." *(Jornal Capixaba*, de Cachoeiro de Itapemirim, ES, 10/07/1987).

"Herkenhoff defende a educação solidária, ao contrário da que é estabelecida, a da competição. Quer um modelo de escola que não pertença ao poder dominante, apropriada pelas classes trabalhadoras." (Izabel Aarão, *A Gazeta*, de Vitória, 11/07/1987).

"Livro que pretende detonar idéias." (*Arauto*, de Cachoeiro de Itapemirim, ES, 25/07/1987).

"Roteiro para discussão de temas ligados à Educação, que estão sendo debatidos no Congresso constituinte." (*Folha de São Paulo*, 26/07/1987).

"Constituinte e Educação é um livro que tenta mostrar que a educação não é um tema isolado, mas decorre de decisões políticas fundamentais. Isto é, a educação é uma questão visceralmente política." (Danilo Ucha, *Zero Hora*, de Porto Alegre, 2/08/1987).

"É dever nosso acompanhar de perto todos os preparativos para a nova Constituição brasileira. Uma obra que pode ajudar bastante neste processo é o lançamento da Editora Vozes, *Constituinte e Educação*." (*Gazeta do Povo*, de Curitiba, 16/08/1987).

"Estudo sobre as relações entre a educação e a Constituinte, pretende suscitar o debate." (*A Tarde*, de Salvador, 18/09/87).

"Um livro prático que põe o leitor em dia com o tema Educação. Uma visão completa e empolgante." (*Jornal de Letras*, do Rio, outubro de 1987).

Sobre "Crime, Tratamento sem Prisão":

"O livro é resultado de três anos de pesquisa e dez anos de vivência como juiz criminal. Abrange duzentos e sete casos de pessoas que, em 10 anos, na Primeira Vara Criminal de Vila Velha, receberam qualquer benefício da Justiça, como sursis, livramento condicional, revogação da prisão preventiva, prisão domiciliar." (*A Tribuna*, de Vitória, 2/08/87).

"As recentes rebeliões mostram a decadência do sistema penitenciário no país. No momento em que diversas entidades protestam contra os episódios, João Baptista Herkenhoff lança a discussão sobre a inutilidade da prisão. Em certos casos. *Crime, Tratamento sem Prisão* não é uma pregação algo panfletária, ou coisa parecida. Trata-se de uma pesquisa. Como toda pesquisa científica, não é neutra, mas honesta." (Sandra Aguiar, *A Gazeta*, de Vitória, 5/08/87).

"Mais um livro do Bom Juiz, baseado na sua experiência profissional e profundas pesquisas. Vale a pena ler." (*Jornal Capixaba*, de Cachoeiro de Itapemirim, ES, 7/08/87).

"Foram estudados casos de indiciados e réus soltos da prisão, ou que não foram presos mediante condições estabelecidas." (*D.O. Letras*, publicação da Imprensa Oficial do Ceará, 8/08/1987).

"Livro que pode trazer uma boa contribuição para que a complexa questão da violência marginal seja entendida." (Sérgio Saraiva, *Jornal do Comércio*, de Porto Alegre, 11/08/87).

"A pesquisa busca verificar o que aconteceu com pessoas que receberam uma oportunidade da justiça em vez de serem remetidas à prisão ou mantidas presas." (*Gazeta do Povo*, de Curitiba, 16/08/87).

"Na condição de pesquisador, o autor analisou casos de pessoas que receberam da Justiça uma nova oportunidade de vida." (*Jornal de Casa*, de Belo Horizonte, 16 a 22/8/1987).

"*Crime – Tratamento sem Prisão* é um trabalho científico admirável, constituindo-se numa relevante contribuição ao debate sobre a cidadania." (Deputado Paulo Hartung, pronunciamento na Assembléia Legislativa, *Diário do Poder Legislativo do Estado do Espírito Santo*, 19/08/1987).

"Livro que é resultado de 10 anos de vivência na esfera judicial e 3 anos de pesquisa no emaranhado campo do crime, com uma abordagem de metodologia formal, mas também de cunho analítico, para mostrar caminhos e esclarecer pontos obscuros que tanto incomodam a sociedade nos tempos atuais." (*Correio do Sul*, de Cachoeiro de Itapemirim, ES, 21/08/87).

"O livro de Herkenhoff oferece algumas sugestões para se superarem os problemas-chave do assunto, resultantes de pesquisa minuciosa do autor." (Nataniel Dantas, *Jornal de Brasília*, 23/08/1987).

"O livro do ex-juiz João Baptista Herkenhoff não passa de uma utopia, ele é um sonhador. Vejo esta tese com muita apreensão pelo caos que ela pode gerar." (Promotor Arnaldo de Aguiar Bastos, entrevista concedida a Zenilton Custódio, *A Gazeta*, de Vitória, 23/08/1987).

"Com essa obra o autor realiza importante verificação, preenchendo uma lacuna." (Ivete Senise Ferreira, professora de Direito Penal da USP, *Folha de São Paulo*, 30/08/87).

"Já destacamos a qualidade dos trabalhos de João Baptista Herkenhoff e agora estamos às voltas com mais uma de suas obras: *Crime – Tratamento sem Prisão*. A pesquisa, na sua vertente empírica, busca verificar o que aconteceu com pessoas que receberam uma chance da Justiça." (*Jornal do Comércio*, de Manaus, 20/09/87).

"Livro de interesse para todos que se dedicam às ciências humanas. As conclusões da obra evidenciam a natureza polêmica da questão. O autor, em visão idílica, caminha na direção do que chama de utopia libertadora." (Aluysio Sampaio, *Revista Afinal*, São Paulo, 27/10/87).

"O estudo encerra não poucos méritos. Constitui importante libelo a favor da inserção das penas alternativas à prisão no horizonte da justiça criminal." (Sérgio Adorno França de Abreu, pesquisador da USP, *Revista da Sociedade Brasileira para o Progresso da Ciência*, fevereiro de 1988).

"O tema do crime, da prisão, da segurança pública está nas ruas. Este trabalho pode ajudar a esclarecer trilhas que pudessem ser seguidas." (*Cadernos do CEAS*, Salvador, novembro de 1988).

"O livro *Crime - Tratamento sem Prisão* é resultado de uma pesquisa, em cima de casos ocorridos em Vila Velha, ES (réus soltos da prisão, ou que não foram presos mediante condições estabelecidas). Interessa a juízes, advogados, assistentes sociais, políticos e estudantes das áreas de ciências humanas em geral." (*Atualidade*. Curitiba, 30/9 a 6/10/90).

"O autor examinou os processos criminais que passaram pela 1ª Vara Criminal de Vila Velha, na Grande Vitória, entre 1970 e 1980. Comparou os indiciados, acusados e réus que foram soltos das prisões com os que ficaram em prisão fechada. No grupo dos noventa que se beneficiaram de medidas liberais, sete voltaram a responder a processo. No grupo dos 116 que permaneceram na prisão, 25 sofreram novo processo. O resultado de sua pesquisa foi convertido no livro *Crime – Tratamento sem Prisão*." (*Revista Veja*, reportagem de capa, 14/10/92).

"*Crime - tratamento sem prisão* (...) é uma das obras (...) pioneiras na tese de que os presos devem ser levados primeiro à presença do juiz e não para a delegacia." (*A Gazeta*, de Vitória, coluna "Victor Hugo", 13.08.95.)

"*Crime - tratamento sem prisão* (...) chega a sua segunda edição, revista e ampliada, dada a importância do tema e a necessidade da inclusão de novos subsídios à argumentação do autor, favorável a uma face humanizada da justiça. Ao atuar na comarca da capital do Estado, teve a oportunidade de observar as condições em que viviam os reclusos e o quanto esse sistema se mostrava deficiente para solucionar a questão da marginalidade. Aposentado na Magistratura, desenvolveu uma pesquisa científica sobre a possibilidade de tratamento do criminoso e não do seu isolamento numa prisão." (Nereide Michel, *Gazeta do Povo*, de Curitiba, Suplemento *Viver Bem*, 1°.10.95.)

"*Crime - tratamento sem prisão*, de João Baptista Herkenhoff, que se valeu de sua experiência como juiz de Direito em diversas comarcas do interior do Espírito Santo, para desenvolver uma pesquisa científica, com rigorosa metodologia, sobre a possibilidade de tratamento do crime e do criminoso sem o uso da prisão, é obra que interessa a toda a sociedade e não somente aos estudiosos e praticantes do Direito." (*Tribuna da Magistratura*, de São Paulo, outubro de 1995.)

"*Crime - tratamento sem prisão* é a obra do juiz João Baptista Herkenhoff que mostra sua experiência em diversas comarcas do interior do Espírito Santo, levando-o a desenvolver atividades visando um tratamento mais digno e humano dos presos, principalmente buscando sua recuperação social." (*Jornal do Magistrado*, de São Paulo, outubro de 1995.)

"Herkenhoff ampliou o texto original (de *Crime - tratamento sem prisão*), em novas pesquisas, com a participação de alunos e ex-alunos. O livro narra experiências vividas pelo autor, desde os seus tempos de juiz de direito no interior do Espírito Santo e, depois, como professor na Universidade Federal daquele Estado." (Walter Ceneviva, *Folha de São Paulo*, 6.11.95.)

"O incansável jurista cristão, Dr. João Baptista Herkenhoff, acaba de lançar seu mais novo livro, *Crime: tratamento sem prisão*, como excelente relato da experiência de uma justiça criminal alternativa. O rigor científico da obra, destinada a um público com preocupação social, jamais afasta o autor da visão cristã do mundo em que vivemos." (Dr. José Tarcísio Amorim, professor de Psicologia Profunda na PUC-MG, *Jornal de Opinião*, de Belo Horizonte, 6 a 12 de novembro de 1995.)

"As experiências de um juiz sobre a adoção de penas alternativas na década de 70 estão contidas no livro *Crime - tratamento sem prisão*, que já está em sua segunda edição. Para a sua elaboração o autor foi a campo e, com apoio de quinze alunos e funcionários da Justiça, acabou realizando um trabalho inédito no país. Quando atuava na 1ª Vara Criminal de Vila Velha, Herkenhoff fez uma investigação criteriosa em cima dos casos atendidos, tendo constatado que muitos condenados por algum crime, que não foram para a prisão, se regeneraram. Ele acredita que as cadeias deveriam ser reservadas aos criminosos de alta periculosidade, que constituem risco de fato à sociedade. O caminho (...) é reduzir os aprisionamentos, porque sem isso não é possível realizar uma política carcerária. João Baptista Herkenhoff afirma que as penas alternativas, previstas em lei, não são aplicadas devido à timidez de juízes que temem uma reação repressiva de desagrado da opinião pública. Ele acredita que só com coragem e boa vontade os juízes podem avançar na proposta." (Vívia Fernandes, *A Gazeta*, de Vitória, 24.09.95.)

"Revisto e com seu conteúdo ampliado, o livro *Crime - tratamento sem prisão* sai agora em segunda edição. Herkenhoff atuou como juiz de Direito em várias comarcas do interior do Espírito Santo, o que o levou a defender um tratamento mais digno para os presos, visando sua recuperação social. Ao vir trabalhar em Vitória, ficou horrorizado com as condições em que viviam os presos. Ante a impotência dos juízes em minorar a dimensão de violência, nos lugares de reclusão, concluiu que a única solução para aquele quadro desumano e aviltante seria a implantação de penas que excluíssem o uso da prisão. A obra, além de ser um relato das pesquisas e conclusões a que Herkenhoff chegou, reflete também a vivência do autor. Seus depoimentos, embora marcadamente pessoais, não descartam o rigor científico. Trata-

se, portanto, de uma obra atual, que aborda um assunto que interessa a toda a sociedade." (*A Gazeta*, de Vitória, coluna "Lançamentos" do 2° Caderno, 26.11.95.)
"O autor afirma que o isolamento forçado, o controle total da pessoa do preso não podem constituir treinamento para a vida livre. Vai mais além, afirma que não é possível eliminar a violência das prisões senão eliminando as próprias prisões. Em verdade, toda sua experiência só se concretizou porque partia de uma recusa à barbárie oferecida à sombra da lei. Este entendimento e a perspectiva positivamente utópica que ele encerra já é, atualmente, compartilhado por muitos estudiosos do tema. Massimo Pavarini, por exemplo, no livro 'Los Confines de La Carcel', afirma que se pode crer e lutar pela abolição do cárcere, mas não se pode esperar a abolição do sistema penal. Stela Maris Martínez afirma que nem o cárcere, nem outro qualquer estabelecimento penal se encaixam num projeto democrático que aspire a construção de uma sociedade de homens livres." (*Relatório Azul*. Comissão de Cidadania e Direitos Humanos da Assembléia Legislativa do Estado do Rio Grande do Sul. 1995.)
"*Crime - tratamento sem prisão* é fruto da experiência de um juiz, no trato com a criminalidade. Defende a prisão somente para casos graves. O sistema, como está funcionando, somente fabrica bandidos e deixa cada vez mais insegura a população." (Marcos Monteiro, *A Gazeta*, de Vitória, 1°-12-96.)
"O lançamento da nacionalmente elogiada obra '*Crime, tratamento sem prisão*' (...) virtualmente dividiu – comme d'habitude – as opiniões dos estudantes e profissionais do Direito. O título do livro é, por si só, revelador: Herkenhoff defendia a partir de sua própria experiência como juiz, fartamente documentada em estatísticas, que a correta e prudente aplicação de penas alternativas à restrição de liberdade (...) teria como resultado benéfico a recuperação de uma significativa parcela da população carcerária para o convívio social. (...) Os detratores da cuidadosa pesquisa, visceralmente contrários a qualquer inovação que desafiasse a idéia, então hegemônica, de encarceramento como solução única para a segurança pública, vociferaram em burburinho, na tentativa de desqualificar, simultaneamente, o debate, o autor e a obra. A polêmica foi tamanha que estimulou o escritor a reiterar no seu posterior *Direito e Utopia* – em tom de autodefesa – sua concepção humanista de Justiça." (Adalberto Simão Nader, *A Tribuna*, de Vitória, 2-1-97).
"*Crime, tratamento sem prisão* (...), em 3ª. edição, (...) traz o relato da experiência de uma justiça criminal alternativa, tema atualíssimo de interesse de toda a sociedade. A experiência como Juiz de Direito em diversas comarcas do interior do Espírito Santo levou o autor a desenvolver atividades visando um tratamento mais digno e humano dos presos, principalmente buscando sua recuperação social. Ao atuar na Capital do Estado, ficou horrorizado com as condições em que viviam os reclusos. Ante a impotência dos juízes, para minorar a dimensão da selvageria das prisões, chegou à conclusão de que a única solução para esse quadro aviltante seria a imposição de penas que excluíssem a prisão. O autor desenvolveu uma pesquisa científica (...) sobre a possibilidade de tratamento do crime e do criminoso sem uso da prisão. É um trabalho fascinante que trará grandes ensinamentos para o leitor." (Carlos Alberto dos Rios, *Jornal da Cidade*, Bauru, SP, 3-9-99).

Sobre "Dilemas da Educação":

"O itinerante defensor da justiça, João Baptista Herkenhoff, lança mais um livro - *Dilemas da Educação*. Longe de se limitar à pesquisa pura e simples, Herkenhoff destina 11 páginas do livro a um projeto educacional. Muita gente não gosta de seu jeito simples e liberal de tratar os problemas. Mas nada pesa na determinação deste senhor cada dia mais jovem, na hora de levar adiante os seus sonhos de justiça." (Pupa Gatti, *A Tribuna*, 10/5/89).
"O cachoeirense João Baptista Herkenhoff lançou seu décimo segundo livro, A obra cuida do tratamento dispensado à educação pela nova Constituição do Brasil." (*Jornal Capixaba*, de Cachoeiro de Itapemirim, ES, 12/5/89).

"O livro examina as reivindicações populares feitas à Assembléia Constituinte, fazendo um cotejo crítico entre o que foi pedido e o que foi aprovado." (*Gazeta do Povo*, de Curitiba, 28/05/89).
"O autor procura estudar o tratamento dado à educação pela Constituição de 1988, inclusive historiando o assunto através das diversas Constituições Brasileiras." (*Defesa*, órgão oficial da OAB de Mato Grosso, junho de 1989).
"O autor tem uma dedicação muito especial pela área do Direito e da Educação. Aqui, ele abre um debate tão oportuno quanto precioso sobre um dos mais explosivos assuntos sociais do país: Educação. Este texto integra projeto maior que o absorve presentemente como pesquisador universitário." *(O Estado do Maranhão*, suplemento de Cultura, 11/06/89).
"Apesar da considerável pressão popular, muitas reivindicações da sociedade não foram contempladas no texto final da Constituição. Para o professor João Baptista Herkenhoff, que chegou a essa conclusão no livro *Dilemas da Educação*, a ausência mais gritante é a falta de garantias para a gestão democrática da escola pública." (*Revista Nova Escola,* São Paulo, agosto de 1989).
"O livro mostra que a escola não é produto dos parlamentares, mas fruto da luta do povo." (*Revista Família Cristã*, São Paulo, agosto de 1990).
"Livro que cuida da questão da Educação na Constituição, divergindo dos trabalhos clássicos de exegese legal." (Edivaldo Boaventura, *A Tarde*, de Salvador, 8/09/1989).
"O livro *Dilemas da Educação* é uma recuperação sistemática da luta popular. Uma obra que enfrenta e questiona, de forma incisiva, uma visão conservadora do Direito e da História." (Marcelo Siano Lima, *Revista do Centro Pedagógico da UFES*, outubro de 1989).
"O texto é valiosa contribuição ao trabalho dos indivíduos e instituições que se engajam no processo da emancipação das classes populares em nosso país." (Paulo César Bastos, revista *Síntese*, de Belo Horizonte, janeiro/março de 1990).
"A principal lição de Herkenhoff é sobre as particularidades que o discurso jurídico assume em nossa sociedade. É preciso encarar o texto constitucional como necessariamente provisório e como parte de um processo contínuo de avanços e ajustes das leis que regulamentam a vida social." (Maria Cristina Altman, professora da USP, *O Estado de São Paulo*, 10/02/1990).
"É um livro movido a *compulsão democrática*. A preocupação do autor, invertendo os processos tidos como *normais* na realização de obras do gênero, foi partir das reivindicações populares em relação à Educação e acompanhar a luta na Constituinte para seu atendimento. Jurista experiente, educador preocupado e pensador com profundas convicções sociais, Herkenhoff debruçou-se especialmente sobre a gestão democrática do ensino." (*A Gazeta*, de Vitória, 18/02/90).

Sobre "Direito e Utopia":

"Direito e Utopia é uma investigação no campo da Filosofia do Direito, realizada pelo autor na condição de pesquisador da Universidade Federal do Espírito Santo." (*O Rio Branco*, do Estado do Acre, 7/12/1990).
"O escritor e jurista João Baptista Herkenhoff lança *Direito e Utopia*. Além de seus méritos na área da literatura, João Baptista é respeitado pela defesa dos direitos humanos e por despachos jurídicos que são verdadeiros poemas." (*A Tribuna*, de Vitória, 9/12/1990).
"O livro trata de numerosas questões que saem (...) dos estudos do jurista, percorrendo o pensamento utópico através dos tempos e examinando seu teor progressista e revolucionário. João Baptista tira da sua prática de luta conhecimentos e reflexões para seus escritos." (*A Gazeta*, de Vitória, 11/12/90).
"*Direito e Utopia* defende a emergência de um novo Direito." (*Correio Popular*, de Cariacica, ES, 14/12/1990).

"O texto procura apontar caminhos para a realização do que pode parecer à primeira vista um sonho, mas que se pode construir pela luta, o Direito do amanhã, da igualdade." (*Gazeta do Povo*, de Curitiba, suplemento Viver Bem, 16/12/90).
"O livro defende e justifica o surgimento de um Direito da Libertação construído a partir da luta dos oprimidos." *(O Nacional*, de Passo Fundo, RS, 16/12/90).
"O Dr. João é leitor de 'A Ordem' e um grande admirador da cidade e seus valores. O jornal parabeniza o jurista pelo lançamento de *Direito e Utopia*." (*A Ordem*, de São José do Calçado, ES, 23/12/90).
"Autor de inúmeras obras, Dr. João Baptista Herkenhoff guarda maneiras próprias de agir, em suas múltiplas atuações. Ao ensejo do lançamento de *Direito e Utopia*, receba nossos parabéns, cachoeirense honrado." (*O Brado*, de Cachoeiro de Itapemirim, ES, 25/12/1990).
"O autor procura apontar caminhos para a realização da utopia no Direito, não como um sonho impossível, mas realizável, mediante a luta do povo, dos oprimidos e de seus aliados." (*O Estado de São Paulo*, página "Justiça", 4/01/1991).
"*Direito e Utopia* se apresenta como contrapartida original à vigência, nos planos internacional e local, de idéias nitidamente conservadoras, como o 'fim da História', a 'guerra justa' e outros equívocos que a mídia prontamente incorpora e, mais, reduz a trivialidades. A orientação acadêmica não faz deste volume uma barreira intransponível aos não-iniciados na "matéria", como seria de se esperar." (Rique Aleixo, *Jornal de Opinião*, Belo Horizonte, 14/04/1991).
"O professor João Baptista Herkenhoff é um trabalhador incansável no campo jurídico. Seu último trabalho (Direito e Utopia) é uma contribuição preciosa para a Ciência do Direito e, diria também, para a postura do homem como animal democrata e racional." (Ubiratan Teixeira, *O Estado do Maranhão*, 7/05/1991).
"Esta obra traz para o Direito Brasileiro uma ótima contribuição, não só pelo conteúdo filosófico e sociológico que apresenta, como também pela atualidade das questões que levanta, a partir da própria vivência do autor como magistrado e jurista." (Adelson Araújo Santos, Revista *"Síntese"*, do Centro de Estudos Superiores da Companhia de Jesus, Belo Horizonte, junho de 1991).
"As questões apresentadas em *Direito e Utopia* são profundamente atuais, sobretudo diante da realidade brasileira, onde os problemas sociais parecem exigir um novo Direito, iluminado por uma utopia humanista." (*Família Cristã*, São Paulo, junho de 1990).
"A exemplo do que ocorre com a Teologia, campo no qual se tem amplamente refletido sobre o papel libertador do Evangelho cristão, defende o autor a proposta de um Direito da libertação." (*Advogar*, jornal da OAB de Pernambuco, setembro de 1991).

Sobre "Instituições de Direito Público e Privado":

"*Instituições de Direito Público e Privado* é uma pesquisa que dá seguimento ao trabalho que o autor realiza na Universidade Federal do Espírito Santo." (*A Tribuna*, de Vitória 12/12/92).
"João Baptista Herkenhoff lança seu 14º livro, dando prosseguimento à linha de pesquisa que desenvolve na Universidade Federal do Espírito Santo." (*A Gazeta*, de Vitória, 17/12/1992).
"Mais um livro lançado pelo Professor João Baptista Herkenhoff, relevante serviço prestado à cultura capixaba. Calçadense honorário, ex-Juiz de Direito desta Comarca e atualmente membro da Academia Calçadense de Letras, o Prof. Herkenhoff é uma das maiores expressões culturais de nosso Estado." (*A Ordem*, São José do Calçado, ES, 20/12/1992).
"*Instituições de Direito Público e Privado* é o título do novo livro do professor João Baptista Herkenhoff. A obra era inicialmente uma reflexão filosófica e política sobre o conjunto do universo jurídico. Além de monografias e ensaios jurídicos ou pedagógicos publicados em

revistas especializadas, o autor tem treze livros publicados." (*Jornal da Indústria e do Comércio*, Colatina, ES, 22/12/92).

"*Instituições de Direito Público e Privado*, um livro-texto para os cursos de Economia, Administração, Ciências Contábeis e Direito, é obra do juiz de Direito João Baptista Herkenhoff, de Vitória (ES). O lançamento é da Editora Acadêmica." (*Jornal do Magistrado*, órgão oficial da Associação dos Magistrados Brasileiros, São Paulo, fevereiro de 1993).

"Professor da Universidade Federal do Espírito Santo, o autor teve em vista criar texto de amplo espectro, apto para leitura de estudantes de direito, mas também para áreas de administração, economia, ciência social e contábil. Depois de uma unidade introdutória, há breves lições sobre direitos constitucional, civil, do trabalho, comercial, administrativo, tributário e penal." (Walter Ceneviva, *Folha de São Paulo*, 1° de fevereiro de 1993).

"João Baptista Herkenhoff está lançando uma nova obra: *Instituições de Direito Público e Privado*. Aliás, ele já é autor de uma minibiblioteca, com títulos de interesse para advogados e estudantes de Direito. Nestes livros, muito de sua vivência, de suas pesquisas e de suas observações. Uma experiência que ele faz questão de passar, numa contribuição ao aperfeiçoamento do Direito, como instrumento para a evolução da comunidade." (Nereide Michel, *Gazeta do Povo*, suplemento "Viver bem," Curitiba, 14/02/93).

"Utilizando uma linguagem acessível e apresentando uma visão geral sobre temas ligados à legislação civil, o livro destina-se a estudantes de Direito e cidadãos em geral interessados em conhecer melhor o código de leis existentes em nosso país. O autor apresenta conceitos básicos indispensáveis à compreensão do assunto e propõe questões de ordem prática para facilitar a utilização dos conhecimentos no dia-a-dia." (*Revista Família Cristã*, São Paulo, março de 1993).

"É um trabalho de cunho científico, voltado para o campo técnico-didático, cuja aplicação é certa e oportuna nas áreas a que se destina, no ambiente do ensino superior." (Gino Frey, *Correio Popular*, Cariacica, ES, 16 a 22 de abril de 1993).

Sobre "O Direito dos Códigos e o Direito da Vida":

"Trata-se de importante contribuição do mestre capixaba que, valendo-se de pesquisa científica e minudente, busca respostas a questões como qual o papel do juiz na sociedade brasileira, qual a importância do Judiciário, qual a ideologia dos juízes e o que pensa o povo a respeito do Juiz, de sua atividade, sua importância e qual deve ser sua posição diante do Direito Positivo. Embora tenha a pesquisa se realizado no Estado do Espírito Santo, seu conteúdo e conclusões se adequam a todo o país." (Paulo Heerdt, *Revista Ajuris*, da Associação dos Juízes do Rio Grande do Sul, Porto Alegre, julho de 1993).

"Incontestável o descrédito do povo brasileiro em relação ao Poder Judiciário. Prova de tal assertiva está no fato de que o pobre acabou instituindo verdadeiro poder paralelo nas vilas-cidades, como a Rocinha do Rio de Janeiro. Antiga reivindicação da sociedade é a de ter uma Justiça sensível às exigências do povo. Quiçá não seja deste clamor secular que alguns magistrados não tenham criado o assim chamado Direito Alternativo. João Baptista Herkenhoff dissecou a matéria em sua obra *O Direito dos Códigos e o Direito da Vida*." (Carlos Augusto Avancini, *Jornal OAB/RS*, Porto Alegre, agosto de 1993).

"O livro *O Direito dos Códigos e o Direito da Vida* proporciona elementos para a discussão das instituições judiciárias do país. Com quinze livros publicados na área jurídica, o autor traz com esta obra subsídios para questões cruciais do direito, seja ele em âmbito legal ou social." (Nereide Michel, *Gazeta do Povo, suplemento "Viver bem"*, 15/08/93).

"Um livro excelente, recém-lançado por Sérgio Antônio Fabris Editor: *O Direito dos Códigos e o Direito da Vida*. O autor fez uma alentada pesquisa, que vai além da função do Poder Judiciário, para se espraiar sobre as comunidades, sobre o povo, sobre a visão do povo em matéria de Justiça, leis, direitos, problemas humanos e sociais. Um trabalho que deve ser lido e não somente pelos profissionais da área jurídica." (Germano Jacobs, *A Notícia*, Joinville, 22/08/93).

"Herkenhoff lança livro que discute o direito e a vida. A obra analisa o desejo de uma justiça mais eficiente. O livro *O Direito dos Códigos e o Direito da Vida* relata uma das principais reivindicações da sociedade durante o processo constituinte que foi a de ter uma justiça rápida, vigilante, igualitária e independente do poder econômico e do mandonismo." (*A Notícia*, Joinville, 30/08/93).

"Trata-se de um estudo, no âmbito da Sociologia do Direito, baseado em minuciosa pesquisa feita pelo autor, sobre o juiz, a função jurisdicional e a Justiça." (*Boletim da Associação "Juízes para a Democracia"*, São Paulo, novembro de 1993).

"A Sociologia e o Direito Moderno têm o sábio dever de proteger o ser humano. *O Direito dos Códigos e o Direito da Vida* analisa, através de uma visão profundamente sociológica, o homem como sujeito e o magistrado como um distribuidor da justiça. O livro é indispensável para as elucidações desejadas. A obra enfoca diretamente a mesma justiça, a nossa justiça, tão anêmica, complexa, incognoscível e polemizada." (Advogada Maria do Rosário Silva Santos, *A Gazeta*, 10/11/93).

"Um dos profissionais de sua classe de cabeça mais aberta às questões de sua área, Herkenhoff sabe muito bem dos bastidores da lei no Brasil. A obra, por certo, interessa não só a estudantes e profissionais do Direito, como aos cidadãos em geral." (*A Gazeta*, 10/11/93).

"Eruditas observações alicerçadas em premissas históricas, sociológicas e políticas! Há um seguro equilíbrio em suas manifestações sobre o juiz do Brasil, numa análise percuciente corroborada por um conjunto de citações inerentes ao assunto ventilado." (Luiz Pereira de Melo, professor de Direito na Universidade Federal de Sergipe, *A Tribuna*, de Vitória, 10/11/93).

"A obra *O Direito dos Códigos e o Direito da Vida* mostra como profissionais do Direito e populares percebem quais são os crimes que mais ameaçam a sociedade. Essa constatação é subsídio para os debates sobre o Código Penal." (*Jornal da Indústria e do Comércio*, Colatina, ES, 2ª quinzena de novembro de 1993).

"O escritor examina aspectos teóricos da conduta do magistrado na arte de julgar, ou seja, no exercício da jurisdição e refere a pesquisa que realizou junto a juízes e pessoas do povo para escrever este livro. O subtítulo resume os personagens visados: atores do mundo jurídico estudados sob o ângulo da Sociologia do Direito." (Walter Ceneviva, *Folha de São Paulo*, 20/11/93).

"O país discute neste momento uma eventual revisão do Código Penal e do Código de Processo Penal. Um abaixo-assinado, liderado por Glória Perez, reclama um endurecimento das leis penais. Não obstante o protesto de amplos setores da opinião contra uma revisão constitucional agora, esta deverá acontecer. Acontecendo, será preciso que haja participação popular, pelo menos para deter ameaças de retrocessos políticos e sociais. Em vista desses fatos, o livro *O Direito dos Códigos e o Direito da Vida* parece ser bastante atual." (*O Diário*, de Barretos, 21-11-93).

"O Professor João Baptista Herkenhoff, da Universidade Federal do Espírito Santo, publica o livro *O Direito dos Códigos e o Direito da Vida*. Trata-se de pesquisa que foi primeiro uma tese de Mestrado." (*Jornal do Advogado*, órgão da OAB/MG, dezembro de 1993).

"Obra que dá seguimento às atividades de pesquisa que o autor desenvolve na Universidade Federal do Espírito Santo." (*Jornal do Magistrado*, órgão da Associação dos Magistrados Brasileiros, dezembro de 1993).

"*O Direito dos Códigos e o Direito da Vida* ajuda a revelar e o que é e como funciona a Justiça no Brasil, subsídio para qualquer debate sobre o Poder Judiciário." (*Voz do Advogado*, jornal da OAB/DF, fevereiro de 1994).

"Até assumir a forma do título atual, *O Direito dos Códigos*... passou por várias etapas e foi acrescido de uma análise com vistas ao papel do juiz no contexto da nova realidade surgida com a promulgação da Constituição de 1988. Herkenhoff já tem uma larga contribuição à literatura jurídica do seu estado e do Brasil." (J. Rosha, *Amazonas em Tempo*, de Manaus, 9/02/1994).

"Um outro componente – que torna este e outros títulos de Herkenhoff leitura obrigatória – é a abordagem crítica sobre a realidade em que atua. Manipulando um vasto conhecimento com a perspectiva histórica da mudança social, ele afina suas idéias com o mesmo diapasão dos movimentos populares." (J. Rosha, *A Crítica*, de Manaus, 13/02/1994).

Sobre "Para gostar do Direito":

"Uma das obras mais importantes de Herkenhoff é 'Para gostar do Direito' onde, através de oito capítulos, o autor mostra que essa área das Ciências Humanas, ao contrário do que muitos imaginam, pode ser de fácil assimilação, principalmente para os calouros e leigos, desde que dinamicamente explicada." (*Alto Madeira*, de Porto Velho, 21/1/2000).

Sobre "Gênese dos Direitos Humanos":

"Entre os lançamentos deste final de ano, 'Gênese dos Direitos Humanos', do professor João Baptista Herkenhoff, sem dúvida, é a melhor notícia para acadêmicos de direito, professores universitários, advogados e professores de áreas afins. O título, aparentemente audacioso, condiz exatamente com o conteúdo e nos dá uma bela lição sobre a história universal dos direitos humanos. É um livro para se ler várias vezes e consultar sempre que necessário. Agrada pela sua apresentação, abordando com um rigor considerável os temas que originaram as discussões sobre os direitos humanos." (J. R. Rodrigues, *"Folha de Boa Vista"*, Boa Vista, Acre, dezembro de 1994).

"Creio que o trabalho do professor da UFES é valioso, oportuno e necessário! Esclarecer, elucidar, ensinar – é procedimento urgente e inadiável, mormente nestes Brasis de analfabetos, famintos e explorados com representação parlamentar que prima pela corrupção e pelo desprezo aos Direitos Humanos. As bibliotecas universitárias, os advogados, mormente os militantes, instituições voltadas para o bem das comunidades devem conhecer o trabalho do jurista João Baptista Herkenhoff, estudioso Mestre, inteiramente dedicado aos problemas da cidadania, preocupado com suas soluções, voltado inteiramente a contribuir para a melhor vivência de seu semelhante." (Theomar Jones, *"Tribuna de Petrópolis"*, de Petrópolis, RJ, 10-2-1995).

"Investigar a participação universal na criação da idéia dos Direitos Humanos e o caráter progressivo desses Direitos é o objetivo do livro do professor da Universidade Federal do Espírito Santo, oportuno no momento em que o assunto assume cada vez maior importância no mundo contemporâneo. O autor analisa desde o conceito de Direitos Humanos, sua história no mundo e no Brasil, além dos valores ético-jurídicos que fundamentam a Declaração Universal dos Direitos Humanos. Ao finalizar, detém-se num ponto importante: a educação popular, voltada para esses Direitos, pelo rádio e/ou televisão." (*"Perspectiva Universitária"*, de São Paulo, setembro de 1995.)

"O livro trata da história dos direitos humanos, a genealogia dessa idéia, de sua radicação na cultura universal. Mostra como essa história começou em tempos antigos até chegar à Declaração Universal dos Direitos Humanos, adotada em 1948." (*Tribuna do Direito*, de São Paulo, fevereiro de 1995.)

"Uma leitura de grande proveito para quem busca embasamento teórico na área de direitos humanos é o criterioso livro (...): Gênese dos Direitos Humanos." (Dr. José Tarcísio Amorim, Professor de Psicologia Profunda na PUC de Minas Gerais e no Seminário da Arquidiocese de Belo Horizonte, in: *Jornal de Opinião*, de Belo Horizonte, 17 a 23 de abril de 1995.)

"Recomendado para ler: Gênese dos Direitos Humanos, de João Baptista Herkenhoff, publicado pela Editora Acadêmica, de São Paulo, 1995." (REDE, Boletim dos Cristãos de Classes Médias, editado pelo Centro Alceu Amoroso Lima. Petrópolis, RJ, janeiro de 1995.)
"Herkenhoff: a incorporação dos Direitos Humanos no cotidiano. O professor capixaba João Baptista Herkenhoff lança 'Gênese dos Direitos Humanos', primeiro volume de uma trilogia voltada para a questão dos direitos humanos e de sua radicação na cultura universal." (*A Gazeta*, de Vitória, 8 de dezembro de 1994.)
"O curso proposto pelo professor João Baptista Herkenhoff é um dos mais abrangentes compêndios sobre a geração dos direitos humanos e os conceitos que decorrem dela, analisando profundamente os valores ético-jurídicos presentes na Declaração dos Direitos Humanos e sua gênese na história da humanidade." (*Jornal da Rede*, órgão da Rede Brasileira de Direitos Humanos. São Paulo, julho de 1998).

Sobre "Para onde vai o Direito?":

"Professores e estudantes mostram-se receptivos a propostas não dogmáticas, no campo da reflexão jurídica. Os livros que propõem uma linha progressista têm tido aceitação nas universidades e faculdades, onde são adotados e discutidos, de norte a sul do país, demonstrando um forte desejo de discussão crítica e de desnudamento de verdades seladas. Vivemos num momento de busca e, com certeza, este trabalho vem instigar, provocar e aguçar a curiosidade do leitor." (Carlos Alberto dos Rios, *Jornal da Cidade,* Bauru, SP, 20-11-98).
"Herkenhoff transformou-se num crítico contumaz não apenas do modo como o Poder Judiciário brasileiro está estruturado, mas também do modelo de aprendizado do Direito e da forma como as leis são aplicadas no País. Hoje, aos 58 anos, depois de vários títulos acadêmicos e de 18 livros publicados – o último deles com o título 'Para onde vai o Direito? Reflexões sobre o papel do Direito e do jurista' (...), Herkenhoff destila todo o seu senso crítico em relação ao que julga ser 'as velhas concepções do Direito'. (Vívia Fernandes, Revista *Família Cristã*, São Paulo, julho de 1996).

Sobre "1000 Perguntas - Introdução ao Direito":

"Pense em um número de um a mil, transforme este número em uma das várias dúvidas que enfrentamos no dia-a-dia e 'zás'... eis a resposta. Adote outro procedimento, imagine uma situação embaraçosa, onde você necessitaria de conhecimentos sobre Direito e folheie o livro *1000 Perguntas – Introdução ao Direito* e terá com certeza a resposta. Especialmente indicado para iniciantes do Curso de Direito, mas ideal para todos os cidadãos, pois ter conhecimentos sobre Direito hoje não deve ser preocupação apenas de advogados." (J. R. Rodrigues, *Folha de Boa Vista,* Boa Vista, 14-8-1997).

Sobre "Ética, Educação e Cidadania":

"A Cidadania, para o autor, transpõe o conceito restrito com que se costuma entendê-la. É um acréscimo à dimensão do 'ser pessoa'. Assim, é conclusivo em afirmar que ninguém pode ser cidadão se não é pessoa, se não lhe reconhecem os atributos próprios da dignidade humana. Os rumos desta obra são marcados pela missão ética da Educação, de um lado e, de outro, a concepção do educador como formador da cidadania." (*Tribuna da Magistratura*, São Paulo, SP, agosto de 1997).
"A obra reúne vários escritos que mantêm uma linha de conexão. (...) A Ética é compreendida como todo esforço do espírito humano para formular juízos tendentes a iluminar a conduta das pessoas, sob a luz de um critério de Bem e de Justiça. A Educação (é vista como...) tarefa a ser executada não apenas pelas escolas ou por instituições sociais designadas para este papel.

A Cidadania não é apenas o estado dos detentores dos direitos civis e políticos, pois ninguém pode ser cidadão se não é pessoa. (...) Leitura indispensável para todos que se interessam pelos temas tratados, que são fatores de todas as relações em países civilizados." (Carlos Alberto dos Rios, *Jornal da Cidade,* Bauru, SP, 6-11-1998).

"*Ética, Educação e Cidadania* (...) oferece, não aos juristas, mas ao homem comprometido, textos de atualidade para a reflexão de todos aqueles que militam responsavelmente por um mundo melhor." (José Tarcísio Amorim, *Jornal de Opinião,* Belo Horizonte, 12-11-1998).

Sobre "ABC da Cidadania":

"O *ABC da Cidadania* (...) traz uma série de dicas e informações sobre como reaver, mesmo que limitadamente, a essência da palavra cidadão no País. O livro ensina que o conceito de cidadania, hoje, é mais abrangente do que o velho lema que fala, exclusivamente, dos direitos civis e políticos. (...) É claro que um livro de bolso não vai resolver os problemas do Brasil. Não deixa, no entanto, de ser um bom caminho." (Adriano do Praddo, *A Tarde,* Salvador, 4-2-1997.)

"O jornal *A Notícia* quer ver no olhar juvenil dos estudantes, especialmente os da rede municipal, o gosto pela curiosidade e a alegria alcançada a partir de novas descobertas intelectuais. No decorrer dos seus 76 anos, o jornal exercita, com especial atenção, um dos inúmeros papéis que competem à imprensa, a função educativa. *A Notícia* acredita na leitura como um processo de compreensão que ajuda a conhecer a realidade, os homens, o ambiente social. Em 2000, tendo como parceira a Fundação Catarinense de Cultura e a Secretaria Municipal de Educação, irá desenvolver o "ABC da Cidadania". O projeto se propõe a criar dentro da escola (...) uma ambiência de leitura. Além de uma visita aos mais importantes museus catarinenses, os estudantes serão convidados ao exercício da leitura a partir do jornal "ABC da Cidadania", uma edição especial (...) calcada em trabalho elaborado pelo jurista João Baptista Herkenhoff. Incentivar a política de formação de novos leitores (...) é meta deste trabalho que quer despertar nas crianças e adolescentes a crença de que a leitura leva ao conhecimento da própria identidade." (*A Notícia,* de Joinville (SC), Caderno "Anexo", 26/5/2000).

Sobre "Direitos Humanos - a construção universal de uma utopia":

"O professor explica que o sentido da palavra 'construção' no seu último livro 'Direitos Humanos - a construção universal de uma utopia' é que é necessário se fazer um trabalho para se conquistar o respeito aos direitos humanos. 'É uma luta pela afirmação da dignidade humana', enfatiza." (Eduardo Franco, *Jornal de Opinião,* Belo Horizonte, 14 a 20-7-1997).

"O livro destina-se a ser um texto básico para a disciplina Direitos Humanos, que vem sendo introduzida em diversas universidades e faculdades do país, tanto na graduação, quanto na pós-graduação. Destina-se também a ser adotado em cursos de Direitos Humanos promovidos por escolas, entidades, igrejas, etc." (*Jornal do Magistrado,* órgão oficial da Associação dos Magistrados Brasileiros, São Paulo, maio/junho de 1997).

Sobre "O Direito Processual e o Resgate do Humanismo":

"É um estudo original sobre o tema. Focaliza, principalmente, a posição do juiz diante do processo. Debate algumas questões candentes que ocupam a atenção dos processualistas na atualidade brasileira." (*Correio Braziliense,* página de "Direito e Justiça". Brasília, 18-9-1997).

"Nesta obra – *O Direito Processual e o Resgate do Humanismo,* o autor debate as questões centrais que preocupam os nossos processualistas, sobretudo no que concerne à efetividade dos seus institutos. São oito capítulos dedicados à humanização do processo e da Justiça, com uma visão crítica bem acentuada. A obra propicia uma visão atual das falhas do nosso sistema e a necessidade de mudanças para resgatar a justiça, tornando-a mais efetiva." (Artur Marques da Silva Filho, *Tribuna da Magistratura*, São Paulo, SP, setembro/outubro de 1997).

"O livro (...) debate questões centrais que ocupam a preocupação dos processualistas na atualidade brasileira. A finalidade ética do direito processual é amplamente discutida pelo autor, que defende o resgate do humanismo." (Nereide Michel, Gazeta do Povo, de Curitiba, Suplemento *Viver Bem*, 5/10/1997).

"*O Direito Processual e o Resgate do Humanismo* é novo livro do pesquisador, advogado e experiente magistrado João Baptista Herkenhoff. Sobrinho da historiadora joinvilense Elly Herkenhoff, tem 18 obras publicadas, entre as quais o interessante 'ABC da Cidadania'. Incansável, ele quer que o Direito sirva à construção de uma sociedade mais justa. Propõe o resgate do humanismo, a humanização da Justiça e do próprio ambiente do Judiciário." (Néri Pedroso, *A Notícia*, de Joinville, SC, 8-10-1997).

"Não se pode falar em resgate do humanismo, no Direito Processual, sem começar por uma análise preliminar ampla dos fundamentos da missão do jurista. Dentro dessa missão do jurista coloca-se a função transcendente do processo, como instrumento da realização de valores éticos." (*Jornal de Opinião*, Belo Horizonte, 13 a 19-10-1997).

"Alguns temas tratados na obra: o juiz e os desafios da realidade contemporânea; o juiz no universo do processo: seu papel intervencionista, a missão de velar pela dignidade da Justiça; juizado para causas simples e infrações penais menos ofensivas: uma nova forma de justiça; procedimento sumaríssimo, um outro atalho para a prestação de justiça rápida etc." (*Tribuna do Direito*, de São Paulo, novembro de 1997.)

"Em todos os livros (do autor) salta aos olhos a sua genuína preocupação com a democracia e a cidadania. Daí que a característica mais marcante de sua obra é o humanismo, traço esse que o autor também imprime em sua incursão pelo Direito Processual." (Laércio A. Becker, *Revista de Direito Processual*, Rio de Janeiro, edição n. 7, janeiro-março de 1998).

"O autor, pesquisador, advogado e magistrado de longa experiência, coloca neste trabalho toda sua vida de dedicação ao Direito, defendendo a tese de que o Direito Processual deve resgatar o humanismo, já que tem uma finalidade ética e esta idéia perpassa todas as páginas deste livro." (Carlos Alberto dos Rios, *Jornal da Cidade*, Bauru, SP, 26-2-1998).

"Em mais uma obra a retratar sua intensa preocupação intelectual, Herkenhoff põe o juiz em face dos desafios da realidade contemporânea, antes de o verificar no processo, nas causas simples, no procedimento sumaríssimo. Termina discutindo a humanização do processo e da Justiça." (Walter Ceneviva, *Folha de São Paulo*, São Paulo, SP, 10/3/1998).

Sobre "Direitos Humanos – uma idéia, muitas vozes":

"O professor João Baptista Herkenhoff, em um de seus livros sobre direitos humanos (Direitos Humanos – uma idéia, muitas vozes), lembra que correntes sociais já falam em revisar a DUDH, mas ressalva a necessidade de passar por um Fórum Internacional e depois porque 'princípios estatuídos em 1948 ainda não foram inteiramente cumpridos.' (J. R. Rodrigues, *"Folha de Boa Vista"*, Boa Vista, Acre, 22-2-1998).

"João Baptista Herkenhoff está lançando seu 25º livro, 'Direitos Humanos – uma Idéia, muitas Vozes', pela Editora Santuário. Mas avisa que não haverá noite de autógrafos 'para não obrigar os amigos', justifica-se." (Luiz Trevisan e Maura Fraga. *A Gazeta*, de Vitória, 16-7-1998).

"O livro é publicado no ano em que se comemora o 50º aniversário da Declaração Universal dos Direitos Humanos. *Direitos Humanos: Uma Idéia, Muitas Vozes* é o último volume da trilogia iniciada com *Gênese dos Direitos Humanos* e *Direitos Humanos: a Construção Universal de uma Utopia*." (A Tribuna, de Vitória, 18-7-1998).

"O juiz de direito e escritor, natural de Cachoeiro, João Baptista Herkenhoff escreveu o 26º livro enfocando mais uma vez a questão dos Direitos Humanos. O artigo I da D. U. D. H. vem acompanhado de um poema, do cachoeirense Newton Braga, que fala de fraternidade. João Herkenhoff avalia o papel do Direito na sociedade como libertador e contestador. Para ele o jurista não é um homem da ordem, mas da contradição." (*Folha do E. Santo*, de Cachoeiro de Itapemirim, ES, 22-7-1998).

"*Direitos Humanos – uma idéia, muitas vozes* trata da particularização da idéia universal de direitos humanos, nas culturas que se espalham pelo mundo." (Carlos Alberto dos Rios, *Jornal da Cidade*, Bauru, SP, 23-7-1998).

"João Baptista Herkenhoff é uma daquelas raras personalidades empenhadas no estabelecimento de uma nova utopia em meio à desordem social e à globalização da miséria. Após 50 anos da Declaração Universal dos Direitos Humanos, está lançando *Direitos Humanos – uma idéia, muitas vozes*, o último livro de uma trilogia. Nas duas primeiras obras, Herkenhoff discutiu a gênese e a história desse conceito. Agora, o autor descreve a trajetória dos Direitos Humanos nesse fim de século como uma política que tende a se emancipar diante da influência dos espaços culturais heterogêneos e diferenciados." (Emmanuel Nogueira, *Diário do Nordeste*, de Fortaleza, 26-7-1998).

"Imortal da Academia Espírito-santense de Letras, é autor de 25 livros. Esse novo livro amplia as possibilidades do uso pedagógico de sua obra em sua área de ensino, estudo e pesquisa. (*A Gazeta*, de Vitória, 16-8-1998).

"A edição desta obra assinala a participação da Editora Santuário nas comemorações do cinqüentenário da Declaração Universal dos Direitos Humanos. A data está sendo celebrada no Brasil e no mundo, como um marco da civilização contemporânea." (*Jornal de Opinião*, Belo Horizonte, 17 a 23-8-1998).

"Herkenhoff prossegue no projeto de trilogia iniciada em 1994 com 'Gênese dos Direitos Humanos'. Quer completá-la com a idéia dos direitos humanos e das vozes que se ergueram a respeito. Trata aqui da evolução deles, a contar das reivindicações da sociedade organizada." (Walter Ceneviva, *Folha de São Paulo*, São Paulo, SP, 18/8/1997).

"É o terceiro livro de uma trilogia que começou, em 1994, com uma *Gênese dos Direitos Humanos* e foi enriquecida, em 1996, com *Direitos Humanos - a Construção Universal de uma Utopia*. O autor é livre-docente da Universidade Federal do Espírito Santo. Sua militância na área dos Direitos Humanos levou a ser um dos fundadores, em 1976, e o primeiro presidente da Comissão Justiça e Paz, da Arquidiocese de Vitória. Neste livro, o exame de cada artigo da Declaração Universal dos Direitos Humanos é precedido de um texto poético ligado ao tema do artigo. Existe, ainda, registro de cada artigo da Declaração em uma língua estrangeira, ao lado da sua versão em português." (*Amazonas em Tempo*, Manaus, 1º -9-1998).

"As pesquisas de João Baptista Herkenhoff em torno dos direitos humanos resultaram na elaboração de uma trilogia. (...) *Direitos Humanos – uma idéia, muitas vozes* representa a complementação do plano geral de sua investigação. (...) Um recado didático, ressaltando a necessidade de uma luta pelos Direitos Humanos, para a formação da cidadania." (Artur Marques da Silva Filho e Sérgio Alexandre Carrato, *Tribuna da Magistratura*, São Paulo, SP, setembro de 1998).

"Há um substrato espiritual que perpassa as mais diversas culturas apontando para a dignificação da pessoa humana. (...) Pensando nisso, João Baptista Herkenhoff está lançando *Direitos Humanos – uma idéia, muitas vozes.*" (Nereide Michel, *Gazeta do Povo*, de Curitiba, Suplemento *Viver Bem*, 6.11.1998).

"Lembrei-me do livro de outro cachoeirense 'Direitos Humanos – uma idéia, muitas vozes', de João Baptista Herkenhoff, no qual faz, com aquela graça rara da inteligência dos puros, um estudo apaixonante da história dos direitos humanos." (Paulo Domingues. "Livros, mestres e faróis". In: *Folha do E. Santo*, de Cachoeiro de Itapemirim, ES, 26-5-1999).

Sobre "Fundamentos de Direito":

"Este livro pretende proporcionar uma visão panorâmica do Direito. Apresenta os aspectos introdutórios ao estudo do Direito e aborda os principais ramos deste campo do conhecimento." (Carlos Alberto dos Rios, *Jornal da Cidade*, Bauru, SP, 11-8-2000).
"O livro pretende atender as expectativas de todos os que desejam obter informações claras e sintéticas sobre o Direito, em seus diversos aspectos e ramificações." (*Jornal do Commercio*, Rio de Janeiro, 24/8/2000).
"*Fundamentos de Direito*, excelente livro do dr. João Baptista Herkenhoff, destina-se a um público mais amplo do que a aparência indica. (O autor) procurou colocar na obra sua experiência. Essa transmissão de experiência agrada principalmente aos jovens, sedentos de encontrar pistas para a vida." (*Diário da Manhã*, Goiânia, 10-9-2000).
"Não obstante o fim didático, que lhe garante viabilidade editorial, a obra foi produzida com o firme propósito de propor um novo 'pensar do Direito'. Só a crítica vai permitir constatar se tal propósito foi alcançado." (*Alto Madeira*, Porto Velho, 14/9/2000).
"O autor procurou colocar nesta obra (...) sua experiência como advogado e juiz." (*Jornal de Opinião*, Belo Horizonte, 9 a 15/10/2000).
"O autor comunga toda sua experiência como advogado e juiz, narrando inúmeros casos concretos que analisou em sua carreira. Com forte conteúdo didático, a obra é recomendada aos jovens interessados na escolha profissional, curiosos por encontrar respostas para suas dúvidas." (*A Notícia*, Joinville, SC, 18/10/2000).
"O livro se destina não apenas às pessoas da área jurídica, mas a todos aqueles interessados em uma visão panorâmica do universo das leis e da justiça." (*Gazeta do Povo*, Curitiba, 18/10/2000).
"Alguns temas abordados (pelo livro) foram: o que é o direito, qual o seu papel, história do constitucionalismo, a tutela jurídica do trabalho, direitos e deveres de empregados e empregadores." (*Tribuna do Direito*, de São Paulo, novembro de 2000.)
"Ao pretender proporcionar uma visão panorâmica do Direito, o livro apresenta os aspectos introdutórios ao estudo da ciência e aborda os principais ramos deste campo do conhecimento." (*Folha do IAB*, jornal do Instituto dos Advogados Brasileiros, Rio de Janeiro, setembro de 2001).

Sobre "Justiça, direito do povo":

"João Baptista Herkenhoff (...) colocou na publicação sua experiência e sua vida." (Maurício Prates, *A Tribuna*, Vitória, 31-10-2000).
"*Justiça, Direito do Povo* (...) procura enfrentar, sem meias palavras, os grandes dramas e problemas que envolvem o 'direito à Justiça', um direito humano fundamental." (*A Gazeta*, Vitória, 5-11-2000).
"Livro abordando (...) temas que caem no gosto popular, sedento de justiça e de ver seus direitos reconhecidos (...), escrito com muita leveza e agudeza de espírito, fixando momentos de sofrimento e de indignação de nossa gente frente aos inúmeros escândalos surgidos nos últimos tempos no país." (Magalhães da Costa, *Meio Norte*, Teresina, 12-11-2000).
"Esta publicação enriquece as Letras Jurídicas do Brasil e merece espaço de honra nas estantes dos estudiosos dos problemas do país." (*Jornal de Opinião*, Belo Horizonte, 15 a 21/4/2002).

Sobre "Como Funciona a Cidadania":

"Num estilo que procurou ao máximo a simplicidade, o autor tenta dar 'lições de cidadania', principalmente aos jovens. (...) Vale a pena conferir os ensinamentos deste mestre, em sua obra, reunindo seu saber jurídico, sua experiência de vida e profissional, onde certamente o leitor encontrará respostas para tantas indagações pertinentes ao tema." (Carlos Alberto dos Rios, *Jornal da Cidade*, Bauru, SP, 8/12/2000).

"Será lançado, em caráter nacional, amanhã, em Manaus, o livro 'Como funciona a Cidadania', escrito pelo cachoeirense João Baptista Herkenhoff, (...) que tem livros publicados por editoras do Rio de Janeiro, São Paulo, Rio Grande do Sul e Espírito Santo. Desta vez decidiu escolher uma editora do Amazonas para oferecer a paternidade da edição. Segundo ele, 'há todo um simbolismo nesta escolha, há todo um conteúdo político nesta opção. Um livro que se edita na região Norte deste imenso País para significar que o Brasil não é apenas o Sul... Um livro que se publica no coração da Amazônia para afirmar a pertença da Amazônia ao Brasil, contra a cobiça internacional." (*Diário Capixaba*, Cachoeiro de Itapemirim, ES, 10 e 11/12/2000).

"Para o professor João Baptista Herkenhoff, a cidadania constitui-se na questão política mais importante do Brasil contemporâneo. Jurista e escritor, Herkenhoff acaba de lançar seu 29º livro, 'Como funciona a Cidadania', (...) mais um volume da coleção 'Como funciona'. O livro explica de maneira simples, primeiramente, o que é ser cidadão e o conceito de cidadania, para então se transformar em um verdadeiro manual para lideranças populares, agremiações estudantis, sindicatos, movimentos populares e agentes progressistas da Igreja, enfim para todos aqueles que desejam trabalhar em prol de uma sociedade cada vez mais cidadã." (Omar Gusmão, *A Crítica*, Manaus, 14/12/2000).

"Professor, crítico, militante de causas sociais e juiz de Direito, o autor está dedicando parte de suas atividades à educação para a cidadania. Em 'Como funciona a Cidadania', Herkenhoff procura transmitir ao cidadão conhecimentos essenciais para que possa reivindicar e defender os seus direitos fundamentais. (...) Ao final de cada capítulo, são fornecidas questões para debate, pesquisa e revisão." (*Correio do Povo*, Porto Alegre, 14/12/2000).

"O objetivo deste livro é ajudar o cidadão a entender os direitos fundamentais de que é titular." (*Jornal de Opinião*, Belo Horizonte, 1 a 7/1/2001).

"Este é o 29º livro desse advogado que transformou a dignidade do ser humano na maior inspiração de sua carreira. A obra destina-se a lideranças populares, educadores e, é claro, a todos os que se interessam em defender os direitos fundamentais do cidadão." (*Gazeta do Povo*, de Curitiba, Suplemento *Viver Bem*, 21/1/2001.)

"Cidadania de um jeito acessível, que dê para todo mundo entender. Esse foi o objetivo traçado pelo jurista capixaba João Baptista Herkenhoff, no seu 29º livro, o *Cidadania – Como Funciona*, cuja segunda edição chega às livrarias no princípio de março." (*A Gazeta*, Vitória, 22/2/2001).

"Organizada na forma de curso, a obra apresenta conceitos e propõe discussões práticas, além de trazer, no seu final, um pequeno glossário, que explica termos como inconstitucionalidade, habeas-corpus, prisão ilegal e tantos outros ligados ao tema. (...) Ao todo são 22 capítulos, que incluem um histórico da cidadania no mundo e no Brasil, desde o período imperial até os dias de hoje. Depois, trata das dimensões sociais, econômicas, políticas, civis e existenciais da cidadania." (*O Estado de São Paulo*, São Paulo, SP, 17-7-2001).

"Autor de 29 livros, João Baptista Herkenhoff, 64, continua fazendo análises que poucos profissionais de sua área teriam coragem de fazer. Como educador, Herkenhoff considera a discussão sobre Cidadania o tema mais importante do Brasil contemporâneo. (...) A corrupção só pode ser detida pela Cidadania, avalia. (...) A luta pela educação pública deveria ser geral, mas a classe média matricula seus filhos em escolas particulares e se dá por muito satisfeita. (...) O cidadão tem medo da Justiça. (...) Esse é o único lugar onde não deveria haver corrupção, diz Herkenhoff, lembrando que o termo "Templo da Justiça" deveria ser sagrado, mas não é." (Dione Santana, *A Crítica*, Manaus, 21/12/2001).

Sobre "Ética para um mundo melhor":

"... obra que reúne experiências, vivências e testemunhos das diversas atividades que o autor desempenhou: magistrado, professor, escritor, militante social." (*Jornal do Magistrado*, Rio de Janeiro, setembro/ outubro de 2001).

"É um texto exemplar para aqueles que, como o autor, entendem a ética como "... todo o esforço do espírito humano para formular juízos tendentes a iluminar a conduta das pessoas sob a luz de um critério de bem, de justiça." (José Tarcísio Amorim, *Jornal de Opinião*, Belo Horizonte, 19 a 25 de novembro de 2001.)

"*Ética para um mundo melhor – vivências, experiências, testemunhos* é mais um excelente trabalho do autor. (...) A obra convida o leitor a refletir sobre as pistas oferecidas, alargando com o olhar inteligente e crítico as suas idéias." (Carlos Alberto dos Rios, *Jornal da Cidade*, Bauru, SP, 23/11/2001).

"Aos 65 anos e 30 livros lançados em todo o país e artigos na Europa, João Baptista Herkenhoff pode ser considerado um dos nomes que mais 'enfeitam' as mesas de cabeceira de universitários de Direito do país. A ética é um tema atual em todo o mundo. Se o mundo vai mal é por falta de ética, analisa." (Dione Santana, *A Crítica*, Manaus, 12/12/2001).

"Descendente dos imigrantes que ajudaram a colonizar a antiga colônia Dona Francisca, atual Joinville, João Baptista Herkenhoff publica seu 30º livro. (...) *Ética para um mundo melhor* é um registro das contribuições do autor em serviço à cidadania e no culto à ética. (...) No que se refere às matrizes do Direito, seus livros pregam uma visão humanista – a lei a serviço do homem, e nunca o homem a reboque da lei. (...) Para o autor, magistratura é serviço e não 'poder'. Isso justifica sua luta pela alteração no tratamento do 'Poder Judiciário, Legislativo e Executivo'. Segundo ele, a simples mudança da palavra 'poder' por 'serviço', nessas estruturas, já daria um outro sentido às organizações." (Marlise Groth, *A Notícia*, Joinville, 4/1/2002).

"Os temas de seus livros são variados, mas um elo os entrelaça: a crença na dignidade da pessoa humana, como valor fundamental que constitui a base da Ética." (*Fórum Nacional*, Informativo editado pela Associação Nacional dos Magistrados Estaduais, fevereiro de 2002).

Atenção! Os trechos dos comentários foram extraídos de um arquivo organizado, até certa data, pela Senhora Izabel Cristina Cardoso Teixeira. O autor agradece a Izabel o paciente e cuidadoso trabalho realizado, bem como sua dedicação em muitas outras oportunidades.

AGRADECIMENTOS

A realização da pesquisa, da qual resultou este livro e os dois outros da trilogia de Direitos Humanos, só foi possível graças ao apoio de instituições e de pessoas. Em primeiro lugar, minha permanência na Universidade de Rouen, na França, deveu-se a uma bolsa de pós-doutoramento que me foi concedida pelo CNPq. Para que usufruísse dessa bolsa, fui licenciado pela Universidade Federal do Espírito Santo. Para que pudesse realizar meu trabalho, na Universidade de Rouen, fui acolhido, naquela instituição, pelo Centro de Pesquisa e de Estudos sobre Direitos do Homem e Direito Humanitário. Importante apoio financeiro foi um empréstimo concedido pelo Bandes (Banco de Desenvolvimento do Espírito Santo), dentro de uma linha de financiamento a cursos de pós-graduação de capixabas, no Exterior.

Ao CNPq, à UFES, ao Bandes e ao Centro de Pesquisas sobre Direitos do Homem e Direito Humanitário da Universidade de Rouen (*Centre de Recherches et d'Études sur les Droits de l'Homme et le Droit Humanitaire, de l'Université de Rouen*), meu agradecimento.

Dentre as pessoas que me ajudaram para que pudesse cumprir esse tempo de estudos na França, quero destacar algumas.

Relativamente a ajudas que tive no Brasil, antes de minha partida e durante minha ausência do país, quero agradecer de maneira especial, às seguintes pessoas: srta. Maria Saviato, dra. Lindinalva Marques, professora Maria Luíza Loures Rocha Perota, dr. Francisco Vicente Finamore Simoni, dr. Ricardo Santos, dr. Antônio César Menezes Penedo, dr. Miguel Ângelo Nacif, sra. Izabel Cristina Cardoso Teixeira, Pe. Dr. Valdir Ferreira de Almeida, dr. Henrique Geaquinto Herkenhoff, dra. Denise Pinto Nogueira da Gama e dr. Luiz Fernando Garcia Marques.

Com relação a ajudas havidas na França, devo destacar os seguintes agradecimentos: professor José Maria Luiz Ventura, senhora Susy Vergez, Père Roger Lacroix, Père Joseph Maire, Madame Virginie Fatout, Mademoiselle Anne Marie Le Rouzic, Monseigneur Joseph Duval, Monsieur Luc Disclaire, Monsieur Paul Tavernier, Mademoiselle Thérèse Tribut.

Esses nomes não esgotam os reconhecimentos que deveriam ser expressos. Também de muitas outras pessoas, quer no Brasil, quer na França, recebemos — eu e minha família — apoio e demonstração de carinho e estima.

Ao ensejo da segunda edição deste livro, agradeço a minha ex-aluna Andressa Damasceno a digitação dos originais, trabalho a que Andressa se entregou com dedicação e carinho.

ÍNDICE GERAL

Apresentação da segunda edição 7

PRIMEIRA PARTE – INTRODUÇÃO 9
Capítulo 1
OBJETIVOS E IMPORTÂNCIA DO TRABALHO. PLANO DA OBRA 9
1. Objetivos da pesquisa da qual resultou este livro 9
2. Importância do trabalho 10
3. Relevância da luta pelos Direitos Humanos, no mundo contemporâneo 10
4. Valorização da idéia de Direitos Humanos que não são nem capricho de militantes, nem imposição de nações dominantes 10
5. Utilização deste livro na educação para os Direitos Humanos 11
6. A educação para os Direitos Humanos no Brasil 11
7. Plano da obra 13

Capítulo 2
LOCALIZAÇÃO CIENTÍFICA DA PESQUISA. HIPÓTESES DE TRABALHO. A REALIZAÇÃO DA PESQUISA NA FRANÇA 15
1. Localização científica da pesquisa 15
2. Hipóteses de trabalho 16
3. A realização da pesquisa na França 17

SEGUNDA PARTE
CONCEITO DE DIREITOS HUMANOS. ESTUDO HISTÓRICO DOS DIREITOS HUMANOS NUMA PERSPECTIVA GLOBAL 19
Capítulo 3
CONCEITO DE DIREITOS HUMANOS. GENEALOGIA DA IDÉIA. TÁBUA DOS GRANDES VALORES ÉTICO-JURÍDICOS QUE INSPIRAM A DECLARAÇÃO 19
1. Objetivos desta Segunda Parte da obra 19

2. O que são Direitos Humanos 19
3. Genealogia da idéia de Direitos Humanos 20
4. Direitos Humanos como utopia 20
5. Tábua dos grandes valores ético-jurídicos que inspiram
   a Declaração Universal dos Direitos Humanos 21

Capítulo 4
RELIGIÕES E SISTEMAS FILOSÓFICOS EM FACE DOS DIREITOS HUMANOS. NÃO SE CONFUNDEM COM ESTADOS OU LÍDERES QUE PRETENDEM ENCARNAR HERANÇAS DE PENSAMENTO 23

   1. As maiores religiões e sistemas filosóficos da Humanidade
   harmonizam-se com as idéias deste conjunto de princípios
   que denominamos Direitos Humanos 23
   2. A tolerância como elo indispensável de comunicação 24
   3. A inafastável exigência de humildade 25
   4. O Cristianismo e os Direitos Humanos 26
   5. O Judaísmo e os Direitos Humanos 28
   6. O Islamismo e os Direitos Humanos 29
   7. O Budismo e os Direitos Humanos 31
   8. O Taoísmo e os Direitos Humanos 33
   9. O Confucionismo e os Direitos Humanos 35
  10. O Marxismo e os Direitos Humanos 36
  11. Os Direitos Humanos na tradição religiosa e filosófica dos
    povos indígenas da América Latina 38
  12. Os Direitos Humanos na tradição das culturas e religiões
    afro-brasileiras 41
  13. Religiões e filosofias não se confundem com Estados ou líderes
    políticos que pretendem encarnar a respectiva herança de
    pensamento 41

Capítulo 5
HISTÓRIA DOS DIREITOS HUMANOS NO MUNDO 43

   1. Direitos Humanos na Antigüidade 43
   2. A simples técnica de opor freios ao poder não assegura por si só
   os Direitos Humanos 44
   3. Não devem ser desprezados outros sistemas, que não o da limitação
   do poder pela lei, para a proteção da pessoa humana 44
   4. Direitos Humanos para consumo interno 45
   5. Direitos Humanos para os nacionais "puros" 45

6. A idéia da limitação do poder foi precedida de uma longa gestação histórica. Não existe um só modelo possível de compreensão, formulação e proteção dos Direitos Humanos 46
7. A Inglaterra, as proclamações feudais de direitos e a limitação do poder do rei 48
8. Locke e a extensão universal das proclamações inglesas de direitos 49
9. O universalismo das declarações de direitos da Revolução Francesa e da Revolução Norte-Americana 49
10. A dimensão social do constitucionalismo: a contribuição mexicana, russa e alemã 50
11. Os interesses das potências industriais e as reivindicações universais do mundo do trabalho 50
12. A emergência do proletariado como força política 51
13. A dimensão social da democracia 51
14. Oposição entre direitos "liberais" e direitos "sociais". Recíproca absorção de valores por sistemas políticos e econômicos opostos 52
15. O porvir e um encontro de vertentes. Valores de uma concepção socialista de mundo 52
16. Os Direitos Humanos de Terceira e Quarta Geração 53
17. A negação dos Direitos Humanos e suas causas internacionais 54
18. A superação da fase histórica da exigência de Direitos Humanos apenas em face do Estado 54
19. Estaria esgotada a fase histórica da busca de novos Direitos Humanos? 54

Capítulo 6
HISTÓRIA DOS DIREITOS HUMANOS NO BRASIL 57
1. A história dos Direitos Humanos e a história constitucional do Brasil 57
2. Conceitos prévios necessários para entender a história dos Direitos Humanos à luz da história constitucional brasileira 57
3. O que é uma Constituição 58
4. Finalidades da Constituição 58
5. Tipos de Constituição 59
6. Constituições brasileiras 60
7. Direitos que só ficam no papel, Constituições desrespeitadas 61
8. Os Direitos Humanos e a Constituição Imperial 61
9. Principais franquias asseguradas pela Constituição de 1824 65
10. A primeira Constituição Republicana e os Direitos Humanos 66
11. A reforma constitucional de 1926 67
12. Os Direitos Humanos e a Primeira Fase da Revolução de 1930 68

13. A Constituição de 1934 e os Direitos Humanos 69
14. Franquias liberais da Constituição de 1934 70
15. A Constituição de 1934 e a proteção social do trabalhador 71
16. A Constituição de 1934 e os direitos culturais 71
17. Visão geral da Constituição de 1934 72
18. A inexistência de Direitos Humanos no Estado Novo 72
19. 1946 e a volta do Estado de Direito: recuperação da idéia de Direitos Humanos 73
20. Os Direitos Humanos na Primeira Fase da Revolução de 1964 74
21. Os Direitos Humanos e a Constituição de 1967 76
22. Os Direitos Humanos sob o Ato Institucional nº 5: uma longa noite de terror 78
23. Os Direitos Humanos sob a Constituição de 1969 80
24. A luta do povo brasileiro pela volta do Estado de Direito 80
25. A conquista da Anistia 82
26. A Constituinte de 1987/1988 83
27. Constituinte exclusiva x Constituinte congressual 84
28. Vantagens da Assembléia Constituinte exclusiva 85
29. Governo e Congresso não ouviram a opinião pública, quanto à Constituinte exclusiva 85
30. Os constituintes biônicos na Assembléia Constituinte 86
31. A luta deveria prosseguir, mesmo na Constituinte congressual 86
32. A exuberância das emendas populares 87
33. Outros instrumentos de pressão popular 87
34. Os Direitos Humanos e a Constituição de 1988 88
35. A estrutura geral da Constituição. O preâmbulo. Os títulos 89
36. Os princípios básicos 90
37. A enumeração dos direitos e garantias fundamentais 92
38. Os direitos e deveres individuais e coletivos. A igualdade de homens e mulheres 92
39. A proibição da tortura 93
40. A liberdade de manifestação do pensamento. A liberdade de consciência e de crença 93
41. A inviolabilidade da intimidade. A inviolabilidade da casa. O sigilo da correspondência 94
42. A liberdade de reunião sem armas. A liberdade de associação 94
43. O direito de propriedade subordinado à função social 95
44. O direito de petição. O acesso à Justiça. A proibição de tribunais de exceção 95

45. A proibição do racismo 96
46. A proibição da pena de morte, de caráter perpétuo e outras 96
47. O direito de ampla defesa. A proibição de prisões arbitrárias 97
48. O habeas-corpus. O habeas-data 98
49. O mandado de segurança. A ação popular 99
50. Os direitos sociais e sua enumeração 100
51. A proteção da relação de emprego. O seguro-desemprego e o fundo
    de garantia por tempo de serviço (FGTS) 100
52. O salário mínimo. O piso salarial. O décimo terceiro salário.
    A remuneração do trabalho noturno. A participação nos lucros da
    empresa. O salário-família 101
53. A jornada máxima semanal. A jornada nos turnos ininterruptos
    de revezamento. O repouso semanal remunerado. A remuneração
    das horas extra 101
54. As férias anuais. A licença-maternidade e a licença-paternidade.
    A proteção ao mercado de trabalho da mulher. O aviso prévio 102
55. As atividades penosas, insalubres ou perigosas. A aposentadoria.
    O seguro contra acidentes de trabalho 102
56. A proibição de discriminações no trabalho. As restrições ao trabalho
    de menores. Os direitos dos trabalhadores domésticos 102
57. A liberdade de associação profissional ou sindical. O direito de
    greve 103
58. A nacionalidade, os direitos políticos e os partidos políticos 103
59. Direitos Humanos nas Constituições brasileiras: uma colocação global
    do problema, a título de conclusão desta sinopse histórica 106
Questões sugeridas para debate, pesquisa e revisão relacionadas com
a Segunda Parte desta obra (individuais e/ou em grupo) 109

TERCEIRA PARTE
OS GRANDES VALORES ÉTICO–JURÍDICOS PRESENTES NA DECLARAÇÃO UNIVERSAL DOS DIREITOS HUMANOS E SUA GÊNESE NA HISTÓRIA DA HUMANIDADE 111
Capítulo 7
OS VALORES ÉTICO-JURÍDICOS QUE FUNDAMENTAM A DECLARAÇÃO UNIVERSAL DOS DIREITOS HUMANOS 111
1. Os oito grandes valores que perpassam o corpo da Declaração Universal dos
   Direitos Humanos 111

2. Os grandes valores ético-jurídicos e sua correspondência com a matéria do preâmbulo e dos 30 artigos da Declaração. A paz e a solidariedade universal. A igualdade e a fraternidade 111
3. A liberdade. A dignidade da pessoa humana 113
4. A proteção legal dos direitos. A Justiça 114
5. A democracia. A dignificação do trabalho 115

Capítulo 8
O VALOR "PAZ E SOLIDARIEDADE UNIVERSAL" 117
1. A Paz na aventura do ser humano 117
2. A Paz no Cristianismo, no Islamismo, no Budismo 120
3. A solidariedade universal 121

Capítulo 9
O VALOR "IGUALDADE E FRATERNIDADE" 125
1. O valor "igualdade": sua afirmação e a rejeição dos valores contrários 125
2. O valor "igualdade": a gênese da afirmação 125
3. O valor "igualdade": a gênese do repúdio às discriminações 126
4. A rejeição de uma sociedade de castas 126
5. O protesto dos povos indígenas, contra a discriminação e o desrespeito 127
6. A rejeição da intolerância 127
7. A recusa do desrespeito às minorias 128
8. As lutas feministas 128
9. O valor "fraternidade": itinerário de sua construção 129

Capítulo 10
O VALOR "LIBERDADE" 131
1. O valor "liberdade" na cultura humana 131
2. A liberdade, na Bíblia 131
3. Intolerância religiosa nos arraiais cristãos: um desvio do ensinamento bíblico 133
4. A liberdade na Revolução Francesa e na Revolução Norte-Americana 134
5. Profetas da liberdade na Argentina, no Brasil e em Cuba 135
6. De um velho sábio japonês até Karl Marx 136
7. Garantir a liberdade dentro de uma sociedade solidária 137

Capítulo 11
O VALOR "DIGNIDADE DA PESSOA HUMANA" 139
1. O valor "dignidade da pessoa humana", no Velho Testamento 139
2. A "dignidade humana" em algumas culturas ancestrais 139
3. A "dignidade humana" em culturas européias do Século XVIII e no Japão deste século 141
4. A "dignidade humana" em culturas da América Latina 141

Capítulo 12
O VALOR "PROTEÇÃO LEGAL DOS DIREITOS" 145
1. O valor "proteção legal dos direitos" e sua extensão 145
2. A gênese da "proteção legal dos direitos". O que nos disse a Grécia antiga 145
3. A velha China condenou o poder despótico 146
4. O império da lei, a repulsa ao arbítrio – na Suécia, na Polônia, na Inglaterra, no Japão 146
5. A força limitando a força: uma lição de Karl Jaspers 147
6. Ninguém acima da lei, portador de privilégios: Rousseau ainda atual 148
7. O império da lei, o regime da legalidade não é legalismo farisaico, culto idólatra da lei acima da Justiça: Roma, Grécia, Índia, Inglaterra e China 148
8. A rebelião contra a tirania, a resistência à opressão. O Corão e o Mahabárata, Rousseau e Pestalozzi, Gandhi e Thoreau 150

Capítulo 13
O VALOR "JUSTIÇA" 153
1. A trajetória do ser humano na busca e afirmação do valor "Justiça" 153
2. A Justiça no Velho e no Novo Testamento 153
3. A Justiça em Santa Teresa d'Ávila e em João Huss 155
4. A Justiça no Islamismo 155
5. A Justiça e a cultura grega clássica 156
6. A Justiça e a cultura latina clássica 157
7. A Justiça na antiga Babilônia 157
8. A Justiça no antigo Egito 158
9. A Justiça na Civilização Akan 158
10. A Justiça na Cultura Zerma-Sonraí 158
11. A Justiça na Cultura Malgache 159

12. A Justiça na antiga Pérsia 159
13. A Justiça entre os astecas 159
14. A virtude da Justiça entre os incas 159
15. Os reis e o juramento da Justiça, na Suécia do século XIV 160
16. A repulsa à injustiça, na antiga Etiópia 160
17. A Justiça na cultura curda 160
18. A Justiça e a sabedoria turca 160
19. A Justiça e o Pensamento Francês 161

Capítulo 14
O VALOR "DEMOCRACIA" 163
1. A idéia de democracia 163
2. A democracia na Grécia antiga 163
3. O Cristianismo, o Judaísmo, o Islamismo, o Budismo, o Taoísmo, o Confucionismo e o ideal democrático 165
4. O Iluminismo e a democracia 167
5. A democracia liberal 167
6. A Declaração de Direitos do Homem e do Cidadão e a idéia democrática que contém 169
7. Os contornos de uma democracia social, como superação da democracia liberal 169
8. As diversas concepções do valor "democracia" 170
9. A democracia como império da maioria: Laun, Jellinek, Thoma e Anschuetz (Alemanha); Barthélemy, Duez e Hauriou (França); Beard e Munro (Estados Unidos); Pannunzio (Itália); Tatsui-Baba (Japão) 170
10. A democracia como reino da igualdade: Schmitt, Max Weber, Laski e Lenine 171
11. A democracia tendo como fundamento a liberdade: Kelsen 172
12. Respeito às minorias como ponto distintivo da democracia 172
13. O ideal democrático como filosofia de vida: Sanderson, Dewey, Hobhouse, Jaurès, David, Beyerle 173

Capítulo 15
O VALOR "DIGNIFICAÇÃO DO TRABALHO" 175
1. O vocábulo "trabalho" 175
2. O trabalho no Antigo Testamento 175
3. O direito de queixa, em juízo; o provimento das necessidades essenciais: operários e artesãos no Egito antigo 176
4. O trabalho na antiga Pérsia. O Código de Hamurábi e o trabalho 177

5. O trabalho na Índia antiga 178
6. O trabalho na tradição asteca 178
7. A dignidade do trabalho na sabedoria do Japão 178
8. O dever de trabalhar, como comum a todos: no Novo Testamento, na sabedoria etíope, entre os incas 179
9. Fases da história do trabalho 179
10. O homem nômade dos tempos primitivos: a caça e a pesca como trabalho 180
11. O aparecimento da agricultura, como atividade subsidiária, nos grupos nômades 181
12. O homem sedentário: a revolução agrícola 181
13. A escravidão 182
14. Servidão de gleba 183
15. Artesanato 184
16. Corporações de ofício 185
17. Trabalho livre 185
18. Trabalho tutelado pelo Estado 186
19. O futuro do trabalho 187
Questões sugeridas para debate, pesquisa e revisão relacionadas com a Terceira Parte da obra (individuais e/ou em grupo) 187

QUARTA PARTE – CONCLUSÃO 189
Capítulo 16
O CAMINHO PERCORRIDO POR ESTE LIVRO, SÍNTESE DO QUE PESQUISAMOS. A CONCLUSÃO 189
1. A gênese universal dos Direitos Humanos: hipótese comprovada 189
2. As fontes de que nos utilizamos: visão geral 190
3. A partir de um núcleo universal, expressões diferenciadas dos Direitos Humanos nas diversas culturas 190
4. Um futuro de esperança: condições históricas, psicológicas e culturais para uma Civilização dos Direitos Humanos 191

Apêndice 193
Nota atualizadora 193
PROJETO DE EDUCAÇÃO POPULAR PARA OS DIREITOS HUMANOS PELO RÁDIO E/OU TELEVISÃO 193
1. Histórico 193
2. Fundamentação teórica 194

3. A Educação Popular para os Direitos Humanos 196
4. A Filosofia da Educação Popular para os Direitos Humanos 196
5. A Fundação Ceciliano Abel de Almeida, como instituição
   vocacionada para executar o projeto 198
6. A contribuição que o proponente oferece. A necessidade do concurso
   de um comunicador social 198
7. A dinâmica do próprio Programa indicará os caminhos 199
8. Supervisão geral do Programa 199
9. Continuação do Programa 199
10. Uso do Programa por outras Universidades 200

Bibliografia 201

Dados do Autor 211
1. Principais títulos do Autor 211
2. Livros publicados e outros trabalhos 212
Breves trechos de alguns comentários publicados na imprensa,
ou inseridos em livros, a respeito de obras do autor 222

Agradecimentos 243